JN071537

法人税の租税実務のための判断基準

税理士 **苅米 裕** 著

週刊「税務通信」「経営財務」発行所
税務研究会出版局

は じ め に

　日々の租税実務では、結論を出し切らずに通り過ぎてしまう事案が多々あり、その点を税務調査で指摘されると、慌ててエビデンスの整備をするといったことがある。このような事案は、一つ一つの事実を抽出して法令へ適合させるが、見落とした事実の取りこぼしによって、回答が変わってしまうことがあり、後になってじっくり事案に向き合うことの重要性を痛感する。それゆえ、税の専門家は、実務事例に対する研鑽意識が高く、常に情報収集に励んでいるわけである。

　そんな中、私は個々の事案の答えを追求したいと考え、その思考を磨く方法を模索していたときに、目に留まったのが国税審判官の募集であった。国税審判官としての業務経験は、独特の思考が要求されたことから、その感覚に触れたことで、辞職後の税務に対する向き合い方に大きく影響をすることとなった。この貴重な経験は、本書を通じて租税実務に携わる方々と共有したいと考えていることである。

　審査請求に係る裁決書は、当事者でなければ、争点の結果を示すものではなく、争いの回避を示唆するものであろう。もちろん、審査請求の手続きは、訴訟を視野に入れて法令解釈を変え、又は事実認定の誤りを正し、違法な課税処分に対する納税者の権利救済手続であることは言うまでもない。だが、本書は、不服申立て手続のビジョンではなく、税務の判断基準を追求するためにスタートした一つの形態である。そして、本書のコンセプトを伝達するためには、身近なテーマに絞ることが必要であると考え、まず法人税から「役員給与」、「減価償却」及び「寄附金等」を選定した。

　頭で描いていた構成は、実際に書き下ろしていくと、コレでもない、アレでもないと変化をしてしまった。そこで、裁決事例の考察は、「1

事案の概要」、「2　主要事実と法令解釈等への適合」及び「3　事実認定による考察」に区分して、規則性を持った構成にすることにより、裁決要旨で興味を持った事案を抽出して読んでいただいても読者の方々の要求に応じられるよう検討した形式を意識している。

　そして、「3　事実認定による考察」は、裁決中、①当事者の主張から参考とすべき事項、②審判所の判断過程のうち注視すべき点などについて、筆者の主観的な側面から判断基準等の考察を加えており、善し悪しご指摘を受けるところではあるが、本書の最大の特徴点となっている。このように租税実務の判断基準を考察する切り口を付けたことにより、読者から「この考えは違うのではないか」という論点に繋がれば、自身の中での完成形は、きっと見えてくるに違いない。目指すところは、納税者がイニシアチブを取るためのブレインになることである。

　審査請求関連は、「争う意思はない」という思考から、どこか目をそらされる分野であると感じている。でも、突き詰めたい答えや判断基準は、争訟の判断過程から収集できるものだと気が付く。それを租税実務に携る方々と共有したいという思いが膨らみ、本書の刊行を実現できたことは、ひとえに税務研究会の堀直人氏の理解の賜物といえ、心から感謝の意を表したい。

令和3年4月

目　　次

4

序　章

裁決書の構成と
判断構造等

序章　裁決書の構成と判断構造等

　本書は、国税不服審判所のホームページで公表されている裁決事例要旨から、任意に「役員給与」、「減価償却」及び「寄附金等」に関する事案を抽出し、審判所の判断過程を考察することにより、法人税の判断基準を整理検討することを目的としている。各裁決事例の全文は、国税不服審判所のホームページ、TAINS その他各種データベースにより提供されていることから閲覧が可能であるため本書には転載していないが、全文を確認する際に【裁決書の構成】を参考にしていただくと良い。

　この【裁決書の構成】に表記したものは、全ての裁決書に符合するものではなく、裁決書作成の基本理念として、審判所の判断過程を審査請求人（以下、本書では「請求人」という。）が十分に理解できることを目途としているため、事件の内容に応じて「認定事実」と「法令解釈」を入れ替える等、内容の組み替えを行うことがあることを念頭においていただきたい。ただし、「争点に対する主張」は、主張立証責任を負う者が先に記載される（表形式の場合は左側に記載される。）ため、基本的に原処分庁の主張を先にするが、たとえば請求人が行った更正の請求に対して、更正をすべき理由がない旨の通知処分を受けたことに基因して不服申立てを行っている場合等、主張立証責任の転換により請求人の主張が先に記載されることもあるが、上述の趣旨とは異なる目的の入れ替えであることを付言しておく。

　また、過去に遡るほどに裁決書は、【裁決書の構成】のとおりではなく、むしろ形式的になっておらず、とてもシンプルな構成のタイプのものが見受けられる。言い換えれば、裁決書の構成は、常に進化しているといえ、近年では裁判における判決文の構成と同様の思考が組み込まれ

4

ている。そのため、【裁決書の構成】は、審査請求により棄却の判断を
受け、取消訴訟を提起している事件を追求する場合において、判決文を
読む際にも通ずるものであり、全体の形式を意識していると、読み込む
順序を工夫することで判断内容の理解を深め、重要な審判所の認定ポイ
ントを見出すことができるものと考える。

【裁決書の構成】

1　事実	
（1）　事案の概要	本件は、審査請求人が○○したところ、原処分庁が△△に該当するとして更正処分等をしたのに対し、請求人が□□であるとして、原処分の全部の取消しを求めた事案である。
（2）　関係法令等	判断の基礎となる**適用法令等**
（3）　基礎事実	通則法第96条の証拠等に基づく、審査請求人及び原処分庁の**争いのない事実**
（4）　審査請求に至る経緯	主に、審査請求人の申告→調査手続→原処分→審査請求までの**経緯**。
2　争点	納税者に対して、課税上又は徴収上、原処分を行うための**法律上の要件**（課税等に関する一定の法律効果が発生する要件など）に関する審査請求人及び原処分庁の**主張の相違点**。
3　争点についての主張	
（1）　原処分庁の主張	答弁書、意見書等に記載された**課税等の理由**
（2）　請求人の主張	審査請求書、反論書、意見書等に記載された原処分の違法・不当の理由
4　当審判所の判断	
（1）　法令解釈	裁決書主文の前提となる**関係法令等の解釈**
（2）　認定事実	通則法第97条の証拠等により**審判所が認定した事実**
（3）　当てはめ　　検討及び結論	**大前提と小前提による法的評価及び事実認定**に基づく争点に対する**審判所の結論**
（4）　原処分庁の主張について　　請求人の主張について	主に取消し判断の場合は原処分庁、棄却判断の場合は請求人の**主張の排斥理由**など
（5）　適法性について	原処分の違法又は適法の具体的内容の記載、争点外事項（当事者の主張はないが争点に関連する事項）の法的評価など

　たとえば、裁決書は、争点整理として原処分庁と請求人の各々の主張（各々が適法又は違法等と考える理由）を取りまとめ、法令等による解釈判断を求める争点として絞り込み、その争点に対する審判所の判断により構築されているものである。そして、この審判所の判断は、次のような流れにより、裁決書の中で形成されている（法的三段論法に基づき作成されている。）。

【審判所の判断の形成】

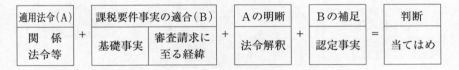

適用法令（A）	課税要件事実の適合（B）		Aの明晰	Bの補足	判断
関　係 法令等	基礎事実	審査請求に 至る経緯	法令解釈	認定事実	当てはめ

（＋、＋、＝で接続）

　上記【審判所の判断の形成】は、【裁決書の構成】から抽出しているものであり、アプローチを変えて【裁決書の判断構造】で表現をしてみる。

【裁決書の判断構造】

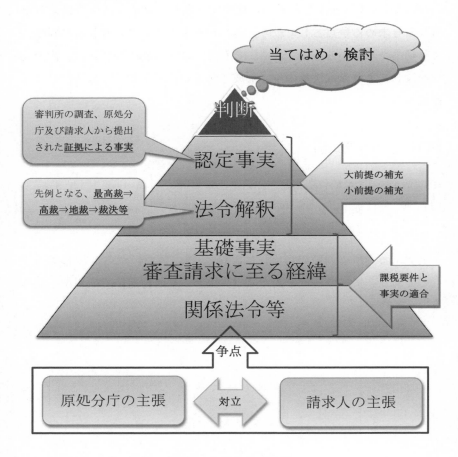

当てはめ・検討

判断

審判所の調査、原処分庁及び請求人から提出された証拠による事実

認定事実

大前提の補充
小前提の補充

先例となる、最高裁⇒高裁⇒地裁⇒裁決等

法令解釈

基礎事実
審査請求に至る経緯

課税要件と
事実の適合

関係法令等

争点

原処分庁の主張 ⇔ 対立 ⇒ 請求人の主張

(1) 原処分庁の主張又は請求人の主張

　当事者は、原処分庁が法令等の根拠に即した処分理由（主張）を明らかにするのに対し、請求人が法令等に即して原処分の違法又は不当である旨の理由（主張）を明らかにする。主張はあくまでも理由であるから、その理由の根拠となる事実（証拠）を審判所に提出することが重要であり、証拠が主張の裏付けとなるのであるから、事実に即し

た主張でなければ採用されることはなく、主張の裏付けとして採用された事実は裁決書の基礎事実又は認定事実として記載される。

(2)　課税要件と事実の適合　

　更正処分等の基礎となっている関係法令等は、原処分が違法又は適法であるかの判断の根底にあり、その関係法令等には各々要件が規定されているため、当事者双方の争いのない事実（基礎事実）において確認できる要件を突合させているという意味である。

(3)　大前提及び小前提の補充　

　大前提とは、関係法令等のことであり、同法令等を争点の基礎にした先行する判例や裁判例で採用されている解釈を引用等することが、法令解釈として補充するという意味である。また、小前提とは、実際にあった出来事（基礎事実）のことであり、大前提の課税要件に適合させるための事実として不十分な点について、当事者双方から提出された証拠や審判所の調査により得られた証拠を基礎に認定事実（事実は証拠で認定される）として補充するという意味である。

(4)　当てはめ又は検討　

　裁決書の判断構造は、関係法令等に当てはめをして違法又は不当であるか否かの判断をするところ、法令解釈を基礎にして、基礎事実及び認定事実（事実は証拠により明らかにする）に照らし合わせて検討しているものであり、最終的な結論として争点に対する判断を明示しているものである。

(5)　裁決の拘束力（通則法102）

　「原処分を取り消し、又は変更する裁決があれば、その裁決自体の

効力により、違法又は不当であった原処分は当然に取り消され、又は変更される。この拘束力は、棄却及び却下の裁決については生じない。裁決が棄却であるときは、審査庁は、原処分は違法ではないと判断したにとどまるから、税務署長がする再更正の妨げとはならない。

　また、裁決は、個別事件についての判断を示すものであるから、裁決の理由中で示された法令解釈は、その後の法令解釈を拘束するものではなく、単に先例として尊重されるにとどまる[1]。」

　しかしながら、租税実務では、裁決で新たな法令解釈を定律することはほとんどなく、訴訟で新たな法令解釈が示されなければ、類似事案の法令解釈に牽引される傾向にある。そのため、審査請求は、事実関係の違いを捉えて取消しを求める戦略が正攻法といえる。もちろん、審査請求は、個々の事案に先行する類似事案の法令解釈を適用する上で、その射程をめぐる問題に向き合うことも重要なファクターといえるが、争訟戦略的な側面を勘案すると事実認定による事件が多くなっているのも理解できる。

　さて、第1章ないし第3章は、「役員給与」、「減価償却」及び「寄附金等」に分けて、それぞれの判断基準を考察するに当たり、主に裁決事例を使わせていただくこととする。また、取り上げる裁決は、①判断基準の原点回帰をすること、②判断基準から見出される着眼点の変遷を捉えたいこと、③実務的なテーマに寄り添う争点の大本を探したいこと等の理由から、古い事例も多く選定している。その点、筆者の所以であることから、ご理解頂けると幸いである。

1　志場喜徳郎＝荒井勇＝山下元利＝茂串俊『国税通則法精解』2016大蔵財務協会1150-1151頁

第1章

役員給与に関する
判断基準

第1章　役員給与に関する判断基準

　役員給与税制は、同族会社の租税回避の防止及び利益調整の余地を払拭するため、現法人税法第132条《同族会社等の行為又は計算の否認》を前身とする規定により、過大給与の損金性を否認したことに端を発している。その後、昭和40年度の改正を契機に、一般的な否認規定として過大役員給与の損金不算入が個別規定となり、同族会社に限らず上場会社を含めた全ての法人が同規定の適用対象となった。しかし、株主と役員、法人の所有と経営の関係において、役員給与の決定は、同族会社が親族等特殊の関係のある者との間で構成されているのに対して、上場会社では基本的に遮断されており、恣意性が介入する余地はないことから、過大役員給与の損金不算入の規定を適用することが考えにくい[1]。

　近年の変革では、平成18年度の法人税法第34条《役員給与の損金不算入》（以下「役員給与税制」という。）の改正が記憶に新しいところ、「会社法制や会計制度など周辺的な制度が大きく変わる機会を捉えて、こうした役員給与の損金算入のあり方を見直すことと」[2]し、「利益処分に基づく役員賞与の禁止という会社法のポリシーが採用された」[3]もので

1　平成16年6月15日裁決【TAINS・F0-2-243】は、東京証券取引所市場第一部に上場している法人が請求人であり、一部取消しとなっているが役員退職給与が損金不算入となっている事例である。同裁決は、請求人が「上場企業においては、コーポレートガバナンスの仕組みが十全に機能し、過大な役員退職給与に対しては、第三者たる株主による厳然とした審査が存在するため、濫用的目的によって退職給与を過大に支給することが困難であり、本件規定が当てはまる場合は極めて例外的であるから、本件退職給与に関する請求人の決定は適正であるとの推定が働くというべきである」旨の主張をしているのに対し、審判所の判断は「本件規定の趣旨は、（中略）上場企業についても妥当し、そして、上場企業について、本件規定の適用を除外する旨の特段の定めはない」として、請求人の主張を排斥している。したがって、上場会社に過大役員給与税制の適用がないとはいえない。
2　武田昌輔『DHCコンメンタール法人税法』（第一法規、2018）2161の4頁

ある。この会社法第361条《取締役の報酬等》第1項[4]の規定は、「取締役の報酬、賞与その他の職務執行の対価が一括して報酬等として括られ、その報酬等が定款の定め又は株主総会の決議によって律せられることとなった（会社法361）。これは、役員賞与が利益処分でないこと、そして、退職慰労金も職務執行の対価である限り、報酬等に含まれることを意味している」[5]。その派生であるとも言い難いが、法人税法における役員給与税制の改正は、これまで役員報酬又は役員賞与に区分していた役員給与について、定期同額給与、事前確定届出給与及び業績連動給与に見直し、いずれかに該当しない給与は損金の額に算入しないという法制に変更されている。また、平成17年に制定された会社法の下、職務執行の対価として株式会社から受ける財産上の利益の範疇に役員退職給与を包含し、利益処分の概念を会社法が払拭したことに伴い、法人税法において旧法人税法第36条《過大な役員退職給与の損金不算入》の規定を法人税法第34条第2項の規定に盛り込み、役員退職給与の支給に係る損金経理要件を削除したものと認められる[6]。

このような役員給与税制の変遷の下、常に課題となるのは、職務執行の対価である役員給与の損金性が制約されているところにある。その制度上の論点として、①役員の範囲を税法独自に規定することにより役員給与税制の適用対象者を拡大していること、また、役員給与税制のう

3　小塚真啓「役員退職給与―改正の影響及び今後の課題」税研 No.195（2017）68頁
4　会社法第361条第1項は、取締役の報酬、賞与その他の職務執行の対価として株式会社から受ける財産上の利益については、定款に一定の事項を定めていないときは、株主総会の決議によって定める旨規定している。
5　品川芳宣「役員報酬（給与）・役員退職給与の相当額（過大額）の認定」TKC 税研情報（2016）40頁
6　青木孝德ほか『改正税法のすべて―平成18年度　国税・地方税の改正点の詳解―』（日本税務協会、2006）329頁、「役員退職給与についても、役員給与の損金算入のあり方の見直しの中で、役員の職務執行の対価としての性質を有する点で役員給与と同様であり、会社法において利益処分による支給ができないこととされたこと等も踏まえ、損金経理要件が廃止されています。」旨記載されている。

ち、②定期同額給与の増減改訂の許容範囲が定量的でないことにより事実上損金の額に算入される金額が制限されていること、③恒久的課題になっている不相当に高額な役員給与の損金不算入（以下「過大役員給与税制」という。）に係る役員給与相当額の算定が納税者にとってブラックボックスに陥っていることである。

第1節　役員の範囲

　法人税法上の役員は、【法人税法の役員の範囲】に掲げるとおり、法人の取締役、執行役、会計参与、監査役、理事、監事及び清算人並びにこれら以外の者で法人の経営に従事している者のうち一定のものをいう旨規定している（法法2十五）。

【法人税法の役員の範囲[7]】

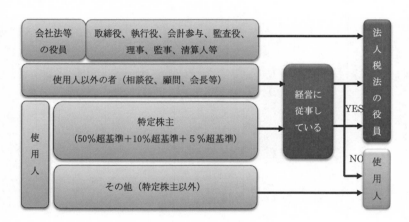

（注）　上記図表中の特定株主とは、同族会社の役員のうち、①会社の株主グループにつきその所有割合が最も大きいものから順次その順位を付し、第1順位ないし第3順位の株主グループの所有割合を順次累計した際50％を超えた場合において、その上位50％の株主グループのいずれかに当該役員が属していること（50％超基準）、②当該役員の属する株主グループの所有割合が10％を超えていること（10％超基準）、③当該役員（その配偶者及びこれらの者の所有割合が50％を超える場合における他の会社を含む。）の当該会社に係る所有割合が5％を超えていること（5％超基準）、①から③までの全ての要件に該当する者をいう。

7　椎谷晃『令和2年版　図解法人税』（大蔵財務協会、2020）269頁図表を筆者が一部加筆している。

　役員給与税制は、法人税法独自に役員とみなされた者にも適用されるところ、当該みなし役員の判定が「経営に従事していること」の定性的な要件の適合有無に依拠されていることから、解釈の相違に対して争いに派生することが多くなっている。概ね、みなし役員の認定事例は、納税者にとって不利な結果になる処分、たとえば、使用人として賞与を支給していたところ、その者が役員とみなされて支給した賞与を損金の額に算入されないとした不利益な処分をめぐる課税問題を挙げることができる。

　しかし、イレギュラーなケースではあるが、役員退職給与の支給に係る過大役員給与税制をめぐる争点に派生した事例では、役員退職給与相当額の算定について、勤続年数が大きく影響を受けることから、使用人として職務に従事した期間をみなし役員であると主張し勤続年数に加算すべきであるとして、争点に挙げられている事例も生じている[8]。争訟の戦略的な視点では、参考とすべき主張であるが、遅くとも役員退職給与の支給段階において、みなし役員に該当すべき「経営に従事していること」を明らかにするエビデンスの整備をしておくことが肝要である。

　第1節では、みなし役員の認定事例を抽出して、主に「経営に従事していること」の審判所の判断過程を考察する。

8　みなし役員と認定され勤続年数に加算された事例：平成22年4月6日裁決【金裁（法）平21-8・TAINS：F08-2-372】、みなし役員に該当しないとされ勤続年数に加算されなかった事例：平成1年6月21日裁決【裁決事例集No.37-185頁・TAINS：F0-2-022】等

16

《裁決事例の考察》

---

〔1〕　同族会社の判定の基礎となった株主に該当する使用人について
　　役員に該当しないとした事例（裁決事例集 No.3-13頁：昭和
　　46年7月17日裁決）

1　事案の概要

　本件は、木材の製材及び販売を営む同族会社である請求人が、昭和44
年12月期において代表取締役Ｃの三男Ａ及び四男Ｂに500,000円の賞与
を支払い、全額損金の額に算入して法人税の申告をしたところ、原処分
庁が、Ａ及びＢの両者とも同族会社の役員であり、当時の法人税法施行
令第71条《使用人兼務役員とされない役員》第4号の規定に該当するか
ら、当該両者に支給した賞与を役員賞与であり損金の額に算入されない
として更正処分を行ったことに対し、請求人が、Ａ及びＢの両者とも当
社の経営に従事している事実はないから損金の額に算入すべきであると
して、更正処分の全部の取消しを求めた事案である。

2　主要事実と法令解釈等への適合（全部取消し）

　本件は、請求人が同族会社であり、Ａ及びＢの両者とも特定株主に該
当することについて争いがないことから、【法人税法の役員の範囲】の
うち経営に従事しているか否かの有無により、請求人がＡ及びＢに支給
した賞与が損金の額に算入されるどうかの判断に直結することになる。
審判所は、経営に従事しているか否かについて、Ａ及びＢに係る職務の
内容、勤務状況及び給料の支給状況等に基づいて判断をしている。

　Ａ及びＢの職務の内容は、①Ａが、売上げの請求書等の作成事務を担

当し、役員として登記をされていないが社内で「専務」と呼ばれており、②Bが、木材の加工現場で働く一方で加工賃の請求書等の作成事務を担当し、加工部門の主任としての役割を果している。また、A及びBは、勤務状況及び給料の支給状況等について、下記比較表のとおり一般使用人との差を確認することはできるところ、請求人の代表者Cが、請求人の営業活動の中心となり経営の支配権の一切を掌握して業務を推進していることから、常時代表者Cの指揮監督を受けている。

【A及びBと一般使用人との勤務状況及び給料の支給状況等の比較表】

	A及びBの場合	一般使用人の場合
(1)　出勤簿	出勤簿がない	出勤簿がある
(2)　月給の支給方法	月給制	日給制（支給日は毎月末）
(3)　残業手当の支給	残業手当の支給はない	残業手当が支給されている
(4)　賞与の支給方法	毎年12月の年1回 月給額の概ね2か月分	毎年7月と12月の年2回 日給の月額相当額の概ね1か月分

　これにより、審判所は、A及びBの勤務関係について、常時代表者の指揮監督を受けており、加えて、請求人の事業運営上の重要事項に参画している事実は認められないところ、両者の給料の支給状況等が一般使用人と異なっているという事実はあったとしても、それらの事実関係だけを捉えて法人の役員に該当すると認定できないことから、法人の役員に該当するものとみなし、原処分庁が損金の額に算入した賞与を否認した更正処分は取り消すのが相当である旨の判断をしている。

3　事実認定等による考察

　本件は、経営に従事しているか否かの審判所の判断基準として、判定対象となる者の、①職務の内容、②勤務状況及び給料の支給状況等、③

会社経営における支配権の有無や使用人の指揮監督状況に関する事実に基づいて、役員とみなすか否かの要素としている。

そして、審判所は「請求人の代表者Cは高齢ではあるが、きわめて健康であり、つねに陣頭にたって、請求人の営業活動の中心となり、経営の支配権の一切を掌握して、その業務を推進しており、すべての使用人を直接指揮監督している事実が認め」られたことが原処分の取消し要因としての主要事実であると考えられる。また、審判所の判断要素には、当該主要事実に加え、A及びBに係る①の職務の内容及び②のうち勤務状況から、請求人の事業運営上の重要事項に参画していないことを認定したことが後押しになっていることも考察できる。これにより、A及びBに係る②のうち給料の支給状況等は、使用人との比較により同族関係者と一般使用人との違いを顕在化させているとはいえ、上記2の比較表にある相違があることのみをもって、役員の職務である経営に従事していることを決定付けるものと考えることができない。

原処分庁は、A及びBが、請求人の代表者Cの三男及び四男であり、かつ、同族会社の判定の基礎となった株主に該当するところ、Aが通常「専務」と呼ばれて仕入販売等の業務の全般を管理していること、Bが工場関係の責任者として製材、賃挽等の管理にたずさわっていることから、両者とも実質的に請求人の経営を任されていると認め、同族会社の役員とみなしている。両者の職務の内容が事実であり各々の業務を担当する責任者であると認められたとしても、A及びBは、上述の主要事実とした経営の支配権等を有していた事実が明らかになっていないことから、経営に従事していることを表象するものではない。

役員とみなす租税行政庁が積み上げるべき事実は、勤務状況及び給料の支給状況等を会社の組織図や就業規則等により認定することとし、主要事実となる職務の内容及び経営に関する決定権への関与の有無について、判定対象者、他の使用人及び取引関係者に対し質問調書等による丹

念な回答を残すことが求められるであろう。そうすると、納税者は、会社法上の役員のみが各部署の経営方針の決定、人事及び取引等に関する権限を有していることを取締役会等で明確にした上、特に家族従業員の担当業務を組織図等で明らかにし、かつ、給与の支給等について就業規則等により一般使用人との格差を設けないようにすれば、租税行政庁に役員とみなす余地を与えることもなく意見の相違を回避することもできよう。

《裁決事例の考察》

---

〔2〕　更生会社が代表取締役、専務取締役に支給した賞与を損金不
　　算入とした事例（裁決事例集 No.4-23頁：昭和47年6月29日裁
　　決）

1　事案の概要

　本件は、植物油脂の製造販売を目的とする株式会社である請求人が、
昭和43年3月29日会社更生法の規定による更正手続の開始決定の日か
ら、昭和44年2月28日所轄裁判所に更生計画の認可決定を受けた日まで
の昭和44年2月期において、代表取締役A及び取締役Bに支給した賞与
372,000円を全額損金の額に算入して法人税の申告をしたところ、原処
分庁が、A及びBの両名は更生会社においても役員に留任されており、
法人税法第2条第1項第15号に規定する役員に該当するから、当該両名
に支給した賞与は役員賞与であり損金の額に算入されないとして更正処
分を行ったことに対し、請求人が、更生手続中における会社の事業経営
の機能は取締役にはなく管財人が直接会社を代表して業務を執行するも
のであり会社の事業の経営並びに財産の管理及び処分をする権利はA及
びBの両名には付与している事実はないから損金の額に算入すべきであ
るとして、更正処分の全部の取消しを求めた事案である。

2　主要事実と法令解釈等への適合（請求棄却）

　本件は、更生会社の代表取締役A及び取締役Bに支給した賞与が、会
社更生法の適用との関係上、法人税法上では役員賞与とみるべきか、又
は使用人賞与とみるべきかが争点となった事案である。

　審判所は、更生会社において形式的に役員の地位を有しながら実質的に役員としての職務に従事していない者について、法人税法上の役員が更生会社の場合と一般の法人の場合とにより区別する取扱いになっていないこと、また、A及びBがそれぞれ請求人の代表取締役及び専務取締役として選任されている者であり、法人税法上の使用人兼務役員に該当しないことは明らかであることから、両名に支給した賞与は役員賞与であり損金の額に算入されない旨の判断をしている。

3　事実認定等による考察

　会社更生法の規定の適用を受ける更生会社は、裁判所が選任した管財人に事業の経営並びに財産の管理及び処分する権利が専属（会社更生法72）するため、代表取締役等がこれらの権限を喪失することになる。また、更生手続開始の決定があったときは、更生会社の事業年度が、更正手続の開始決定の日から更生計画の認可決定の日まで（会社更生法232②）となり、当該事業年度の期間において代表取締役が経営の決定権限等を失うとする会社更生法上の規定の適用を受けることになる。

　このような状況下にある請求人は、代表取締役A及び専務取締役Bに支給した賞与が、実質的には使用人としての職務に対する対価であるから、全額損金の額に算入すべきであると主張することについて、法令等の適用とその解釈に対して一石を投じるものといえる。しかし、本件は、取引等を巡る周辺の法律が、法人税法の規定が予定している役員の範囲の解釈[9]とは異なる規定の適用を受ける場合において、当該解釈を法人税法の規定の適用上尊重させないことが示された事例であり、法令解釈を巡る争いの一つといえよう。このような思考は、本件の争点に対

9　法人税法上役員とは、法人の取締役、監査役、理事、監事及び清算人その他一定の条件に該当する者をいうものであるところ（法法2①十五）、実質的に経営に従事していない者を除外する規定は存していない。

する審判所の解釈判断において採用されなかったが、法令解釈の矛盾等を指摘している点において意義がある。

《裁決事例の考察》

〔3〕　同族会社の使用人のうち同族会社の判定の基礎となった株主
　　　等であっても、その会社の経営に従事しているか否かによって
　　　その取扱いを異にした事例（裁決事例集 No.6-21頁：昭和47年
　　　10月23日裁決）

1　事案の概要

　本件は、映画及びテレビなどの撮影用照明機材の貸出し及び技術者の派遣を業とする同族会社である請求人が、昭和43年3月期において、請求人が使用人賞与として代表取締役Eの妻B、Dの夫C及びBの妹Dに支払った金額1,080,000円を全額損金の額に算入して法人税の申告をしたところ、原処分庁が、B、C及びDは請求人の経営に共同して従事していたことは請求人が原処分庁に提出した念書により明らかであり、旧法人税法施行令第71条第4号の規定により使用人兼務役員とされない役員に該当するから、当該B、C及びDに支給した賞与は役員賞与であり損金の額に算入されないとして再更正処分を行ったことに対し、請求人が、B、C及びDの所有株式はいずれも名義株であり、また、請求人の経営に従事している事実もないから損金の額に算入すべきであるとして、再更正処分の全部の取消しを求めた事案である。

2　主要事実と法令解釈等への適合（一部取消し）

　審判所は、B、C及びDの3名が請求人の経営に従事していたと認められるかどうかについて、次表のとおり職務内容等を認定している。

	職務内容	陳述による事実
B	機械等の貸出し、引取り、整備等を担当しているほか法人の全体的な管理事務を担当している。	《Fの陳述》 　請求人の経営方針、貸出機械等の料金の決定、資金計画、基本的資材購入の決定、従業員等の採用、支給給与、賞与の額の決定等の重要事項の決定はE、F及びBの3名で行なっている。 《G税理士事務所事務員Hの陳述》 　夫婦（E、B）及びFの発言力が強い。
C	もっぱら使用人として請求人の売掛、買掛帳の整理、請求書の発行、労務者の賃金計算等経理事務を担当している。	
D	照明技師として作業現場で勤務することが多く、その職務内容はもっぱら使用人としての性格を持つものと認められる。	

　これにより、審判所は、Bについて「その会社の経営に従事しているもの」に該当し、役員に含まれることから賞与の全額が損金の額に算入されないとし、また、C及びDについて、役員には当たらないから使用人賞与として損金の額に算入するのが相当である旨の判断をしている。

3　事実認定等による考察

　審判所は、請求人が、B、C及びDの所有株式はいずれも名義株であり、実質株主がE及びFであると主張しているところ、E及びFが旧法人税法施行令第7条第2号にいう「その会社が同族会社であることについての判定の基礎となった株主等」に該当することは明らかであり、また、同族関係者として当該株主等に含まれることも明らかであるから、請求人の経営に従事している事実があれば役員に該当するとして、本来の株主がいずれであるかの判断を行っていない。

　現行法では、特定株主の判定基準のうち5％超基準[10] について、その判定対象となる使用人と配偶者の所有割合の合計で判定することになっているところ、代表取締役Eが請求人の所有割合85％であることから、同Eの妻であるBの役員該当有無を特定株主の判定をするまでもなく、請求人の経営に従事しているか否かを判断することで役員の該当有無に直結することになる。しかし、Dの夫C及びBの妹Dは、請求人が実質株主とするE及びFと主張する両者との関係が明らかではないので、特定株主の判定を行うべきであるという見方もあろうが、審判所が経営に従事していないと認定したことから、判断結果に影響を受けるものではない。しかし、請求人の名義株の主張は、それが事実であれば特定株主の判定に対して有用なケースも考えられるため、法人税申告書別表2に名義株主である旨を明示する等、あらかじめ裏付けを準備しておく必要があろう。

　他方、原処分庁は、請求人が原処分庁に提出した念書にB、C及びDは共同経営者であると記載されていることから、請求人の経営に従事していると判断したものである。しかし、審判所の調査により、「念書に共同経営者と記載した意味は各人がそれぞれの職務を通じて請求人の事業に貢献しているとの意味であり、経営に従事しているとの認識のもとに記入したものでないとの両名の陳述には理由があり、前述のとおり法人経営の重要方針の決定または取締役会等に参画している事実はなく、両名の給与等もその従事している職務に応じて決められており、共同経営者としての利益配当を受けたこともない」旨認定されたことから、原処分庁が当該念書を更正処分の裏付けとするのであれば、事業運営上B、C及びDが共同経営者であることの実態を押える必要があったのだ

10　当該使用人（その配偶者及びこれらの者の所有割合が100分の50を超える場合における他の会社を含む。）の当該会社に係る所有割合が100分の5を超えていること（法令7二、71①五ハの読替え）。

ろう。

　なお、本件の審判所の判断は、職務内容とFとG税理士事務所事務員Hの陳述を根拠としており、請求人も当該陳述等を認めているのであれば、請求人の経営に従事しているか否かの結果に導かれることも否定するところではない。つまり、経営に従事しているとは、Fの陳述にある「請求人の経営方針、貸出機械等の料金の決定、資金計画、基本的資材購入の決定、従業員等の採用、支給給与、賞与の額の決定等の重要事項の決定」等に関与していることを要し、その事実の有無がメルクマールになるものといえよう。

《裁決事例の考察》

〔4〕　同族関係者である者に支給した賞与について、経営に従事していると認められないから損金の額に算入するが、勤務の対価として支給したものでない賞与は損金の額に算入すべきではないとした事例（裁決事例集 No.16-36頁：昭和53年7月17日裁決）

1　事案の概要

　本件は、配電装置の製造業及び電気工事業を営む同族会社である請求人が、代表取締役Yの弟Xに支給した賞与の額について、昭和49年12月期分300,000円、昭和50年12月期分900,000円及び昭和51年12月期分275,000円を使用人賞与として損金の額に算入して法人税の申告をしたところ、原処分庁が、請求人に対するXの出資割合は25％であり経営に従事していると認められ、法人税法第2条第15号《役員の意義》に規定する役員に該当するから、当該Xに支給した賞与は役員賞与であり損金の額に算入されないとして各更正処分を行ったことに対し、請求人が、Xは請求人の経営に従事していないから損金の額に算入すべきであるとして、昭和49年12月期分及び昭和50年12月期分については各更正処分の全部を、昭和51年12月期分については更正処分の一部の取消しを求めた事案である。

2　主要事実と法令解釈等への適合（審査第1事業年度全部取消し、審査第2・3事業年度一部取消し）

　審判所は、請求人の商業登記簿の謄本を確認したことにより、昭和51

年7月20日にXが取締役に就任し、同年7月26日登記をしていることか
ら、同年7月20日以後は役員になると認定をしている。

　また、審判所は、請求人の代理人Zの供述及び自らの調査により、昭
和51年7月20日前までにおいて、Xが電気工事の責任者として請求人の
他の使用人Mと専ら電気工事の現場作業に従事しているところ、請求人
の電気工事の大口工事の受注契約、並びに材料の購入、資金計画、従業
員の給与及び賞与の額の決定等、請求人の経営に係る重要事項の決定業
務は代表取締役Yが専ら行っていることから、Xは請求人の経営に従事
しているとは認められない旨の判断をしている。

　請求人がXに支給した賞与の額等の内訳は、次のとおりである。

各事業年度	支給日	支給金額
昭和49年12月期	昭和49年7月31日	150,000円
	昭和49年12月31日	150,000円
昭和50年12月期	昭和50年7月31日	150,000円
	昭和50年12月23日	250,000円
	昭和50年12月31日	500,000円
昭和51年12月期	昭和51年7月31日	275,000円

　そして、昭和51年7月31日に支給した賞与275,000円は、Xが、昭和
51年7月20日前が使用人、同日以後が役員となるところ、取締役就任後
に支給されていることのみをもって役員賞与と認定するべきではなく、
取締役就任の日と賞与の支給日が近接していることからすれば、使用人
又は役員のいずれの職務に対する対価であるかに基づいて認定をする必
要がある。この点について、審判所は、その調査により、請求人はXに
支給した賞与の額275,000円について他の使用人と同一の支給基準によ
って算定されていると認定し、使用人として勤務した期間に係る賞与の
額として損金の額に算入するのが相当である旨の判断をしている。

3　事実認定等による考察

　上記2では直接触れていないが、審判所は、昭和50年12月31日にXに対する賞与500,000円について、法人税法第132条《同族会社の行為又は計算の否認》第1項を根拠にして、損金の額に算入しない旨の判断をしている。この賞与は、代表取締役Yの供述によると、請求人がXの居宅の建築に際し、その建築資金として融資をした金員であり、返済の見込がたたなかったことから、昭和50年12月31日現在のXに対する貸付金のうち500,000円を返済したものとして、支給を行ったものであった。この事実に基づいて、審判所は、「請求人がXに支給した賞与の額500,000円は、その勤務の対価として支給したものでないことは明らかであり、同族会社である請求人の代表取締役Yの弟であることからみてもXに対して経済的な利益を供与したものと認めるのが相当である。（中略）使用人賞与として損金の額に算入することにより、請求人の法人税負担を不当に減少させる結果となることは明らかであって、かかる行為ができるのは請求人がYを主宰者とする同族会社であるからであり、当該行為を容認することはできない。」とし、損金の額に算入しないのが相当である旨の判断をしている。

　そうすると、審判所が「勤務の対価として支給したものでないことは明らか」と認定したことにより、昭和50年12月31日の賞与は、①Xに対して経済的な利益を供与するため代表取締役Yに対する役員賞与としたのか、②対価関係を遮断されたことから請求人がXに贈与を行ったものか、又は、③当該賞与の支給時のみXを役員と擬制したのか、いずれの認定によるものか、判然としないままになっている。この①ないし③のみが検討する上での選択肢になるとは限らないが、原処分庁が、「Xは、役員に該当するので、同人に支給した賞与の額について、法人税法第35条第1項の規定により損金の額に算入しなかった」旨主張していることからすれば、少なくとも審判所の思考は上記③を基礎に損金の額に

算入しないという判断に導かれたと考えるのが自然であろう。

　本件は、Xが経営に従事しているか否かが直接的な争点であり、その結果役員とみなされた場合、Xに対して支給した賞与が損金の額に算入されるか否かに派生する当事者の対立である。一方、当事者双方の主張では、法人税法第132条第1項の規定の適用について、その理由が直接触れられていない。

　この点に係る違和感は、審判所が、争点主義的運営に基づき、争点の範囲で調査を行い、かつ、審理は総額主義に立脚していることの本質を考察することも必要であろう。そこで、審判所の判断過程をつなぎ合わせると、①争点は法人税法第35条第1項の規定により損金の額に算入しなかった処分が違法か否かであることを前提としており、②Xが請求人の経営に従事しているとは認められなかったが、③代表取締役Yの供述から昭和50年12月31日のXに支給した賞与により請求人の法人税負担を不当に減少させる結果となることは明らかであることから、④法人税法第132条第1項の規定の適用により同賞与の支給に係るXの職制を役員と認定し、法人税法第35条第1項の規定により損金の額に算入するべきではないという整理をしたものと考えられる。

　とはいえ、法人税法第132条第1項は、「税務署長の認めるところにより、その法人に係る法人税の課税標準若しくは欠損金額又は法人税の額を計算することができる」旨規定しているところ、原処分庁の更正理由の基礎となっておらず、審判所が判断過程で唐突に採用したのであれば矛盾が残ってしまうだろう。

　他方、本件の論点とすべき事実関係としては、代表取締役Yの供述及びXがYの弟であることにより、審判所が「請求人の法人税負担を不当に減少させる結果となることは明らかである」旨の認定したことが挙げられるだろう。つまり、当該供述を証拠にするのであれば、昭和50年12月31日現在のXに対する貸付金のうち500,000円を賞与に擬制して返済

したことは、Xが取締役に就任することを伏線として、請求人が使用人の職制であるうちに賞与に振り替えることを承認した等の事実が、供述により認定できることが必要であると考える。

　本件は、少々消化不良な部分を残す判断過程となっている。

《裁決事例の考察》

---

〔5〕 商業登記簿上の役員でなくても実質的に会社の経営に従事し
　　ている者に支給した賞与の額は役員賞与に該当するとした事例
　（裁決事例集 No.20-181頁：昭和55年2月20日裁決）

1　事案の概要

　本件は、鮮魚仲卸業を営む同族会社である請求人が、昭和53年5月期
においてDに支給した賞与の額1,900,000円を使用人賞与として損金の
額に算入して法人税の申告をしたところ、原処分庁が、Dは請求人の経
営方針の決定に支配的影響力を有すると認められ、実質的に請求人の経
営に従事していることから、法人税法第2条第15号《役員の意義》に規
定する役員に該当し、当該Dに支給した賞与は役員賞与であり損金の額
に算入されないとして更正処分を行ったことに対し、請求人が、Dの使
用人としての職務に対する賞与であり役員賞与ではないから、損金の額
に算入すべきであるとして更正処分等の一部の取消しを求めた事案であ
る。

2　主要事実と法令解釈等への適合（請求棄却）

　原処分庁が役員として認定したDは、請求人の株主ではなく、商業登
記上の役員でもない。そして、審判所は、D及び取締役Iからの答弁に
より、請求人の役員であるA、I及びJについて、Aは昭和47年9月頃
から病身であり、請求人の経営に従事することが事実上できない状態に
あり、Iは請求人の事業についての知識及び経験がなく、請求人の経営
及び業務に全く従事していないこと、また、Jは昭和52年5月に請求人

を事実上退社しており、取締役会の開催もされていないのが実態であること、さらに、Dは請求人に入社以来、①請求人の資金調達等に当り、自己の名義によって銀行から資金を借入れることを決定する等、その資金計画を行っていること、②商品の仕入、販売の計画を行っていること、③従業員の採用の諾否及び給与の決定を行う等、請求人の業務運営を実質的に行っていることについて、当該各事実を認定している。

その他、審判所は、C及びIの答弁により、請求人がA及びその家族に対し、生活に必要な資金を報酬等として支払うことを条件に、Dに請求人の経営一切を任せていること、また、請求人の備付けの給料台帳により、Dの給料の額は1か月700,000円に対して、Aの報酬の額は1か月281,140円である事実を認定している。

これらの各事実により、審判所は、Dは専ら自己の責任において請求人の業務を運営していることが認められ、法人税法施行令第7条第1項《役員の範囲》に規定する使用人以外の者でその法人の経営に従事している者に該当するものと認められる旨の判断をしている。

3　事実認定等による考察

審判所の「法人の経営に従事している者」の判断において、Dの職務内容として、①資金繰り、②仕入及び売上計画の策定、③従業員の採用及び給与決定等を基準に行っていることは、経営を従事していることの要素といえ、みなし役員の認定基準となるだろう。

その一方において、審判所は、請求人の役員であるA、I及びJの職務内容として、経営に従事していないことを認識し、判定対象者Dの給料と役員であるAの報酬を比較するなど、あたかも本来の役員が経営に従事していないことを理由に、Dが経営に従事している事実をもってその認定基準としているように感じられる。しかし、経営に従事しているか否かは、その判定対象者の職務の実態に応じて認定するものであるか

ら、本来の役員が外形上経営に従事していなかったとしても、役員としての経営責任を免れるものではないことからすれば、事実認定等の判定基準として捉えるべきではないだろう。

　このような本来の役員との比較検証は、審判所が、Dが役員として全ての職務に従事していることを強調する意味で認定しているに過ぎず、経営に従事していることの判断過程において、全ての事例に適合するものではないと考える。

《裁決事例の考察》

---

〔6〕　名目上の監査役にすぎない者に対して支給した賞与は役員賞
　　与に当たらないとする請求人の主張を退けた事例（裁決事例集
　　No.25-65頁：昭和58年2月28日裁決）

1　事案の概要

　本件は、生薬の卸販売等を営む同族会社である請求人が、商業登記簿
上の監査役にすぎないAに支給した昭和54年6月期1,206,000円及び昭
和55年6月期1,765,000円の各賞与をそれぞれの事業年度において損金
の額に算入して法人税の申告をしたところ、原処分庁が、Aは事実上請
求人の使用人としてその職務に従事していたとしても、旧法人税法第2
条第15号《役員の定義》、旧同法第35条《役員賞与の損金不算入》及び
旧同法施行令第71条第1項第3号《使用人兼務役員とされない役員》に
監査役が役員として規定されており役員賞与であるから損金の額に算入
することはできないとして各更正処分等を行ったことに対し、請求人
が、Aは実質的に監査役としての職務を果たしていないため監査役に対
する賞与に該当せず使用人賞与である、また、監査役に該当するとして
も使用人兼務役員に対する使用人分賞与であるから損金の額に算入され
るとして、更正処分の全部の取消しを求めた事案である。

2　主要事実と法令解釈等への適合（請求棄却）

　審判所は、請求人の商業登記簿謄本の確認調査において、Aが従前か
ら監査役に就任しており、昭和54年6月期及び昭和55年6月期を通じて
監査役の地位にあった事実を認定している。

　これにより、請求人がAに支給した賞与は、旧法人税法第2条第15号、旧同法第35条及び旧同法施行令第71条第1項第3号の規定により損金に算入することはできない旨判断をしている。

3　事実認定等による考察

　請求人の主張は、①Aが日常請求人の使用人としてB国との貿易関係の業務及び国内の販売関係の業務に従事し、実質的に監査役として職務を果たしていないから、Aは法第2条第15号に規定する「監査役」に該当しない、また、②旧法人税法第35条第5項括弧書に規定する「社長、理事長その他政令で定めるもの」とは、社長等に準ずるものとして代表権を有する者に限られるべきであり、監査役を追加規定した同法施行令第71条第1項第3号の定めは法律の委任限度を逸脱する旨の内容であり、いずれも法令解釈に対する論点を抽出して、その判断を求めるものとなっている。

　まず、①について、審判所は、旧法人税法第2条第15号では、監査役を役員の範囲に含め、実質的に監査役としての職務を果たしていないものを除外するというような規定は置かれていないことを理由にして、請求人の主張を排斥している。同族会社は、役員としての職制上の地位を有していても、実質的には使用人としての職務に従事していることが一般的であり、その実態に基づいて主張をしたものであるが、法令に規定がないところで独自の解釈を展開しても採用されることはないだろう。法令解釈の主張は、本来法令の文言に主眼を置くべきであり、また、法令の文言以外の道理に主眼を置くのであれば、関係法令に係る法人税の達成しようとする目的、関係法令のあるべき趣旨から主張の根拠を導き出す等の論理的な内容でなければ説得的とは言えない。本事案に係る請求人の主張は、同族会社の運営実態を象徴しているものであるが、法令解釈を求める理由としては不十分であり、制度としてのあるべき姿を訴

えるだけになっていることから、審判所に期待する判断として反映されることはないだろう。

　次に、②について、審判所は、旧法人税法第35条第5項括弧書の規定を請求人主張のように狭く解するのであれば、同条項括弧書を「社長、理事長等代表権を有する者を除く」とすれば足り、わざわざ政令に委任する必要性がないことになるから、同条項括弧書の規定をそのように狭く解することは到底できないとして、請求人の主張を排斥している。本事案に係る関係法令について、法律の政令に対する委任の程度は、法律で規定すべき具体的な取扱いが政令に委任されているようなことがあれば問題視されるところ、役員の範囲として会社法等の規定により一般的に認知されている役職名が多数に及ぶため、法律において例示を掲げ政令で全てを詳らかにする典型的な規定であることから、請求人の主張が採用できなかったと考えられ、審判所の排斥理由のみでは理解し難いのではないだろうか。しかし、目線を変えると、請求人の主張は、役員の範囲に該当しない旨の法令解釈の主張が、課税要件明確主義に反するなどの憲法違反としての理由に拡大しているともいえ、争点とは異なる方向に流れているとも言える。そうすると、審判所は、憲法判断をすることはないのであるから、請求人の主張に応える排斥理由として、限界の判断であったと考えられる。

《裁決事例の考察》

---

〔7〕 協同組合の専務理事に支給した賞与は役員賞与に該当すると
した事例（裁決事例集 No.33-85頁：昭和62年 5 月12日裁決）

---

1 事案の概要

　本件は、紡績業、織物業及び染色整理業を行う中小企業協同組合である請求人が、専務理事Ａに支給した昭和58年 3 月期716,000円、昭和59年 3 月期727,000円及び昭和60年 3 月期798,000円の各賞与をそれぞれの事業年度において損金の額に算入して確定申告をしたところ、原処分庁が、Ａは使用人としての職務に従事していたとしても、法人税法第 2 条第15号《役員の定義》に規定する役員に該当することは明らかであり、各事業年度に支給した賞与は旧法人税法第35条第 1 項《役員賞与の損金不算入》の規定により損金の額に算入することはできないとして各更正処分を行ったことに対し、請求人が、Ａが定款上の専務理事になっていたとしても、それは組合の内部措置として設けたものであり、名目上のものであって実質的には使用人であるから各賞与は損金の額に算入されるとして、更正処分の全部の取消しを求めた事案である。

2 主要事実と法令解釈等への適合（請求棄却）

　旧法人税法第35条第 5 項では、使用人兼務役員に該当しない役員として、社長及び理事長を規定し、また、旧法人税法施行令第71条第 1 項第 1 号《使用人兼務役員とされない役員》には、副社長、代表取締役、専務取締役、専務理事、常務取締役、常務理事、清算人その他これらの者に準ずる役員を規定している。したがって、法人の役員のうち職制上専

務理事としての地位を有する者は、たとえ使用人としての職務に属する仕事に従事している場合であっても、専務理事に支給した賞与については、損金の額に算入されないと解される。

そして、審判所は、Aの職務について、理事会において専務理事として選任されるとともに経営にも参画しており、しかも、対外的にもその程度の差はあれ役員として認識されているところであり、名実ともに専務理事であるというべきであって、単に使用人と同様の職務に従事している事実があり、また、給与の支給形態、支給方法が使用人と同一である等の事由をもって、請求人の専務理事であることを否定できるものではないとして、各事業年度においてAに支給した各賞与は使用人に支給した賞与であるとは認められず、旧法人税法第35条第1項の規定により損金の額に算入することはできない旨の判断をしている。

3　事実認定等による考察

中小企業協同組合とはいえ、役員としての職制上の地位を有していながら、実質的には使用人としての職務に従事していることから、その実態に基づいて請求人は主張をしたものであるが、法令に規定がないところで独自の解釈を展開しても採用されることはないことが理解できる。本事案に係る請求人の主張は、中小企業全般における事業運営の実態を象徴しているものであるが、法令解釈を求める理由としては不十分であることから、審判所に期待する判断として反映されることはないだろう。

また、本事案は、上記〔6〕請求人の主張している理由と重なるところがあり、同族会社又は中小企業協同組合であるかの違いから、法人組織形態及び内部機関の各構成員の関係が異なっていると考えられるが、同様の考察に着地することとなる。ただ、本事案は、請求人の主張と事実が一部かみ合っていないこともあり、請求理由として主張の裏付けの重

要性を考えさせられること、かつ、上記2に掲げる関係法令に係る規定の文言以上の実質的な解釈を求める理由を訴えるにしても、役員の意義及び範囲という規定の中において、法令解釈に根ざした主張を展開することは相当困難であるという印象が拭えない。以下、請求人の主張と審判所の応えを対比してみることとする。

請求人の主張	審判所の判断
(1) 一般の協同組合と異なり、関連異業種の製造業者が組合員となった特殊な協同組合であり、Aが定款上の専務理事となっていたとしても実質的には使用人であること。	(1) たとえ請求人が一般の協同組合と異なる特殊な協同組合であるとしても、組合の性格、設立趣旨等により法人税法の適用が異なるものではない。
(2) 定款第27条は安易に設けられたもので、専務理事は名目上のものであり不要であること。	(2) 定款は、組合の目的、組織、活動あるいは組合員の地位を定める根本規則であり定款の設定にいかなる理由があったとしても、その効力に影響を及ぼすものではない。
(3) Aは専務理事としての商業登記がなく、対外的に役員にみられないこと。	(3) 役員の登記に関しては、協同組合は代表権を有しない役員は商業登記する必要がない。しかし、毎年度の通常総会及び理事会の議事録の写しをH県知事にAを専務理事として提出しており、しかも、本件確定申告書にAを専務理事として記載していることから、Aが専務理事として登記されていないことをもって対外的に役員にみられないとはいえない。
(4) Aの職務内容は使用人と変わりがなく、経営に従事しているとはいえないこと。	(4) Aは専務理事就任後も製品の荷造、出荷その他雑用を含めて組合の業務一般にたずさわっていたことが認められる。 しかし、Aは、専務理事として通常総会に出席し、事業計画、収支予算案、経費の賦課徴収方法等の議案内容の説明、審議及び議決を行っていること、また、紡績部門の全体の管理を行っていることから経営に参画していると認められる。

(5)　各事業年度ともＡに対して役員としての報酬及び賞与は支給しておらず、使用人としての雇用契約に基づいて給与の昇給率及び賞与の支給を使用人に比準して、他の使用人と同様に毎月の給与と年2回の使用人に対する賞与を支給しているにすぎない。	(5)　役員報酬額の支給の決定に当たりＡに対する支給範囲の取決めはなく、しかも、給与の昇給率及び賞与の支給が使用人に比準していることは事実であるが、Ａの給与は役員報酬総額の範囲内であり、給与の昇給率及び賞与の支給が使用人に比準していることをもって、Ａに対する給与及び賞与が役員報酬及び役員賞与でないとはいえない。

　審判所は、請求人の個々の主張に対して各々排斥理由を示しているが、Ａが専務理事就任後も製品の荷造、出荷その他雑用を含めて組合の業務一般にたずさわっていたことを認めながらも、「組合の業務執行の概念から末端の事務を除外しなければならない道理はなく、通常使用人に任せることができるような仕事に従事することがあっても、別段異とするには足らないから、専務理事であるＡに支給した本件賞与は、税務上直ちに損金に算入し得ないと解するのが相当である。」とし、Ａが法令における専務理事としての職制上の地位に該当することのみをもって一刀両断している。

《裁決事例の考察》

---

[8]請求人の使用人について経営に従事していたとは認められず、
　　みなし役員に該当しないとして処分の全部を取り消した事例
　（公表裁決事例：平成28年3月31日裁決）

1　事案の概要

　本件は、損害保険代理業及び生命保険媒介業を営む同族会社である請求人が、請求人の代表取締役Eに対して支払った業務委託契約に基づく報酬を損金の額に算入し平成23年3月期及び平成24年3月期において法人税等の申告をしたところ、原処分庁が、Eは代表取締役に就任する前から法人税法上の役員に該当するため、当該報酬は損金の額に算入されない役員給与に該当するなどとして法人税の更正処分等を行ったのに対し、請求人が、代表取締役に就任する前のEは法人税法上の役員に該当しないなどとして、原処分の全部の取消しを求めた事案である。

2　主要事実と法令解釈等への適合（該当部分の全部取消し）

　請求人は、Eとの間で委任型募集人業務委託契約を締結しており、請求人がE及びE以外の委任型募集人に支払う報酬は、同契約第19条《対価》に定める報酬規定に基づき計算しているところ、平成23年3月期及び平成24年3月期におけるEに対する報酬について、報酬規定に基づく報酬の額と実際に支払われた報酬の額には差異が生じているにもかかわらず、当該支払報酬料を平成23年3月期及び平成24年3月期において、それぞれ損金の額に算入している。

　また、Eは、下記【請求人の代表取締役の変遷】及び【Eの役員就任

【期間】に記載のとおり、原処分庁の更正処分の対象となった平成23年3月期及び平成24年3月期において、役員に就任していないが、更正期間に近接する平成21年3月期及び平成25年3月期以降において代表取締役に就任している等の事実が認められる。

これらの事実のほか、「Eは、M社を退職し、請求人を創業した。」及び「請求人の代表者になる前は、保険会社を辞めたばかりですぐ代理店の社長になれず、当初は母親のKを代表登記していたが、実際は、自分がいろいろ切り盛りをして、会社をやっていた。」旨のEの申述が記載された平成26年3月24日付文書等が端緒となり、原処分庁が、Eを役員とみなし当該支払報酬料が役員給与に擬制されて支給したものと認定したことから損金の額に算入しなかったものと考えられる。

【請求人の代表取締役の変遷】

平成17年4月○日から平成20年11月30日まで	G
平成20年12月1日から平成21年2月20日まで	H
平成21年2月20日から平成21年9月11日まで	**E**
平成21年9月11日から平成22年7月29日まで	J
平成22年7月29日から平成24年4月25日まで	K
平成24年4月25日以降	**E**

【Eの役員就任期間】

平成17年4月○日から平成19年2月28日まで	監査役
平成19年3月1日から平成21年2月20日まで	
平成21年2月20日から平成21年9月11日まで	取締役
平成21年9月11日から平成22年7月29日まで	
平成22年7月29日から平成24年4月25日まで（更正期間内）	
平成24年4月25日以降	取締役

44

【Eの持株割合】※持株要件は適合している（特定株主に該当）

平成22年4月1日時点	53.8%
平成23年6月2日増資（平成24年3月31日まで同じ）	52.1%

　審判所は、原処分庁が、①請求人が現在の商号へ変更した平成21年9月以後の請求人の経営状況及びEの請求人との関わりや職務内容の確認を行っていないこと、②平成24年4月25日にEが代表取締役に再度就任する前に請求人において具体的にいかなる役割を果たしていたのか、代表取締役に再度就任する前と後とでその役割に違いがあるのかなどを明らかにしていないことから、「Eが平成23年3月期及び平成24年3月期において、請求人の経営に従事しているものに該当すると認めるに足りないといわざるを得ないから、Eは法人税法上の役員に該当するとはいえない。」旨の判断をし、各更正処分等を取り消している。

3　事実認定等による考察

　本件は、Eが請求人において単なる一使用人と考えられないところ、原処分庁の「請求人の経営に従事しているもの」に対する証拠が不十分であることから、更正処分等の取消しに至ったものであり、税務調査による証拠収集の手法に一石投じられた判断である反面、請求人としても経営に従事していることの認定要素について、原点から立ち戻り考えるべき事案といえる。

　まず、原処分庁の「請求人の経営に従事しているもの」に該当する旨の主張と審判所の排斥理由を対比してみることとする。

原処分庁の主張	当審判所の判断
(1)　L社との間で締結された平成24年1月17日付の報酬計算等に係る業務委託契約書（本件報酬計算等業務委託契約書）に、**代表取締役に再度就任する前に請求人の代表者として署名及び押印をしている。**	(1)　この当時代表取締役でなかったEが**代表取締役として署名、押印した書面があるからといって、代表者でないものが契約当事者となっているというにすぎず、その契約内容も重要な業務に係るものとはいえない**ことから、本件報酬計算等業務委託契約書をもってEが請求人の経営に従事していたことを裏付けるものとまでは認め難い。
(2)　平成26年3月24日付文書に「**Eは、M社を退職し、請求人を創業した。**」旨記載があること、及び、平成26年3月24日に本件調査担当職員に対し「**請求人の代表者になる前は、保険会社を辞めたばかりですぐ代理店の社長になれず、当初は母親のKを代表登記していたが、実際は、自分がいろいろ切り盛りをして、会社をやっていた。**」旨申述していることから、**請求人の設立当初から請求人の経営に携わっている。**	(2)-1　いつの時点においていかなる役割を担っていたのかが必ずしも明らかでない。 (2)-2　具体的に裏付ける証拠資料の収集がされていない。 (2)-3　請求人は、・・・Eが切り盛りしていたのは営業のことであり・・・旨主張しているが、この主張を排斥するだけの証拠資料も存しない。
(3)　請求人の**資金計画に関わっている**ことから、請求人の創業時から請求人の事業運営上の重要事項に参画していたものと認められる。	(3)　請求人は、・・・**資金繰りについても代表取締役に再度就任した後に関与した**もので、**それ以前は対外的な仕事にも資金繰りにも関わっていない**旨主張しているが、この主張を排斥するだけの証拠資料も存しない。

（注）　アンダーライン等筆者加筆

　上記(1)の契約書の署名押印がEであることについて、重要な業務に係る契約書ではなかったことが経営に従事していたことを裏付けることができなかったものであり、反して、重要な業務に係る契約であれば、経営に従事していることの認定要素になったと考えることもできる。しか

し、審判所は、契約内容の重要性の基準を示さずに主張を排斥していることからすれば、当該基準を明確にすることを避けたと考えられ、原処分庁が、①取引価額、②請求人の売上げに占める割合、③取引の目的、④取引の態様、⑤類似取引に係る請求人の署名押印の状況などを基礎に主張していたのであれば、個々の取引に応じた判断を行う状況にならざるを得なかったであろう。このように考えると、今後請求人は、重要性がない旨の裏付けを整備して、反論を行うことが求められることをあらかじめ想定しておく必要があると考える。

　次に(2)の平成26年3月24日付文書に係る申述について、経営に従事していると懸念される内容でありながら、原処分庁の裏付けが足りなかったことから、審判所は当該申述のみで経営に従事していることの理由にはならないと判断したものである。同文書には、請求人は、①Eが創業した会社であり、②Eが何らかの根拠により代表者になれず、③母親のKが名目上の代表取締役であったとしても、Eが経営に従事しているか否かを認定する前提に過ぎず、実際にEが経営の指揮を執っていた事実が申述にはない。これは、調査担当職員の質問が欠落していたのか、又はEの明確な回答が得られなかったのか不明であるが、請求人の関係者からの質問調査によれば、実態の解明に寄与するものと考えられる。したがって、本件のようなEの経歴等からすると、請求人は、取引関係者に対して、Eが役員としての職務に従事していると誤解されないよう努めなければならないだろう。

　最後の(3)の資金計画に関わっていることについて、経営に従事していることの認定要素として重要な職務といえるが、同職務執行に係るEの関与は、原処分庁が更正処分の期間中であることについて、申述等により明らかにしていないことが排斥理由として顕在化している。上記(2)を含め、原処分庁と請求人の主張の攻防は、原処分庁が経営に従事していることに適合させるべき課税要件事実の根拠が欠落している部分に対し

て、請求人が的確な反論を示したことに注目すべきである。

　本件は、原処分庁が、Eの経営に従事している諸要素を押えながら、税務調査において肝心な事実認定の裏付けを収集できていない状況において、請求人が、初見で不利な状況に置かれながらも巧みな主張により、審判所の課税要件事実から判断を検討することの意味合いを理解し、処分の取消しに導く貴重な事例となっている。

《裁決事例の考察》

---

〔9〕 専務取締役に選任されていない取締役が専務取締役の名称を
　　　付した名刺を使用しているとしても当該取締役は使用人兼務役
　　　員に該当するとした事例（裁決事例集 No.21-107頁：昭和56年
　　　1月29日裁決）

1　事案の概要

　本件は、木材卸売業を営む同族会社である請求人が、請求人の取締役
Aに対して支払った使用人としての職務に対する賞与を損金の額に算入
し、昭和52年6月期から昭和54年6月期までの各事業年度において法人
税等の申告をしたところ、原処分庁が、取締役Aは法人税法上の使用人
兼務役員に該当しないため、請求人が同人に支給した各事業年度の賞与
は、損金の額に算入することはできないとして、法人税の更正処分等を
行ったのに対し、請求人が、取締役Aは使用人としての職務を有する役
員であって専務取締役ではないから、当該各事業年度の賞与は損金の額
に算入されるべきであるとして、原処分の一部の取消しを求めた事案で
ある。

2　主要事実と法令解釈等への適合（一部取消し）

　審判所は、「法人税法施行令第71条第1項第1号《使用人兼務役員と
されない役員》に規定する専務取締役とは、定款等の規定又は総会若し
くは取締役会の決議等により専務取締役としての職制上の地位が付与さ
れた役員をいうものであると解されるところ、Aは、請求人の取締役会
等により専務取締役に選任された事実はなく、また、確定決算書、各種

議事録等においても、専務取締役の名称を付したものはない。更に、A
は取締役に就任する前から専務取締役の名称を付した名刺を使用してい
たことから、単なる通称として、この名称を冠されていることが認めら
れ、Aが専務取締役の名称を付した名刺を使用していたことのみをもっ
て、法人税法上の専務取締役とみなすことは適正ではない。」旨判断を
している。

　また、審判所は、使用人兼務役員に対する使用人分賞与として適正で
あることについて、Aが使用人兼務役員となる直前に受けた給料の額
に、その後のベースアップ等の状況を加味したところで、同人の使用人
分の職務に対する報酬の額を検討し、また、A及び他の使用人の各事業
年度における報酬又は給料の額に対する賞与の額の支給割合を比較した
ところ、特に有利なものとは認められないことから、Aに支給した賞与
の額は、使用人の職務に対する相当な賞与の額と認められるとして、各
更正処分等の一部を取り消している。

3　事実認定等による考察

　原処分庁は、Aが、①代表取締役Bの指示により請求人の費用で印刷
した専務取締役の名刺を使用して営業活動を遂行し、②Bをはじめ社員
全員がAを専務と呼び、本人もそれにこたえ、③取引先等社外において
も、専務取締役の名刺を使用して請求人の専務取締役であることを取引
先等に認識させていることから、同人は、実質的にその地位にあり、専
務取締役としての権限と責任の上で営業全般を統括しているとして、法
人税法上の専務取締役と判断したものである。

　これに対して、審判所は、「Aの職務内容」、「Aの勤務条件及び給与
の支給条件」、「Aの取締役会出席の有無」及び「専務取締役の名称を付
した名刺の使用を許可した理由」の各事実を総合的に考慮したところ
で、法人税法上の使用人兼務役員と認められる旨判断をしている。

　原処分庁は、Aが自称専務として営業活動を行っていることを端緒として専務取締役の認定を行ったものと推認されるが、同族会社の役員又は使用人のうち自称専務等と呼ばせる慣習に固執し、Aの職務の実態等を押えて名実ともに使用人兼務役員とされない役員として認定するための、裏付けが不足していたことが露呈されている。実務慣例として自称専務等は、少なくなっていると考えられるが、この審判所の判断過程が使用人兼務役員と認められるか否かの認定要素として参考となるものである。

　また、使用人兼務役員であると判断した場合であっても、当該使用人兼務役員に対して支給した賞与が、使用人分賞与として適正であることが必要である。この点について、審判所は、Aが使用人兼務役員となる直前に受けた給料の額に、その後のベースアップ等の状況を加味し、また、A及び他の使用人の各事業年度における報酬又は給料の額に対する賞与の額の支給割合を比較検証することにより、適正な支給額であることの判定基準としていることから、税実務として実現可能なメルクマールを示したといえよう。

第2節　役員報酬

　　法人税法第34条第2項は、内国法人がその役員に対して支給する給与
の額のうち不相当に高額な部分の金額として政令で定める金額（法令70
①一、下記図表【役員報酬の不相当に高額な部分】参照）は、その内国
法人の各事業年度の所得の金額の計算上、損金の額に算入しない旨規定
している[11]。これにより、不相当に高額な部分の金額の存否は、法人の
役員給与支給額と役員給与相当額との比較考量によって認識されること
を表象していることから、「不相当に高額」という不確定概念を用いて
課税要件の充足状況を判断することになる。この「不相当に高額」とい
う用語の意味するところについて、武田昌輔氏は「不相当に高額とは、
ふさわしくないほどの高い額、不相応の額、あるいは、つりあわないほ
どの高い額と解すべきである[12]。」と論じられている。そうすると、仮に
役員給与支給額のうち、不相当に高額な部分の金額の存在を看取できた
としても、役員給与相当額を合理的に算定しなければ、その存在を確定
することができない。にもかかわらず、過大役員給与税制は、定性的な
法令の文言で終始し、役員給与を支給する法人に対して、役員給与相当
額を合理的に算定するための同業類似法人の数値情報等を自ら申告時ま
でに入手させるという極めて酷な要求を強いている。

　　他方、法人税法施行令第70条第1項第1号ロ《形式基準》の充足は、
あらかじめ定款に役員給与の支給限度額を定めている法人も存している

11　法人税法第34条第2項の規定の趣旨は、「課税の公平性を確保する観点から、職務執
行の対価としての相当性を確保し、役員給与の金額決定の背後にある恣意性の排除を図る
という考え方によるものと解される。」旨示されている。公表裁決事例：平成29年4月25
日裁決から引用、裁決事例の考察〔13〕で取り上げている。
12　武田昌輔「不確定概念規定の解釈方法の検討」（ぎょうせい：税理21巻1号、1978年
5頁）

が、相続により同族会社の株式を承継する際法人に関与していない相続人が役員給与の支給に興味を抱くことを避ける等の理由もあり、株主総会等で支給総額の承認を受けた後取締役会で各人別の支給額の承認（主に代表取締役一任とする決議を行っている。）を受けることによる役員給与の取決めが多いと感じられる。

　争点に浮上するのは、法人税法施行令第70条第１項第１号イ《実質基準》による役員退職給与以外（以下「役員報酬」という。）の不相当に高額な部分の金額があるか否かのテーマであり、①当該役員の職務の内容、②その内国法人の収益及びその使用人に対する給与の支給の状況、③その内国法人と同種の事業を営む法人でその事業規模が類似するものの役員に対する給与の支給の状況等に当てはめるための三要件に係るエビデンスの合理性の競い合いである。特に論点となるのは、③に係る同業類似法人の役員報酬の支給状況の情報収集であり、原処分庁のエビデンスに勝る請求人の証拠提示が認められないというのが通例となっている。

　第２節では、役員報酬の支給について、主として、不相当に高額な部分があるか否か、役員給与相当額の算定基準等を考察する。

【役員報酬の不相当に高額な部分】

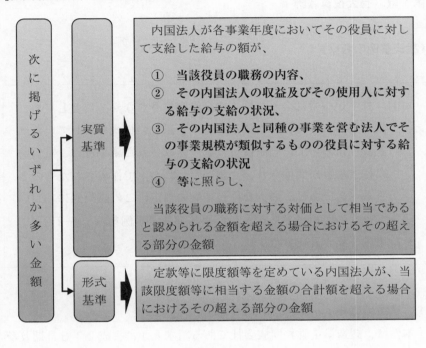

第1款　過大役員報酬

《裁決事例の考察》

〔10〕　株主が一堂に会して株主総会が開催されなかったとしても、
　　　　請求人のように役員が90パーセント以上の株式を有している同
　　　　族会社において、当該役員により作成された議事録は、実質的
　　　　に株主総会が開催され、決議が行われた上で作成されたものと
　　　　みるべきであり、過大な役員報酬の判定はこの議事録に基づい
　　　　て行うのが相当であるとした事例（裁決事例集 No.45-213頁：
　　　　平成5年4月19日裁決）

1　事案の概要

　本件は、鍛造業を営む同族会社である請求人が、平成2年5月期及び
平成3年5月期の本件各事業年度において本件役員報酬の額を損金の額
に算入し、法人税等の申告をしたところ、原処分庁が、甲議事録に記載
してある役員報酬の限度額を超える部分の額は損金の額に算入すること
はできないとして、法人税の各更正処分等を行ったのに対し、請求人
が、形式的に作成された本件各事業年度における議事録の記載によるべ
きではなく、本件役員報酬の額は役員の職務内容から見て相当な金額で
あるかを判断すべきであり、これによれば全額損金の額に算入すべきで
あるとして、原処分の全部の取消しを求めた事案である。

2　主要事実と法令解釈等への適合（請求棄却、ただし実際支給額の認定誤りによる一部取消し）

(1)　役員給与の各人別支給額

役職名	氏名	平成2年5月期		平成3年5月期	
		請求人主張額	審判所認定額	請求人主張額	審判所認定額
取締役	A男	18,000,000円	18,000,000円	18,000,000円	18,000,000円
	B女	9,600,000円	**8,800,000円**	9,600,000円	9,600,000円
	C男	—	—	6,275,000円	**5,250,000円**
	小計	27,600,000円	26,800,000円	33,875,000円	32,850,000円
監査役	C男	6,000,000円	6,000,000円	—	**1,050,000円**
合計		33,600,000円	32,800,000円	33,600,000円	33,900,000円

（注1）　平成2年5月期における取締役B女に支払われた役員報酬の額は、平成2年3月に役員以外の使用人に支払われた賃金給料のうち、800,000円が誤って役員報酬の科目で経理されていることから、その支払額は8,800,000円になる。

（注2）　平成3年5月期におけるC男に対する役員報酬の額は、平成2年6月に同人に支払われた役員報酬のうち、25,000円が賃金給料の科目で経理されていることから、その支払額は6,300,000円となるところ、同人は、昭和61年7月23日開催の第24回定時株主総会において監査役に選任された後、平成2年7月24日開催の第28回定時株主総会で取締役に選任されるまでの間、引き続いて監査役の地位にあったことから、支払額のうち、平成2年7月までの分1,050,000円が監査役報酬となり、残り5,250,000円が取締役報酬となる。

(2)　定時株主総会議事録に記載されている請求人の役員報酬の額

	平成2年5月期		平成3年5月期	
	取締役の報酬総額	監査役の報酬総額	取締役の報酬総額	監査役の報酬総額
第27回甲議事録	20,000,000円以内	5,000,000円以内	—	—
第28回甲議事録	—	—	30,000,000円以内	10,000,000円以内
第27回乙議事録	30,000,000円以内	10,000,000円以内	—	—
第28回乙議事録	—	—	40,000,000円以内	10,000,000円以内

56

（注）　請求人は、甲議事録が、その内容の一部に誤りがあるため、原処分庁の調
　　　査が行われる以前に、真正な内容の「第27回乙議事録」、「第28回乙議事録」を
　　　作成し直しており、また、同議事録は原処分庁へも提出している。

(3)　審判所の判断

　審判所は、請求人のような取締役等の役員が有する株式数の合計が
発行済株式総数の90％を超えている同族会社にあっては、株主総会の
開催が必ずしも明確でない場合が多く、株主総会の決議の有無は株主
総会が実質的に開催されたか否かにより判断すべきものであると解す
るのが相当であるところ、①請求人は議事録の原案の作成を関与税理
士に依頼し、②関与税理士は原案を作成するに当たって、代表者に対
しあらかじめ役員報酬の額が前事業年度に比べて変更されたか否か等
について確認をして、③関与税理士は原案を請求人の事務所に出向い
て代表者等に直接渡し、④原案を受け取った役員がこれに押印した後
に議事録を作成していること、また、⑤代表者が当審判所に対して議
事録の存在そのものを無視したりするものではない等の答述をしてい
ることからすれば、「請求人の株主が一堂に会して株主総会が開催さ
れ、決議がなされたと断定することはできないとしても、実質的に株
主総会が開催され、決議が行われた上で議事録が作成されたものと認
めるのが相当である。」としている。これにより、請求人の役員に支
給した報酬の額の合計額が当該限度額を超えるときは、請求人が支払
った役員報酬の額が役員の職務の内容に照らして相当であるか否かを
判断するまでもなく、少なくとも当該限度額を超える部分は過大な役
員報酬に該当するとしている。

　また、審判所は、請求人が、代理人が作成をした原案に代表者等が
押印をした時点で議事録の存在及びそこに記載された決議の内容を当
然に認識していたものと認められるところ、平成３年９月19日、調査

担当職員に対し、乙議事録ではなく甲議事録を提示したものであることから、同日までに株主総会の決議に基づき作成されていたのは甲議事録のみであって、乙議事録は調査担当職員が本件各事業年度において支払われた役員報酬には過大な役員報酬となる部分がある旨の指摘をした後に作成されたものであることは明らかである等として、株主総会の決議の内容を記載したものは甲議事録であると認定している。

したがって、平成2年5月期については取締役報酬に係る分6,800,000円と監査役報酬に係る分1,000,000円の合計7,800,000円が、また、平成3年5月期については取締役報酬に係る分2,850,000円がそれぞれ過大な役員報酬となり、本件各事業年度の過大な役員報酬の額は更正の額をそれぞれ下回ることとなるから、法人税等の各更正処分はその一部を取り消すのが相当である旨判断をしている。

3　事実認定等による考察

役員給与の額のうち不相当に高額な部分の金額として損金の額に算入されない金額については、法人税法第34条第2項の規定を受け、同法施行令第70条によりその金額を定めるとし、同条第1号イ（実質基準）では内国法人が各事業年度においてその役員に対して支給した給与の額が、当該役員の職務に対する対価として相当であると認められる金額を超える場合にはその超える部分の金額、同条同号ロ（形式基準）では定款の規定又は株主総会等の決議により給与として支給することができる金額の限度額を定めている内国法人が、各事業年度においてその役員に対して支給した給与の額の合計額が当該事業年度に係る当該限度額を超える場合にはその超える部分の金額とし、実質基準又は形式基準のうちいずれか多い金額が損金の額に算入されない金額となる旨規定している。

請求人は、実質基準の事実認定のラインに誘引したかったと考えられ

るところ、形式基準による役員給与の限度額を定めた甲議事録と乙議事録という複数の議事録の存在に対して、審判所が株主総会の決議の内容を記載したものを甲議事録であると認定したことから、思惑の争点で判断を仰ぐことができなかったものである。この審判所の判断は、次に掲げる調査担当職員の答述と過大役員報酬の指摘、及び請求人が調査担当職員に議事録を提示しているタイミング等が認定要素になっている。

日付	調査担当職員の答述等及び議事録の提示
平成3年9月19日	調査担当職員は、請求人の事務所において甲議事録の提示を受け、同議事録の記載内容を踏まえて過大な役員報酬について指摘した。 　また、調査担当職員は、請求人の金庫を確認したところ、同金庫は整然としており乙議事録の保管はなかった旨答述している。
平成3年10月8日	調査担当職員は、請求人の事務所に臨場し代表者及び取締役B女に面接した際に、乙議事録についての説明はなかった旨答述している。
平成3年10月9日	乙議事録は、関与税理士によって原案が作成され、代理人から原処分庁に提出された。

　請求人は、乙議事録を平成3年9月19日以前に作成して事務所内の金庫に保管していたが、原処分の調査のときにはその存在を失念していた旨答述している。しかし、審判所は、「**請求人が誤ったものである旨主張する甲議事録を破棄しないまま保存していたことは極めて不自然**であり、これに金庫内の状況に関する調査担当職員の前記答述をも併せ考えれば、請求人の上記答述は到底信用することができない。」として、「**乙議事録は調査担当職員**が本件各事業年度において支払われた役員報酬に**は過大な役員報酬となる部分がある旨の指摘をした後に作成されたものである**ことは明らかである。」旨の事実認定に至っている（アンダーライン等筆者加筆）。

　調査担当職員の答述が事実認定の決め手となったのではなく、調査担当職員の求めに応じて請求人が提示したものが甲議事録であり、請求人が記載内容に誤りがあると主張する甲議事録を保存していたことを合わせ考えた場合、乙議事録は請求人の主張の裏付けとして事後的に作成されたものと考えられよう。

　本件の論点は、関与税理士の同族会社に対するサポートのうち、定時株主総会議事録等の原案作成に対して、同族会社が同議事録等の重要性の認識を欠落していたことが端緒となっているものであり、日常業務の隙間から生じる課税問題として留意すべき事案といえる。それゆえ、形式基準のガードは、近い将来の役員構成を考慮したところで、定款の規定により限度額として多めの枠取りをしておくこと等を含め検討するべきであろう。

60

《裁決事例の考察》

---

〔11〕　非常勤の取締役3名に対して支給した役員報酬額は、当該取
締役の職務の内容等に照らし不相当に高額であるので、当該取
締役の職務の対価として相当であると認められる金額を超える
部分の金額は、損金の額に算入することはできないとした事例
（裁決事例集 No.54-306頁：平成9年9月29日裁決）

1　事案の概要

　本件は、パチンコホールを営む同族会社である請求人が、本件各事業
年度において、請求人の取締役であるH、J及びK（以下「Hら」とい
う。）に支払った役員報酬の額を損金の額に算入し、法人税等の申告を
したところ、原処分庁が、C税務署及びその近隣の税務署の管轄区域内
における請求人と同規模、同業種の法人がHらと同様の職務遂行の状況
にあると認められる取締役に対して支給した報酬の平均額を基準として
役員報酬として相当と認められる金額を超える部分の額は損金の額に算
入することはできないとして、法人税の各更正処分等を行ったのに対
し、請求人が、従業員のうち、本件各事業年度の給与支給額の多い上位
4名の当該給与支給額と比較した場合に不相当に高額ではないから、全
額損金の額に算入すべきであるとして、原処分の一部の取消しを求めた
事案である。

2　主要事実と法令解釈等への適合（請求棄却）

　役員の職務執行に対する適正な対価については、法人税法第34条第2
項の規定を受けて同法施行令第70条第1項第1号イ（実質基準）及びロ

（形式基準）で２つの判断基準を規定し、これら２つの基準によって不相当に高額であるとされた金額のうち、いずれか多い金額が損金の額に算入されないこととされている。本件は、請求人が形式基準に規定する限度額等の範囲内で役員給与の支給をしていることから、実質基準の適合性が争われている。この実質基準は、当該役員の職務の内容、その内国法人の収益及びその使用人に対する給与の支給の状況、その内国法人と同種の事業を営む法人でその事業規模が類似するものの役員に対する給与の支給の状況等に照らし、当該役員の職務に対する対価として相当であると認められる金額を超える場合に不相当に高額な部分を認識するものである。そのため、審判所の判断過程は、請求人の実態に照らして各課税要件に適合するか否かを検討している。

　請求人の代表取締役であるＸは、Ｈらの請求人への貢献について、①Ｈは請求人の資金面に深くかかわっている旨、②Ｊは近隣のパチンコ店の状況に精通し、従業員から相談を受ける機会も多く、請求人の経営に関し助言をしている旨答述し、③Ｋは何ら主張をしていない。これにより、審判所は、Ｈらの取締役としての具体的な職務執行の事実が不明確であること、また、Ｈらが業務執行権を有しない非常勤の取締役であること等から判断し、Ｈらの職務内容は請求人の経営に深くかかわるようなものとは考えられない旨判断している。そうすると、審判所は、Ｈらの職務の内容が、請求人独自の特別な職務執行に関与していると認められず、請求人への貢献から類似法人の支給状況に照らして、役員給与に何らかの追加的評価を加えることの要素がないことを示したといえよう。

　また、次に掲げる【請求人の収益及び使用人に対する給与の支給の状況】は、実質基準の２つ目の課税要件の適合性を検討するための請求人の状況である。Ｈらの役員報酬は、平成４年７月期を100.0にした場合、Ｈは平成５年７月期130.8及び平成６年７月期133.6、Ｊは平成５年

7月期201.1及び平成6年7月期210.3、Kは平成5年7月期180.9及び平成6年7月期188.2となることから、売上高、売上総利益及び使用人給与と比較して相当高い伸び率で推移している。そうすると、実質基準の課税要件である「その内国法人の収益及びその使用人に対する給与の支給の状況」に照らした場合、不相当に高額であると認められることになろう。

【請求人の収益及び使用人に対する給与の支給の状況】

	売上高	売上総利益	勤続者13人の給与支給総額	勤続者一人当たりの平均給与支給額
平成4年7月期	4,089,868,320円 (100.0)	623,355,874円 (100.0)	62,087,178円 (100.0)	4,775,936円 (100.0)
平成5年7月期	4,729,063,180円 (115.6)	624,667,257円 (100.2)	65,131,656円 (104.9)	5,010,127円 (104.0)
平成6年7月期	4,382,334,160円 (107.2)	681,708,840円 (109.4)	66,052,861円 (106.4)	5,080,989円 (104.1)

（注）　カッコ内の数値は、平成4年7月期の各金額を100.0とした場合における、平成5年7月期及び平成6年7月期の比較率を表したものである。

　さらに、審判所は、請求人の類似法人でHらと職務内容が類似すると認められる非常勤の取締役に対する役員報酬の平均額が、平成4年7月期1,220,000円、平成5年7月期1,160,000円及び平成6年7月期1,800,000円であることから、Hらの役員報酬は極めて高額であると認定したものである。

　これにより、審判所は、「Hらの職務の内容、請求人の収益及び使用人に対する給料の支給の状況並びに類似法人の役員報酬の支給状況に照らして判断すると、Hらの役員報酬は、その職務に対する対価として相当ではなく、類似法人の平均的な役員報酬額（以下「相当額」という。）が相当であり、これを超える部分の金額は過大であると認められ

る。」とし、実質基準による過大報酬額を認定している。

【実質基準による審判所認定額】

事業年度	氏名	支給額	相当額	過大報酬額
平成4年7月期	H	7,140,000円	1,220,000円	5,920,000円
	J	3,264,000円	1,220,000円	2,044,000円
	K	4,080,000円	1,220,000円	2,860,000円
平成5年7月期	H	9,340,000円	1,160,000円	8,180,000円
	J	6,564,000円	1,160,000円	5,404,000円
	K	7,380,000円	1,160,000円	6,220,000円
平成6年7月期	H	9,540,000円	1,800,000円	7,740,000円
	J	6,864,000円	1,800,000円	5,064,000円
	K	7,689,000円	1,800,000円	5,889,000円

3　事実認定等による考察

　請求人は、従業員のうち、本件各事業年度の給与支給額の多い上位4名に対する当該給与支給額を比準して、Hらの役員報酬は不相当に高額ではない旨主張している。

【請求人の従業員のうち給与支給額の多い上位4名の各支給額】

区分	平成4年7月期	平成5年7月期	平成6年7月期
L	7,562,194円	7,867,454円	7,872,500円
M	6,493,809円	7,191,097円	7,236,915円
N	5,777,991円	5,940,208円	5,930,944円
W	5,227,604円	5,370,869円	5,411,365円

　Hら各人の支給額を比較した場合、厳密な意味において差額を追求す

るのであれば、少なくともHは、従業員のうち給与支給額の最も多いL
の支給額を超えていることになる。

　ところで、法人税法第34条の法令解釈は、「この規定の趣旨は、役員
の職務行為に対する相当額の報酬は当該法人が経済活動を行うために必
要な経費としてこれを損金の額に算入するが、職務行為の対価として相
当な額を超える額はたとえ報酬という名目であろうと実質的には利益処
分である賞与に該当するものとしてこれを損金の額に算入しないという
ことにあると解される。」旨示されている。そして、平成18年度の役員
給与税制の改正は、「会社法制や会計制度など周辺的な制度が大きく変
わる機会を捉えて、こうした役員給与の損金算入のあり方を見直すこと
と」[13]し、会社法第361条《取締役の報酬等》第１項[14] の規定が、「取締役
の報酬、賞与その他の職務執行の対価が一括して報酬等として括られ、
役員賞与が利益処分でないことを意味している」[15]。これにより、「職務
行為の対価として相当な額を超える額はたとえ報酬という名目であろう
と実質的には利益処分である賞与に該当する」旨の法令解釈に適合しな
いことになるが、その後の裁判例では「旧法人税法34条１項と同様に、
課税の公平性を確保する観点から、職務執行の対価としての相当性を確
保し、役員給与の金額決定の背後にある恣意性の排除を図るという考え
方によるものと解される。」[16]旨が追記されている。そうすると、法人税
法第34条の法令解釈は、「役員給与の金額決定の背後にある恣意性の排
除を図るという考え方」が、会社法施行前と施行後において、変わらず
根ざしていると考えるべきであろう。

13　武田昌輔『DHC コンメンタール法人税法』（第一法規、2018）2161の４頁
14　会社法第361条第１項は、取締役の報酬、賞与その他の職務執行の対価として株式会
社から受ける財産上の利益については、定款に一定の事項を定めていないときは、株主総
会の決議によって定める旨規定している。
15　品川芳宣「役員報酬（給与）・役員退職給与の相当額（過大額）の認定」TKC 税研情
報（2016）40頁
16　東京地判平成28年４月22日【税務訴訟資料　第266号-71（順号12849）】

　したがって、過大役員報酬の規定の発動に対して、「恣意性の排除」を根底にした場合、請求人の主張のように、役員に支給した給与の額が、比準した使用人の支給状況から大きく乖離していないことをもって、恣意性の排除を達成できるとする趣旨の主張には意義があると解される。

　ただし、恣意性の介入が認識される場合とは、不相当に高額な部分の金額の存在が必要であり、その課税要件として、①当該役員の職務の内容、②その内国法人の収益及びその使用人に対する給与の支給の状況、③その内国法人と同種の事業を営む法人でその事業規模が類似するものの役員に対する給与の支給の状況等に照らして判断することを要求しているのである。そのため、法人税法第34条の過大役員給与の規定は、役員給与の支給額が、客観的に恣意性の介入が疑われる蓋然性を求めながら、主観的に高額な支給が認識されたところで、課税要件に当てはめて発動されるものと考えられる。

　本件は、Hらが業務執行権を有しておらず、社員総会及び取締役会に出席する程度のいわゆる非常勤の取締役であるところ、主観的ではあるが高額な支給であると推認されたことが端緒となり、請求人が常勤である使用人の給与の支給状況を比準したことで、課税問題が顕在化したと考えられる。請求人にとって、類似法人の役員給与の支給状況は、原処分庁の証拠収集力に比して劣後となる情報であるところ、課税問題の回避のためには少なくとも公表されている非常勤の取締役に対する役員給与の支給状況等の情報を収集することにより、主観的に高額となる支給を避ける等の配慮が求められよう。

《裁決事例の考察》

---

〔12〕 非常勤取締役に対する役員報酬について、類似法人から算出
　　　した報酬額を適正と判断した事例（裁決事例集 No.70−215頁：
　　　平成17年12月19日裁決）

1　事案の概要

　本件は、建築業を営む同族会社である請求人が、請求人の代表取締役
の母で非常勤の取締役であるＥに支払った役員報酬の額を損金の額に算
入し、法人税等の申告をしたところ、原処分庁が、非常勤取締役Ｅに対
する報酬のうち、請求人の類似法人として抽出した非常勤取締役の報酬
額の平均値を超える不相当に高額な部分については損金の額に算入する
ことができないとして、法人税の各更正処分等を行ったのに対し、請求
人が、本件適正報酬額は請求人の従業員に対する給与支給額を参酌して
算定することが最も妥当であり、従業員Ｆに対する給与支給額を超える
部分の金額は不相当に高額な部分の金額であると認めるが、原処分庁が
損金の額に算入することはできないとした額でこれを上回る金額は不相
当に高額ではないから損金の額に算入すべきであるとして、原処分の一
部の取消しを求めた事案である。

2　主要事実と法令解釈等への適合（請求棄却）

　請求人は、本件適正報酬額について、請求人の従業員に対する給与支
給額を参酌して算定することが最も妥当であるとして、その従業員のＦ
に対して月額500,000円の給与を支給していることから、月額500,000円
が相当である旨主張している。この主張に対して、審判所は、「請求人

は、当審判所に対し、Ｆの職務の内容や勤務の状況等を明らかにしていないこと及び請求人の収益の状況如何にかかわらず非常勤取締役であるＥの職務の内容からして、Ｆに対して月額500,000円の給与が支給されていることをもって、本件適正報酬額が月額500,000円であるとする根拠とはならない。」として、請求人の主張を排斥している。

　他方、審判所は、類似法人の選定及び本件適正報酬額の算出について、原処分庁が、「請求人と業種、事業規模などが類似し、請求人の所在する地域の非常勤取締役が存する法人を本件類似法人としており、その選定過程及び選定法人に合理性に欠ける点はなく、また、本件類似法人に存する非常勤取締役に支給された年間報酬額の平均値を本件適正報酬額とした算出方法についても、それぞれの類似法人の特殊性を捨象するという点で合理性があると認められる。」旨判断をしている。

　これにより、審判所は、【非常勤取締役Ｅに対する報酬の不相当に高額な部分の金額の算定】に掲げるとおり、本件適正報酬額等の審判所認定額を示している。なお、請求人の平成15年1月期における本件役員報酬額は、請求人の当該事業年度の月数に相当する11か月分であるところ、原処分庁の算出した平成15年1月期の本件適正報酬額は、12か月分に相当する額で計算されていることから、原処分庁算定額に比して1か月分相当額が過大に認定されている。しかし、審判所は、請求人に対して更正処分を超える不利益な判断を行わないことから、原処分庁の更正処分を適法であるとしている。

【非常勤取締役Eに対する報酬の不相当に高額な部分の金額の算定】

		請求人算定額	原処分庁算定額	審判所認定額
平成15年1月期	本件役員報酬額	33,000,000	33,000,000	33,000,000
	本件適正報酬額	5,500,000	**1,295,000**	**1,187,000**
	差引損金不算入額	27,500,000	**31,705,000**	**31,813,000**
平成16年1月期	本件役員報酬額	36,000,000	36,000,000	36,000,000
	本件適正報酬額	6,000,000	1,860,000	1,860,000
	差引損金不算入額	30,000,000	34,140,000	34,140,000

3　事実認定等による考察

　本件は、非常勤役員に対して支給する役員給与について、適正額の算定をめぐる判断が注目すべき部分ではあるが、請求人が非常勤役員Eに申告段階で毎月3,000,000円の支給をしていたことが原処分庁の更正処分の端緒になっていたと考えられ、不相当に高額な部分の金額があることを確信できたことから、請求人が本件適正報酬額の主張として従業員Fに比準させる方向転換を図ったとしても、法令に規定する課税要件の適合が不十分であったことにより、審判所に採用されることがなかったものである。つまり、請求人は、旧法人税法施行令第69条《過大な役員報酬の額》第1号（実質基準）の課税要件のうち、「その使用人に対する給料の支給の状況」に従業員Fの給与相当額を当てはめたのみであり、①当該役員の職務の内容、②その内国法人の収益及びその使用人に対する給料の支給の状況、③類似法人の役員に対する報酬の支給の状況等に照らして、本件適正報酬額の主張をしていないことから、合理的な金額と判断される前提を欠いているということになる。

　また、従業員Fの月額500,000円の支給額を比準させることについて、請求人は、Eに申告段階において毎月500,000円を支給し、Eが非常勤役員ではなく使用人兼務役員であれば、客観的には不相当に高額な

部分の金額の存在を認識することはできず、審査請求にまで派生しなかったことも考えられる。審査請求の段階では、請求人が原処分庁の示す類似法人の役員に対する支給の状況以上の裏付けを提示することは極めて困難であるから、本件の請求人の主張は、申告段階において適切な比準使用人を選定して支給額の根拠にする等、不相当に高額な部分の金額の存在を決定付けるような支給額を回避するためには検討しておく方法の一つとなろう。

　ところで、本件は、請求人が定款において、取締役及び監査役の報酬は株主総会の決議をもって定めることになっているにもかかわらず、本件各事業年度の取締役及び監査役の報酬に関する株主総会の決議はされていないことから、請求人には旧法人税法施行令第69条第 2 号（形式基準）による限度額はない。また、同施行令第69条は、実質基準と形式基準のいずれにも該当する場合には、いずれか多い金額を不相当に高額な部分の金額として損金の額に算入しないとしている。これにより、審判所は、請求人には形式基準による限度額がないから、実質基準に基づいて本件適正報酬額を判断することとなる旨判示している。現行法人税法施行令第70条《過大な役員給与の額》第 1 項第 1 号の規定は、平成18年度税制改正で改正され、実質基準と形式基準のうちいずれか多い金額が不相当に高額な部分として損金の額に算入されないとしている。そうすると、形式基準による限度額がなければ、実質基準の判定をするまでもなく、支給額の全額が不相当に高額な部分の金額になると解釈すべきではないかとも考えられる。過大役員給与の損金不算入規定は、恣意性の排除が法令解釈の根底にあることを考慮すると、不相当に高額な部分の解釈が変更されたと考えられないが、会社法第361条[17] の規定を遵守す

17　会社法第361条《取締役の報酬等》第 1 項は、取締役の報酬、賞与その他の職務執行の対価として株式会社から受ける財産上の利益についての事項は、定款に当該事項を定めていないときは、株主総会の決議によって定める旨規定している。

べきことを考慮し、形式基準の充足をしておくことが肝要であろう。

《裁決事例の考察》

> 〔13〕　請求人の代表取締役に対する役員給与の額のうち、同業類似
> 　　　法人の代表者に対する役員給与の額の最高額を超える部分の金
> 　　　額は不相当に高額な部分の金額であるとした事例（公表裁決事
> 　　　例：平成29年4月25日裁決）

1　事案の概要

　本件は、請求人が、法人税の所得金額の計算上損金の額に算入した代表取締役に対する役員給与の額について、原処分庁が、当該役員給与の額には不相当に高額な部分の金額があり、当該金額は損金の額に算入されないなどとして更正処分等をしたのに対し、請求人が、当該代表取締役の職責を考慮せずに行われた原処分は違法であるなどとして、原処分の一部の取消しを求めた事案である。

【請求人の事業内容】

> 　請求人の事業内容は、c国に在住する本件代表者が、同国で事前にクライアントである自動車販売業者の意向を把握した上で、その意向に合った、いわゆる新古車のような程度の良い中古自動車を、古物商の資格により、日本国内の中古自動車のオークションにおいて落札し、その落札した中古自動車をc国の自動車販売業者に対して輸出販売する卸売が主である。

2　主要事実と法令解釈等への適合（審査第1・2・3事業年度請求棄却、審査第4・5事業年度一部取消し）

　役員給与に不相当に高額な部分の金額があるか否かは、①当該役員の職務の内容、②その内国法人の収益及びその使用人に対する給与の支給

の状況、③その内国法人と同種の事業を営む法人でその事業規模が類似するものの役員に対する給与の支給の状況等に当てはめて検討するものである。そして、不相当に高額な部分の金額がある場合には、③の同業類似法人の支給状況等に照らし役員給与相当額を算定し、当該相当額を支給額が超えた場合に給与の決定の背後に潜む恣意性を排除する目的で損金不算入とする流れになる。

　そのため、審判所は、本事例に係る上記①から③までの各事実について、各々検討を加えている。しかし、裁決書は、情報公開を行う際、個人情報保護法第5条等を基礎にして、当事者を特定されないよう厳格なマスキング処理を行っていることから、特に②に関する別表が開示されていない。他方、本裁決の判断を受けて、請求人は訴訟を提起しており、令和2年1月30日に東京地方裁判所の判決（以下「地裁判決」という。）を受けたところである。そこで、本事例は、裁判所の情報公開の思考が裁決書に比して緩やかであることから、地裁判決の別表を引用する等により、必要な情報を複合させて事実関係を考察する。

(1)　当該役員の職務の内容

　本件代表者の職務の内容は、本件各事業年度において、中古自動車の主たる輸出先であるc国に在住して、同国において、①広告宣伝、②クライアントとの関係の構築、③クライアントの購入の意向の把握、④オークションでの落札の指示、⑤クライアントからの注文の取得、⑥クライアントからのクレームへの対応、⑦クライアントへの支払の催促などであった。

　なお、本件各事業年度において、本件代表者の職務の内容に特段の変化はなかった。

(2)　その内国法人の収益及びその使用人に対する給与の支給の状況

　【別表1】請求人の収益の状況の検討は、売上金額、売上総利益の
額及び営業利益の額の各要素の各事業年度における増減比率から、職
務執行の対価としての相当性を検証する目的がある。しかしながら、
役員給与支給後の営業利益の額は、平成22年7月期は許容範囲と評価
することもできるが、更正期間となった各事業年度は本件役員給与に
よって営業利益を著しく圧迫していることが明白である。

　【別表2】請求人の使用人に対する給与の支給状況の検討は、役員
給与と使用人給与の増減率を比較検討することが目的である。しかし
ながら、平成27年7月期を比較した場合、役員給与が年4,000万円の
昇給に対して使用人給与がほぼ同額である、役員給与が使用人給与の
200倍となっている等、役員給与に求められる職務執行の対価として
の相当性の観点において、上記(1)の本件代表者の職務の内容を考慮し
ても、問題意識を惹起させる。

【別表1】　請求人の収益の状況

（単位：円）

区分		売上金額 ①	売上総利益 ②	営業利益 ③	本件役員給与 ④	改定営業利益 ③＋④
参考	平成21年7月期	6,290,895,654	886,844,179	82,967,245	136,000,000	218,967,245
	平成22年7月期	10,380,310,930	1,279,751,796	552,387,803	120,000,000	672,387,803
各事業年度	平成23年7月期	8,936,643,092	890,408,969	59,530,157	272,000,000	331,530,157
	平成24年7月期	7,560,043,459	1,003,640,677	107,154,623	400,400,000	507,554,623
	平成25年7月期	8,276,788,069	1,079,153,729	167,632,821	470,000,000	637,632,821
	平成26年7月期	7,774,282,276	957,154,769	55,358,534	480,000,000	535,358,534
	平成27年7月期	6,967,592,466	895,391,065	7,302,517	520,000,000	527,302,517

（注）　地裁判決の別表2を引用している。

【別表2】　請求人の使用人に対する給与の支給状況

区分		使用人給与の合計額(円)	使用人の人数(人)	平均額(円)(①／②)
		①	②	③
参考	平成21年7月期	―	―	―
	平成22年7月期	52,677,200	19	2,772,485
各事業年度	平成23年7月期	33,452,676	12	2,787,723
	平成24年7月期	25,224,968	9	2,802,775
	平成25年7月期	18,502,566	9	2,055,841
	平成26年7月期	22,510,115	9	2,501,124
	平成27年7月期	22,487,727	9	2,498,637

（注）　地裁判決の別表3を引用している。

(3)　その内国法人と同種の事業を営む法人でその事業規模が類似する
　　ものの役員に対する給与の支給の状況

　　審判所は、「同業類似法人の抽出については、役員給与の額の比較
のための資料である以上、業種、業態、規模（売上金額、期末資産合
計額、従業員数）、収益の状況等ができるだけ当該法人と類似するも
のであることが望ましいものの、その役員給与の額は客観的に相当な
金額を算定するための一資料として用いられるにすぎないものである
ことからすれば、その類似性は厳密なものでなくとも資料としての意
義は失われないものと解される。」旨判断している。

　　そして、審判所は、同業類似法人として抽出した9法人の事業規模
の類似性について、「売上金額は、法人の事業規模を示す最も重要な
指標の一つであるということができることに照らせば、売上金額が請
求人の本件各事業年度の売上金額を基準として2分の1以上2倍以下
の範囲に含まれる法人を抽出した基準には合理性がある」旨判断して
いる。いわゆる倍半基準により事業規模の類似性を図ることについ

て、審判所は先例に則した基準を踏襲している。

【別表3】　同業類似法人の代表取締役に対する役員給与の支給額等

(単位：円)

区　分	平成23年7月期	平成24年7月期	平成25年7月期	平成26年7月期	平成27年7月期
A社	18,000,000	18,000,000	21,100,000	22,200,000	24,050,000
B社	24,150,000	25,200,000	25,200,000	25,200,000	25,200,000
C社	18,000,000	18,000,000	—	—	—
D社	**88,300,000**	**82,950,000**	**92,450,000**	—	—
E社	—	—	—	12,050,800	12,600,000
F社	20,238,000	21,500,000	21,486,000	—	—
G社	7,946,000	12,500,400	12,812,400	12,353,800	13,082,600
H社	60,000,000	59,500,000	60,000,000	**60,000,000**	**60,000,000**
I社	—	15,744,646	24,870,918	—	20,765,700
原処分庁算定額	類似法人の最高額 88,300,000	類似法人の最高額 82,950,000	類似法人の最高額 92,450,000	類似法人の最高額 60,000,000	類似法人の最高額 60,000,000
審判所認定額	D社支給額 88,300,000	D社支給額 82,950,000	D社支給額 92,450,000	D社支給額(注2) 92,450,000	D社支給額(注2) 92,450,000

(注)1　本別表は、裁決書で公開されているものを筆者が一部加工したものである。

　　2　審判所は、平成26年7月期及び平成27年7月期の役員給与相当額の算定において、D社の支給額の実績がないところ、H社の支給額が最高額であるにもかかわらず、平成23年7月期から平成25年7月期までのD社の支給額のうち、最高額となっている平成25年7月期の支給額を採用している。

　審判所は、平成26年7月期及び平成27年7月期について、請求人の各事業年度による支給額と同業類似法人の支給額を比較検討するに当たり、事実上役員給与が支給された時期の類似性を弾力的に取り扱い、事業年度を超えて同業類似法人の最高額を役員給与相当額として認定している。これにより、本件法人税各更正処分のうち、平成26年7月期及び

平成27年7月期が違法となり、原処分の一部取消しをする旨の判断を行っている。

3　事実認定等による考察

　本裁決で大きく転換したことは、支給した役員給与が不相当に高額な金額があると認められた場合、役員給与相当額の算定は従来同業類似法人の平均額とする判断が体制となっていた状況から最高額としたことである。請求人は、原処分庁が提示するような同業類似法人の役員給与の支給状況等を証拠として提出することはできないが、原処分庁の同業類似法人の抽出に対して、不合理な点を指摘して主張することは有効なことである。審判所の判断は、請求人の主張を直接採用したものではないが、上記2で掲げたとおり、同業類似法人の役員給与の支給状況について、支給時期の類似性を柔軟に捉えた判断を行っており、これまでにない基準を示すものとして、重要な裁決となっている。

　しかしながら、この争いは、訴訟の場に両者の主張が移行して継続されたことにより、異なる判断基準を誘引することとなった。

　まず、被告（国）の主張は、同業類似法人の抽出について、審査請求の段階で9法人を選定していたが、そのうちの4法人を残し6法人を追加して10法人を選定することに変更している。その変更理由として、業種要件の再考と納税地の異動をあげているが、同業類似法人の最高額が処分時に比して低くなったことからすれば、訴訟に移行したことによる戦略的な一面をうかがい知ることができる。また、被告は、主位的主張として、同業類似法人における役員給与の平均額を超える部分が「不相当に高額な部分」の金額であるとし、予備的主張として、役員給与の最高額を超える部分が「不相当に高額な部分」の金額に当たるとしたのである。つまり、被告は、訴訟の争点が本件役員給与のうち「不相当に高額な部分」（法人税法第34条2項）の有無及びその金額であることか

ら、審判所の一部取消し後の判断を維持するため、役員給与相当額を平均で算定する主張に切り替えることで、より確実な結果を得るために新たな証拠で挑んだことがうかがえる。どのような結果になっても原告（請求人）は、訴訟により審判所の判断による一部取消し後の処分金額を超えて不利益な判断を受けることはないが、被告の審査請求の場面と訴訟戦略との防御方法の違いを目の当たりにした事案である。

　裁判所の判断は、原告の請求を棄却することとし、その効果として裁決における同業類似法人の役員給与の支給状況について、支給時期の類似性を柔軟に捉えた役員給与相当額の判断がリセットされ、【別表4】地裁判決における同業類似法人の役員給与の支給額と役員給与相当額等のとおり、外形上各事業年度における同業類似法人の最高額を役員給与相当額としている。この判断では、単に被告の主位的主張であった同業類似法人における役員給与の平均額を採用しなかったということに留まる。つまり、判決は、不相当に高額な部分について、「原告の売上げを得るために本件代表者が果たした職責及び達成した業績が相当高い水準に合ったことに鑑み、当該調査対象事業年度における本件各抽出法人の役員給与の最高額を超える部分がこれに当たると認めるのが相当である。」として、最高額を採用するには限定的な事実が必要であることを示唆したのである。これにより、裁判所の判断基準は、裁決で示された新たな判断思考を上塗りし、本事例の特殊性から最高額を採用したと書き換えられたと同様であり、今後も同業類似法人の平均額の採用場面を払拭していない。

78

【別表４】 地裁判決における同業類似法人の役員給与の支給額と役員給
与相当額等

(単位：円)

順号	管轄税務署	平成23年7月期	平成24年7月期	平成25年7月期	平成26年7月期	平成27年7月期
1	マスキング	69,300,000	74,250,000	77,250,000	—	—
2		9,017,650	9,199,924	9,289,924	9,361,924	7,987,036
3		—	—	—	12,050,800	12,600,000
4		20,238,000	19,470,000	19,800,000	—	—
5		24,150,000	25,200,000	25,200,000	25,200,000	25,200,000
6					14,400,000	14,400,000
7		36,000,000	36,000,000	36,000,000	45,000,000	48,000,000
8		—	—	—	—	21,300,000
9		—	6,840,000		6,840,000	6,840,000
10		16,080,000	25,350,000	37,710,000	40,800,000	40,800,000
被告（国）の主位的主張による役員給与相当額及び不相当に高額な部分の金額の算定						
合計①		174,785,650	196,309,924	205,249,924	153,652,724	177,127,036
抽出法人数②		6法人	7法人	6法人	7法人	8法人
役員給与の平均額③（①／②）		29,130,942	28,044,275	34,208,321	21,950,390	22,140,880
本件役員給与④		272,000,000	400,400,000	470,000,000	480,000,000	520,000,000
差引（④−③）		242,869,058	372,355,725	435,791,679	458,049,610	497,859,120
裁判所の役員給与相当額及び不相当に高額な部分の金額の算定						
役員給与の最高額①		69,300,000	74,250,000	77,250,000	45,000,000	48,000,000
本件役員給与②		272,000,000	400,400,000	470,000,000	480,000,000	520,000,000
差引（②−①）		202,700,000	326,150,000	392,750,000	435,000,000	472,000,000

（注）　地裁判決の別表５及び別表８を引用し筆者が加工している。

第2款　役員報酬の改定その他

　役員報酬のうち定期同額給与の改定は、3月経過日等の改定[18]に直結していれば論点として浮上することも限定的であるが、①役員の職制上の地位の変更、その役員の職務の内容の重大な変更その他これらに類するやむを得ない事情（臨時改定事由）又は②経営の状況が著しく悪化したことその他これに類する理由（業績悪化改定事由）の適合を検討する場面では、課税要件が法令上曖昧であることから、過度にリスク回避を意識するあまり、事業年度中途における給与改定を避ける傾向にある。そのため、事業年度の中途において、給与改定を行う場合、租税行政庁との摩擦を覚悟の上、現時点の試算表を基礎にして年度損益予測を書面化して、業績が著しく悪化すると見込まれた偶発的要因の痕跡を残す等の配慮をしていることだろう。

　ところで、業績悪化改定事由に該当する判断基準は、法人税基本通達9-2-13《経営の状況の著しい悪化に類する理由》において、「経営状況が著しく悪化したことなどやむを得ず役員給与を減額せざるを得ない事情があることをいうのであるから、法人の一時的な資金繰りの都合や単に業績目標値に達しなかったことなどはこれに含まれない」程度の定めにとどまり、法令で明らかにされていない。そこで依拠する先として、「役員給与に関するQ＆A　平成20年12月（平成24年4月改訂）国税庁」のケーススタディから租税行政庁の思考を読み解くことに牽引され

18　法人税法施行令第69条《定期同額給与の範囲等》第1項第1号イは、役員給与の改定について、「当該事業年度開始の日の属する会計期間（法第13条第1項《事業年度の意義》に規定する会計期間をいう。）開始の日から3月（法第75条の2第1項各号《確定申告書の提出期限の延長の特例》の指定を受けている内国法人にあっては、その指定に係る月数に2を加えた月数）を経過する日（以下「3月経過日等」という。）まで（定期給与の額の改定（継続して毎年所定の時期にされるものに限る。）が3月経過日等後にされることについて特別の事情があると認められる場合にあっては、当該改定の時期）にされた定期給与の額の改定」が認められている。

ている。この「役員給与に関するQ&A」に記載されている業績悪化改定事由による改定に該当する場合とは、次表に簡易にまとめて掲げているところ、根幹に感じられる思考として、株主、取引銀行、取引関係者等の利害関係者との関係上、役員の立場として給与を減額することで業績悪化の責任を果たすことが前提として求められていると解される。これらは、役員給与の減額という内部機関の決定であっても、利害関係者には業績悪化状態が伝わる状態にあることが要求されていると読み取れ、仮にこのような真意であるならば、原点たる論点に立ち戻ることになるが、法令に課税要件として明示しないで済むようなことではない。

　次表のほか、「役員給与に関するQ&A」から読み取れる業績悪化改定事由に該当する事実として、①売上の大半を占める主要な得意先が1回目の手形の不渡りを出した場合、②主力製品に瑕疵のあることが判明して、今後、多額の損害賠償金やリコール費用の支出が避けられない場合などのケースを掲げているところ、いずれも法人の内外で認知されている事象に基因し業績悪化に派生する事実を求めている。つまり、業績悪化改定事由は、売上や経常利益などの著しい下落という数値的な結果に先行して、会社経営上の数値的指標の著しい悪化が不可避と判断される客観的な状況としてどのような事情があったのか、経営改善策を講じていない場合これらの指標を改善するため、具体的にどのような計画を策定したのか、といったことを説明しなければならない事由が生じていることを課税要件に求めていると解される。この真意を貫く場合には、到底現行法令で解釈することができず、仮に法人税法第34条第1項第1号及び法人税法施行令第69条第1項第1号ハの法令解釈である「恣意性の排除」に通ずるものであるならば、法人内部のみの業績悪化という数値的な尺度（売上又は経常利益が対前年割合で〇％減少すれば業績悪化改定事由に該当するなどの定量的基準）によって、役員給与を減額する事由に該当する判断に到達することは困難と考えるべきであろう。

【業績悪化改定事由による改定に該当する場合】

「役員給与に関するＱ＆Ａ」抜粋

事実	考え方及び留意点
(1)　株主との関係上、業績や財務状況の悪化についての役員としての経営上の責任から役員給与の額を減額せざるを得ない場合	同族会社のように株主が少数の者で占められ、かつ、役員の一部の者が株主である場合や株主と役員が親族関係にあるような会社の場合には、役員給与の額を減額せざるを得ない客観的かつ特別の事情を具体的に説明できるようにしておく必要がある(注)。
(2)　取引銀行との間で行われる借入金返済のリスケジュールの協議において、役員給与の額を減額せざるを得ない場合	取引銀行との協議状況等により、これに該当することが判断できる。
(3)　業績や財務状況又は資金繰りが悪化したため、取引先等の利害関係者からの信用を維持・確保する必要性から、経営状況の改善を図るための計画が策定され、これに役員給与の額の減額が盛り込まれた場合	その策定された経営状況の改善を図るための計画によって判断できる。この場合、その計画は取引先等の利害関係者からの信用を維持・確保することを目的として策定されるものであるため、利害関係者から開示等の求めがあればこれに応じられるものである。
(4)　(1)から(3)まで以外の場合	経営状況の悪化に伴い、第三者である利害関係者との関係上、役員給与の額を減額せざるを得ない事情があるときには、減額改定をしたことにより支給する役員給与は定期同額給与に該当する。

(注)　同族会社は、株主との関係において、業績悪化改定事由を理由とした役員給与の減額事由に該当することはイレギュラーである旨示唆しているものと考えられる。

《裁決事例の考察》

> 〔14〕 役員給与の減額理由が業績悪化改定事由に該当しないから減
> 額後の定期給与の額を超える部分は定期同額給与とはいえず損
> 金の額に算入することができないとした事例（公表裁決事例：
> 平成23年1月25日裁決）

1 事案の概要

　本件は、心身の緊張を緩和するマッサージ等の役務の提供を行うこと
を主な業務とする同族会社である請求人が、代表取締役に対して支給し
ていた法人税法第34条《役員給与の損金不算入》第1項第1号に規定す
る定期同額給与を事業年度の中途において減額改定をしたところ、原処
分庁が、改定理由が経営状況の著しい悪化等に該当しないから、減額前
の各月の支給額のうち減額後の各月の支給額を超える部分の金額は損金
の額に算入できないなどとして法人税の更正処分等を行ったのに対し
て、請求人が、経常利益が対前年比で6％減少したことは法人税法施行
令第69条《定期同額給与の範囲等》第1項第1号ハに規定する業績悪化
改定事由に該当するから損金の額に算入すべきであるとして、原処分の
一部の取消しを求めた事案である。

2 主要事実と法令解釈等への適合（請求棄却）

　審判所は、業績悪化改定事由に該当するか否かについて、法人税基本
通達9-2-13が、経営の状況の著しい悪化に類する理由について「やむを
得ず役員給与を減額せざるを得ない事情がある」かどうかという客観的
な事情の有無などにより判断することとし、「一時的な資金繰りの都合

や単に業績目標値に達しなかったことなどはこれに含まれない」としていることは、法人税法における役員給与の恣意的な支給を排除するという趣旨に沿うものであり相当であると認めている。

　そして、審判所は、請求人の監査役G及び財務部係長Jの答述及び本件取締役会の議事録の内容を根拠にして、①本件事業年度においては経常利益が前年実績に比して下回ったものの、請求人の業績を悪化させたと認められる特段の事情は生じていないこと、②請求人は経常利益が前年実績を上回ることを業務目標としており、本件5月次損益計算書の経常利益が対前年割合で6％減少したことから、代表取締役の経営責任を示すとのBの申出に基づいてその給与を減額したこと、③請求人の役員の中で給与の減額があったのはBのみであるという事実を認定している。

　審判所の判断は、法人税法第34条第1項第1号及び同法施行令第69条第1項第1号ハに係る法令解釈に照らし、法人税基本通達9-2-13が相当であると認めたところ、①一定期間の経営成績を表示する本件5月次損益計算書の経常利益の対前年割合が94.2％と若干の下落があるものの著しい悪化というほどのものではないこと、本件事業年度及びその前6事業年度において、本件事業年度の最終的な売上高が最高額であり、経常利益も2番目に高いものであって、その前6事業年度と比較して遜色のない業績であること、また、②本件取締役会によるBの給与の減額については、同人自らの申出に基づき、本件5月次損益計算書の経常利益が請求人の設定した業務目標に達しなかったことを理由としてなされたものであり請求人の業績が著しく悪化したことを理由とするものではないこと等からすれば、請求人の主張する経常利益が対前年割合で6％減少したことのみをもって、本件事業年度の中途である平成20年5月の時点において経営の状況の著しい悪化や業績悪化が原因でやむを得ず役員給与を減額せざるを得ない事情にあったと認めることはできず、上記理由

以外に役員給与を減額せざるを得ない特段の事情が生じていたと認めるに足る事実はないとした。

　これにより、審判所は、請求人が減額改定の根拠とする理由は、単に業績目標値に達しなかったということに過ぎないものと評価するのが相当であり、法人税法施行令第69条第１項第１号ハに規定する業績悪化改定事由には該当しない旨判断をしている。

3　事実認定等による考察

　法人税法第34条第１項第１号及び法人税法施行令第69条第１項第１号ハは、「役員給与のように支給される者が支給額を決定できるような性質の経費について、損金算入を安易に認め、結果として法人の税負担の減少を容認することは課税の公平の観点から問題があることなどから、法人税法においては、従来から役員給与の支給のし意性を排除することが適正な課税を実現する観点から不可欠であると考えられており、損金算入される役員給与の範囲を制限すべく、外形的基準として定期同額給与が定められているのであるが、定期同額給与について、事業年度の中途で給与改定がされた場合であっても、それが業績悪化改定事由によるものである場合には、当該給与改定の前後それぞれの期間における各支給時期の支給額が同額である限り、当該給与改定にはやむを得ない理由があり、し意性はないと考えられるので、役員給与の損金不算入の規定を適用しないことにしたものと解される。」旨の法令解釈が示されている。これによると、業績悪化改定事由に該当するためには、「役員給与の支給のし意性を排除することが適正な課税を実現する観点から不可欠である」ことに抵触しない給与改定事由が大前提にあり、その上に業績が悪化していることが求められることになる。

　本事案は、請求人が、「本件取締役会の開催時点においては、いまだ国税庁から業績悪化改定事由に関する具体的な判断基準が示されていな

かったのであるから、請求人自らが業績悪化改定事由について判断したのであり、その判断は認められるべきである」旨主張しているのに対して、審判所が、「本件の業績悪化改定事由に関して、国税庁は、本件取締役会の開催前である平成19年3月には法人税基本通達9-2-13を新設した旨を公表し、平成19年11月には当該法人税基本通達9-2-13の執行上の取扱いに係る情報をホームページ上において公表しているところ、請求人はこれらを判断の参考とすることができる状況にあったから、請求人の主張はその前提を誤るものである。また、国税庁が法令に関して具体的な判断基準を示していなかったとしても、個々の納税者が法令の文言や趣旨から離れて独自の解釈や判断を行うことは許されない」として、請求人の主張を排斥している。この請求人の主張は、業績悪化改定事由に関する具体的な判断基準を国税庁に求めたものであり、審判所の回答として法人税基本通達9-2-13が公表されている旨判断され、法人税法第34条第1項第1号及び同法施行令第69条第1項第1号ハの法令解釈の適合性という審判所に求めるべき判断に対して、本質から離反してしまっている。

　業績悪化改定事由による役員給与の改定は、法令において定量的な基準を明確にするべきであり、現行法のままでは経営の実態に配慮することなく機能性を欠いた規定と化している。

《裁決事例の考察》

---

〔15〕　請求人名義の車両を代表者に対し贈与等をした事実はなく給
　　　　与を支給したのと同様の経済的効果をもたらしたとは認められ
　　　　ないとした事例（公表裁決事例：平成24年11月１日裁決）

1　事案の概要

　本件は、飲食店業を営む同族会社である請求人が、本件車両を平成20
年６月期の貸借対照表の資産の部にそれぞれ計上するとともに、平成20
年６月期から平成21年６月期までの各事業年度において本件車両関連費
用並びに減価償却費の額をそれぞれ損金の額に算入し、法人税等の申告
をしたところ、原処分庁が、本件車両はＧ代表取締役の妻が個人使用の
ために取得したものであり、本件車両取得費等は請求人からＧ代表取締
役に対し支払われた法人税法第34条第３項に規定する事実の仮装、隠ぺ
いにより支給した役員給与の額であるとして、法人税の各更正処分及び
重加算税の各賦課決定処分を行ったのに対し、請求人が、本件車両は請
求人名義であるので、請求人が取得したというべきであり、本件車両に
ついては役員給与ではなく、請求人の資産として処理されるべきである
として、原処分の一部の取消しを求めた事案である。

2　主要事実と法令解釈等への適合（一部取消し）

(1)　法令解釈

　審判所は、旧法人税法第34条第３項について、「事実を隠ぺいし、
又は仮装して経理をすることにより役員に支給する給与の額は、損金
の額に算入しない旨規定しているところ、ここにいう「事実を隠ぺい

し」とは、特定の事実を隠匿しあるいは脱漏することをいい、「**仮装して**」とは、特定の所得、財産あるいは取引上の名義を装う等事実をわい曲することをいうものと解される。」旨、また、旧法人税法第34条第4項について、「同条第1項から第3項までに規定する給与には債務の免除による利益その他の経済的利益が含まれる旨規定しているところ、同条第4項に規定する「債務の免除による利益その他の経済的な利益」とは、**役員に対して物品その他の資産を贈与した場合におけるその資産の価額に相当する金額**や、**役員等のために個人的費用を負担した場合における費用の額に相当する金額等の法人が一定の行為をしたことにより実質的にその役員等に対して給与を支給したのと同様の経済的効果をもたらすもの**をいうと解される。」旨の法令解釈を大前提としている（アンダーライン等筆者加筆）。

(2)　本件車両取得費について

　審判所は、本件車両取得費について、請求人が、①本件車両の購入に関する注文の当事者であり、②本件信販会社を通じて本件車両の売買代金を支払い、③自動車検査証に使用者として記載されているため、本件車両の取得者は請求人であると認定しており、本件車両の納車場所や保管場所がG代表の妻の居宅であったこと、及び本件ディーラーからの連絡先がG代表取締役の妻であったことなどからすると、本件車両をG代表取締役の妻が個人的に利用していることが認められるが、上記(1)後段第4項の法令解釈によれば、請求人からG代表取締役に対して本件車両の贈与があった等、請求人が一定の行為をしたことにより実質的にG代表取締役に対して給与を支給したのと同様の経済的効果をもたらしたとまでは認めることができないとして、本件車両取得費が役員給与に当たるとはいえない旨判断をしている。

(3) 本件車両関連費用等について

　審判所は、本件車両をG代表取締役の妻が専属的に利用していたことについて、G代表取締役が実質的経営者としての権限を利用して請求人が所有する本件車両をG代表の妻に使用させていたと認めるのが相当であるところ、G代表取締役は、請求人に対し、本件車両関連費用に相当する金員の支払をしていないのであるから、本件車両は、請求人からG代表取締役に対して無償で貸与されていたと認められ、上記(1)後段第4項の法令解釈に適合するとして本件車両の利用により享受する経済的利益等が役員給与に当たる旨判断をしている。

　なお、審判所は、本件車両関連費用について、請求人が、それぞれ租税公課、保険料又は支払利息等の勘定科目をもってその帳簿に記載されており、事実を隠ぺい又は仮装していたと認めるに足る証拠はないとして、原処分庁の主張を排斥している。

3　事実認定等による考察

(1)　本件車両取得費について

　本件車両は、「役員に対して物品その他の資産を贈与した場合」の適合について、請求人が、①本件車両を注文していること、②本件車両の売買代金を支払っていること、③自動車検査証に使用者として記載されていることの各事実により、審判所がG代表取締役に対する贈与がなかったことの判断要素としている。

　この判断要素からすると、本件車両がG代表取締役に対する贈与と認定するケースとしては、本件車両をG代表取締役の妻が専属的に利用していることを前提として、G代表取締役の個人名義で購入した車両を実質的な所有者は法人であるとして帳簿書類等に記録する、及びG代表取締役から車両の購入資金を借り入れる等の各事実があれば、「法人が一定の行為をしたこと」と認められ、「実質的にその役員等に

対して給与を支給したのと同様の経済的効果をもたらすもの」として、法人税法第34条第3項に規定する役員給与の損金不算入及び重加算税が課される主要事実になると考えておくべきであろう。

(2)　本件車両関連費用等について

　本件車両は、G代表取締役の妻が専属的に利用していたこと、また、G代表取締役が請求人に対して本件車両関連費用に相当する金員の支払をしていないことから、請求人からG代表取締役に対して無償で貸与されていたと認められたものであり、役員給与の認定のため本件車両の利用により享受する経済的利益等を評価する必要がある。

　これにより、まず審判所は、所得税法施行令第84条の2[19] が法人の資産を専属的に利用することによる経済的利益の額を「通常支払うべき使用料」等と規定しているところ、本件車両を専属的に利用する場合の資産利用対価額を客観的に算定することは困難であることから、「当該資産の取得時の価値を基礎に算出するのが合理的であり、本件車両の取得価額を基礎として、その使用可能期間に占める貸与期間に相当する額を算出した上、それを当該貸与期間の月数で均等にあん分して算出される金額及び1か月当たりの本件車両関連費用の合計額を1か月当たりの資産利用対価額とするのが相当である。」旨判断している。この場合において、本件車両の使用可能期間は、「資産の使用又は時の経過による当該資産の価値の減少分を算定する減価償却費の計算における法定耐用年数を採用するのが相当である。」とし、本件車両に貸与期間の定めがないことから、「法定耐用年数と同一とする

19　所得税法施行令第84条の2 《法人等の資産の専属的利用による経済的利益の額》は、「法人又は個人の事業の用に供する資産を専属的に利用することにより個人が受ける経済的利益の額は、その資産の利用につき通常支払うべき使用料その他その利用の対価に相当する額（その利用者がその利用の対価として支出する金額があるときは、これを控除した額）とする。」旨規定している。

のが合理的である。」としている。具体的な「通常支払うべき使用
料」の算定は、「本件車両の取得価額を基礎として、減価償却資産の
耐用年数に関する省令別表第一に定められている年数である6年の期
間により、均等にあん分計算するのが相当である。」としている。つ
まり、本件車両は、仮に償却方法が定率法を採用している場合には当
初減価償却費の額の方が多く算定されることになり、他方、法人税法
施行令第69条《定期同額給与の範囲等》第1項第2号の規定により定
期同額給与に該当するため損金の額に算入され、源泉徴収義務の課税
問題のみで帰結することになろう。しかし、本件車両がG代表取締役
の妻が専属的に利用しているものではなく、法人の事業と兼用してい
る場合には、「通常支払うべき使用料」の算定が各々の使用実態に即
した使用割合等による合理的なあん分が求められ、かつ、継続的に供
与される経済的な利益であると認められず定期同額給与に該当しない
旨認定されることも考えられよう。そのため、同様の取引を行う必要
がある場合には、法人と役員等の間において、車両の賃貸借契約を締
結しておくことになろう。

　次に、審判所は、「本件車両関連費用のうち、自動車保険料の額及
び本件ローン契約に基づく支払利息の額は、いずれも一定の契約に基
づき継続的に役務の提供を受けるために支出されるものであり、請求
人がこれらの費用を負担したことによりG代表が受ける経済的利益等
も継続的に供与を受ける利益であるといえる。」旨判断している。そ
うすると、自動車保険料の額及び本件ローン契約に基づく支払利息の
額は、資産利用対価額と同様に、定期同額給与に該当するため損金の
額に算入され、源泉徴収義務の課税問題のみとなる。他方、「本件車
両関連費用のうち、自動車税、自動車取得税、自動車重量税及び本件
ディーラーに対する手数料等の額は、継続的に役務の提供を受けるた
めの支出金ではない」から、定期同額給与に該当せずG代表取締役に

対する役員給与の認定により損金不算入となる。上述のとおり、同様
の取引を行う必要がある場合には、車両の賃貸借契約を締結して、本
件車両関連費用の負担義務の精算方法も定めておく必要があろう。

　本考察は、法人の実質的な損失を極力回避する余地を見出している
と感じられるであろうが、専属的に利用する資産の種類及び金額等に
よって、更正処分の根拠法令が法人税法第132条《同族会社等の行為
又は計算の否認》になることも想定されることから、取引形態として
積極的に推進するものではない。

第3節　役員退職給与

　法人税法第34条第2項は、第2節役員報酬で触れたところ、内国法人がその役員に対して支給する退職給与の額のうち不相当に高額な部分の金額として政令で定める金額（法令70①二、下記図表【役員退職給与の不相当に高額な部分】参照）を損金の額に算入しない旨の規定に包含している。

【役員退職給与の不相当に高額な部分】

> 内国法人が各事業年度においてその退職した役員に対して支給した退職給与の額が、
>
> ①　当該役員のその内国法人の業務に従事した期間、
> ②　その退職の事情、
> ③　その内国法人と同種の事業を営む法人でその事業規模が類似するものの役員に対する退職給与の支給の状況
> ④　等に照らし、
>
> その退職した役員に対する退職給与として相当であると認められる金額を超える場合におけるその超える部分の金額

　金子宏氏は、役員退職給与相当額について、「不相当に高額であるかどうかの判断は、（中略）同種・類似規模の法人の退職給与の支給の状況が重要基準となることは、もちろんであるが、あわせてその役員の当該法人に対する貢献度その他の特殊事情を考慮すべきである[20]」と論じられている。同氏が課税要件として文理解釈上明示されていない役員個々の事情を考慮すべきとしていることは、特に注視すべき点であろ

20　金子宏著『租税法第二十三版』（弘文堂、2019）400-401頁

う。

　一般に役員退職給与相当額の算定は、①類似法人の役員退職給与の平均功績倍率（退職役員の最終報酬月額に在任年数を乗じた金額で役員退職給与の額を除して得た功績倍率の平均値）に、当該退職役員の最終報酬月額及び勤続年数を乗じて算出する方法（以下「平均功績倍率法」という。）、②類似法人における退職役員の退職給与の額をその勤続年数で除して得た金額（1年当たりの退職給与の額）の平均額に、当該退職役員の勤続年数を乗じて算出する方法（以下「1年当たり平均額法」という。）、及び③類似法人の役員退職給与の支給事例の最高値の功績倍率に、当該退職役員の最終報酬月額及び勤続年数を乗じて算出する方法（以下「最高功績倍率法」という。）の三手法が用いられている。

　このうち、平均功績倍率法は、退職時の役員報酬が退職役員の支給法人に対する功績が反映されていると考えられていることから、類似法人によって合理的に算出された平均功績倍率を用いている限り、法人税法施行令第70条第1項第2号の趣旨に最もよく合致する方法である旨の法令解釈が裁判上の判断を牽引している。この類似法人の功績倍率の平均値は、役員退職給与相当額の算定のための核になる数値であるところ、類似法人が当該数値により算定された役員退職給与相当額を超えて役員退職給与を支給しているのであれば、当該類似法人についても不相当に高額な部分の金額の存在を認識することとなるから、単に平均値を用いることによる数理的な矛盾を指摘し平均功績倍率法に不合理性があるとする多くの主張がなされている。しかし、平均功績倍率法は、類似法人の退職給与支給額のうちに、本来否認すべきであったが実際には否認しなかった情報も含まれていることを前提とするものであると考えることもでき、功績倍率の平均値を採用することにより事実上過大退職給与の数値も含めた平均値になっていることから、数理的な矛盾を問題とするだけの視点の違いを露呈し、平均功績倍率法の不合理性の解釈に訴える主

94

張として届いていない。仮に、当該指摘を正当化すれば、役員退職給与
相当額の算定について、最高功績倍率法を採用する理由にもなり得ると
いう見方もある。その結果、最高功績倍率を使用している類似法人が過
大退職給与を支給していると推認できる場合には、かえって不合理な実
態を招来することになるから、当該数理的な矛盾を基礎にした主張が採
用されることはないだろう。したがって、平均功績倍率法は、類似法人
の功績倍率の平均値を採用することにより、適正な退職給与額の認定自
体を不合理ならしめる程度の顕著なものでない限り、むしろ合理的に抽
出された類似法人の情報が平均化されることで、諸要素の差異は捨象さ
れる旨の法的評価を受け、判決の態勢が合理的であると帰結してしまう。

【平均功績倍率法の計算サンプル】

(1) 算式

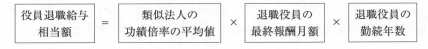

(2) 東京地裁平成29年10月13日判決：別表2《本件同業類似法人》平
均功績倍率

順号	管轄税務署	事業年度	売上金額 （円）	退職給与金額 （円） ①	最終月額 報酬額 （円） ②	勤続年数 （年） （注1） ③	功績 倍率 （注2） ①/(②×③)
1	■税務署	平成24年5月期	753,279,897	124,000,000	800,000	36	4.31
2	■税務署	平成24年8月期	2,041,392,472	110,000,000	2,740,000	13	3.09
3	■税務署	平成20年3月期	888,180,586	180,000,000	4,000,000	15	3.00
4	■税務署	平成19年11月期	1,782,039,625	130,000,000	1,200,000	51	2.13
5	■税務署	平成18年8月期	962,294,651	292,500,000	3,000,000	26	3.75
平均功績倍率（功績倍率の平均値）							3.26

（注1）　「勤続年数」欄は、1年未満の期間を切り上げた。
（注2）　「功績倍率」欄は、小数点以下第3位を切り上げた。
（注3）　平成27年6月23日裁決による審判所算定額：平均功績倍率法
　2,400,000円（本件代表取締役の最終報酬月額）×27年（勤続年数）×3.26
　（平均功績倍率）＝211,248,000円　⇒原告の功績倍率6.49　∴420,000,000円

　他方、先行する裁判所の判断では、1年当たり平均額法の採用が、「退職役員の在職期間中における法人に対する功績の程度を反映しているものというべき最終月額報酬を用いないため、その合理性において平均功績倍率法に劣る面があることは否めないものの」[21]、退職間際における役員に対する報酬月額の大幅な増減[22] に対する調整手法として採用されていること、また、最高功績倍率法の採用が、類似法人の抽出によると十分な数が得られず功績倍率が乱離拡散している際の対処法であること等[23] の理由により、課税要件に適合すると判断されている実情を踏まえると、両手法の採用を検討するに当たって、平均功績倍率法に比して後順位に採用される算定方法とならざるを得ない。

【1年当たりの平均額法の計算サンプル】

　（1）　算式

役員退職給与相当額	＝	類似法人の1年当たりの役員退職給与の額（注）の平均額	×	退職役員の在職年数

　　　　（注）　類似法人の退職役員の退職給与の額をその在職年数で除して得た金額

21　東京地判平成25年3月22日・税務訴訟資料第263号54頁
22　想定事例として、近時の退職を見込んで月額報酬を急激に増額し、又は分掌変更により著しく月額報酬を減額したことなどが前提となろう。
23　東京高判平成25年7月18日・税務訴訟資料第263号-137、「同業類似法人の抽出基準が必ずしも十分ではない場合、あるいは、その抽出件数が僅少であり、かつ、当該法人と最高功績倍率を示す同業類似法人とが極めて類似していると認められる場合など、平均功績倍率法によるのが不相当である特段の事情がある場合に限って最高功績倍率法を適用すべき」である旨判示している。

96

(2)　平成23年1月24日裁決：別表2-2《■退職給与相当額等（審判所認定額）》

区分	事業規模 （売上金額）	退職役員 の役職	退職 事業年度	役員退職 給与の額 ①	勤続年数 ②	1年当たりの 役員退職給与の額 ①／②
	千円		（年／月）	円	年	円
A社	933,114	取締役	17/9	67,286,975	30	2,242,899
B社	1,302,650	取締役	15/3	10,000,000	6	1,666,667
C社	1,124,852	取締役（会長）	17/1	42,000,000	38	1,105,263
D社	2,362,199	常務取締役	15/7	27,625,000	25	1,105,000
E社	1,036,065	取締役（会長）	13/2	30,000,000	35	857,143
審判所認定の同業類似法人平均額						1,395,394
■退職給与相当額		1,395,394円（上記の平均額）×35年（■の勤続年数）＝48,838,790円→1年当たり平均額法				

（注1）　「事業規模」欄は、役員退職給与を支給した事業年度の売上金額であり、千円未満の端数は切り捨てた。
（注2）　「勤続年数」欄の1年未満の期間は切り上げた。
（注3）　「1年当たりの役員退職給与の額」欄の1円未満の端数は四捨五入した。

　ところで、役員退職給与相当額の算定方法が争点となる場合、被告（国）の採用している算定方法である平均功績倍率法を退け、最高功績倍率法を採用する判断が示された事例が少々見受けられる。原告（納税者）にとって有利に機能する最高功績倍率法の採用は、判決の判断要素を検討することに関心が集まるのは当然であろう。たとえば、最高裁昭和60年9月17日判決[24]では、被告の類似法人の選定基準の合理性を認めながらも、事業規模の類似性について、抽出要素の不十分さを補うことを理由として最高功績倍率法を採用している。本判決の最高功績倍率法

24　最三小判昭和60年9月17日、税務訴訟資料第146号603頁

の採用について、品川芳宣氏は「理論的な裏付けがあるというよりも、本件のような異例の退職給与の支給[25] においては、最高値の適用でも否認金額にそれほどの差が生じないからである。」[26] と説示していることからも、本事案固有の特別な事情を考慮したものであり、理論的に採用場面を提唱できるものではない。さらに、仙台高裁平成10年 4 月 7 日の判決では、「結果として抽出された対象は 4 法人 5 事例にとどまり、これによって判明した功績倍率は1.30から3.18までの約2.45倍もの幅があることからすると、右の功績倍率の平均値である2.30に基づいて算出された相当額については、類似法人の平均的な退職金額であるということはできるとしても、それはあくまでも比較的少数の対象を基礎とした単なる平均値であるのにすぎないので、これを超えれば直ちにその超過額がすべて過大な退職給与に当たることになるわけでないのは当然であり、したがって、被控訴人主張の右平均功績倍率に依拠して算定された金額をもって、これのみが合理性を有する数額であるとするのには無理がある。」[27] として、最高功績倍率である3.18を採用している。しかし、この判断では、最低功績倍率と最高功績倍率との格差幅の具体的な水準を法令解釈で示したとはいえない。そのため、最高功績倍率法は、争訟場面において、平均功績倍率法を凌ぐ合理的な手法であることを実証する必要があり、事案固有の特別な事情がない限り当該実証は困難なものとなろう。

25　会社設立の約 5 年前から得意先の開拓等に尽力し、設立初年度に多額の収益をあげ、その年度に退職した役員に対する退職給与の事例。
26　品川芳宣『役員報酬の税務事例研究』財経詳報社351頁
27　第一審（福島地判平成 8 年 3 月18日・税務訴訟資料第215号891頁）では平均功績倍率法を適用すべきとされたが、第二審（仙台高判平成10年 4 月 7 日・税務訴訟資料231号470頁）では最高功績倍率を適用すべきとされた事例。第二審の判断は、最低功績倍率（1.30）と最高功績倍率（3.18）との格差幅の具体的水準（約2.45倍）をもって、最高功績倍率の採用基準とするとまで判示したのではなく、本事案固有の事実認定によるものと解される。

【最高功績倍率法の算式等】

(1) 法令解釈（東京高判平成25年7月18日・税務訴訟資料第263号－137）

同業類似法人の抽出基準が必ずしも十分ではない場合、あるいは、その抽出件数が僅少であり、かつ、当該法人と最高功績倍率を示す同業類似法人とが極めて類似していると認められる場合など、平均功績倍率法によるのが不相当である特段の事情がある場合に限って最高功績倍率法を適用すべきである。

(2) 算式

| 役員退職給与相当額 | ＝ | 類似法人の最高値の功績倍率 | × | 退職役員の最終報酬月額 | × | 退職役員の勤続年数 |

この第3節では、主として過大役員退職給与に係る役員退職給与相当額の論点を取り上げるため、第1款において同業類似法人の抽出基準を検討した上、第2款で過大役員退職給与をめぐる裁決事例の具体的な考察を行う。また、第3款では、役員の分掌変更等により退職給与を支給する事例が生ずることに鑑み、関連する裁決事例を用いて考察をする。

第1款　同業類似法人の抽出基準の検討

　同業類似法人の役員退職給与の支給状況等は、①対象法人との業種の
類似性（日本標準産業分類への依拠）、②対象法人との地域の類似性
（経済活動の同一需給圏という観点）、③対象法人との事業規模の類似性
（主に売上高を基礎とした倍半基準[28] の採用）、④退職役員の類似性（自
己都合又は死亡退職の別並びに役付の有無の別）に基づき、対象法人の
退職給与の支給事業年度等（支給時期の類似性）において、役員退職給
与を支給している法人を抽出するものである。これらの類似法人の抽出
基準については、たとえば、①の業種の類似性は日本標準産業分類のう
ち大分類、中分類、小分類又は細分類のいずれであるか、②地域の類似
性は対象法人の所在地からどの程度の範囲を対象とすべきか、③事業規
模の類似性は、所得金額、総資産価額、純資産価額、資本金の額、又は
従業員数などの類似性をどの程度しん酌するべきか、④創業者とそれ以
外の者を考慮すべきか等、個々の抽出基準をめぐる争いに際限がない。

　そこで第1款では、これまでの裁判例等を基礎にして、類似法人抽出
のため、それぞれの類似要素ごとに抽出基準としての射程を検討するこ
ととする。

(1)　業種の類似性

　業種の類似性について、先行する裁判例等では、役員退職給与の支
給法人の業種を日本標準産業分類の大分類を基幹の事業とし、中分類
に分類されていることを基準としているものについて、大多数が合理
的である旨の判断が示されている。この日本標準産業分類の中分類に
よることは、全てに適合するものではないが、基本的な抽出基準とし

28　倍半基準とは、対象法人の売上高の2分の1から2倍の範囲内で売上高を計上してい
る法人を類似法人として抽出するものである。

ての合理性を備えているものと解される。

　しかし、役員退職給与の支給法人の業種は、日本標準産業分類の中分類に該当しても、必ずしも実際の事業内容に適合しているとは限らない。事実、原処分庁が選定した類似法人について、審判所が個々の業態及び法人税の申告内容について検討したところ、類似法人とすることは相当ではないと判断し、一部の法人を類似法人から除外している事案も存している（平成24年9月3日裁決など）。そのため、法人税の確定申告書には、法人の事業実態を反映した業種を的確に記載することが求められる。

(2)　地域の類似性

　地域の類似性について、先行する裁判例等では、同業類似法人の抽出対象地域を役員退職給与の支給法人を管轄する税務署又は国税局とし、同業類似法人の件数が不十分であると認められるときは、当該支給法人の所在地に近接する市区町村ないし都道府県の地域を徐々に広げて類似法人を選定することについて、「地理的な近接性が経済事情の類似性に影響を及ぼすことは明らかであるから、一般に、当該法人の所在地と近接した経済事情に類似すると認められる地域に存する法人を対象とすることが最も適当であるというべきである。」[29] と判示されている。このように、当該役員退職給与の支給法人の所在地を起点として、同業類似法人の選定を適宜な法人数を確保する目的で広げていくことは、経済活動の同一需給圏からの類似性を求める思考であるから、基本的な抽出基準としての合理性を備えているものと解される。

　しかし、近年の事業運営は、インターネットを通じた取引を基盤と

29　東京高判平成25年9月11日・税務訴訟資料第263号-164

する流通も普及している等、本店の所在地の機能を考慮すると、日本
全国に経済活動の同一需給圏を見出すべきことも想定できる。このように法人特有な事業の特殊性は、個々の事案で検討すべきであるから、実際の事業運営に基づく説明資料等により主張・伝達をしていくことになろう。

(3)　事業規模の類似性

　事業規模の類似性は、先行する裁判例等について、売上に基づき倍半基準を採用している事案が多い。他方、①東京地裁昭和55年5月26日判決では「事業規模が類似する法人を抽出するには資本金額だけではなく総資産額、売上金額等も選定の基準とするのが望ましい」、②平成16年6月15日裁決では「企業の事業規模の実態をより適切に把握することができる指標は、売上金額、経常利益金額、総資産価額及び純資産価額であると解するのが相当である」、及び、③東京地裁平成28年4月22日判決では「事業規模が類似する法人については、対象事業年度において、純資産額が倍半基準に該当しない事業年度を除外した。さらに、抽出法人の決算書等の記載内容を確認したところ、（中略）以外の売上げが5％以上見込まれる事業年度、及び代表取締役に対する役員給与の額が前年に比較して3分の1以下となっている事業年度が認められたが、このような特殊性が高いと認められる事業年度を除外した。」とする等、売上の数値に固執していない裁判例等が多々散見される。つまり、事業規模は、個々の事案における同業類似法人の抽出状況に応じて検討するべきであり、売上に基づく倍半基準に限定しているわけではないということ、また、多くの財務係数等を使用して類似性の判定を行うことが望ましいことを示唆していることになろう。

(4)　退職役員の類似性

　退職役員の類似性として、退職の事情、役職等、役員在任年数及び最終報酬月額の類似性をしん酌するか否かは、検討項目にあげられるだろう。

　まず、役員在任年数及び最終報酬月額は、退職役員の功績を反映するものとして重要な要素になるところ、「最終報酬月額は、特別な場合を除いて、一般に役員在任中における最高水準を示すとともに、役員としての在職期間中における法人に対する功績を最もよく反映するものであり、また、役員在職期間は、そのなかに報酬の後払いとしての性格を評価する要素と功績評価としての要素が含まれていると考えられる」[30] ことからすれば、「功績倍率を乗じる以前に、すでにこの2要素を掛け合わせて、そこに当該法人における退職者の功績が反映されるから、その後の功績倍率を検討する段階で重ねて退職者の功績を考慮すること」になり、基本的に類似法人の抽出基準としてしん酌する必要はないだろう（創業者としての功績についても同様である。）[31]。

　また、退職の事情は、普通退職、死亡退職又は引責辞任の区分は類似性の要素として考慮すべきであろう。さらに、役職等の類似性として、代表取締役、専務・常務取締役又は平取締役による区分はしん酌するべきである。

30　岐阜地判平成2年12月26日・税務訴訟資料第181号1104頁
31　東京地判平成28年4月22日・税務訴訟資料266号-71、東京高判平成29年2月23日及び最高裁平成30年1月25日（上告棄却・不受理）は、功績倍率法による算出要素のうち、最終報酬月額を類似法人の平均額を採用するべきか、最高額を採用するべきかが争われた事案である。なお、同裁判の判決は、最終報酬月額について類似法人の最高額が採用されている。

(5)　まとめ

　第1款では、類似法人の類似性要素を考察したことにより、役員退職給与の支給法人との類似性の考慮範囲を追求するほど、詳細な情報を必要とすることが明らかになってくる。

　これまでの裁判例を俯瞰すると、原告（納税者）が採用していたTKCデータ（月額役員報酬・役員退職金＝Y-BAST）は、東京地裁平成25年3月22日判決では「本件TKCデータ同業類似法人についてみても、そもそも本件TKCデータは、税理士及び公認会計士からなる任意団体であるTKC全国会が各会員に対して実施したアンケートの回答結果から構成されており、その対象法人はTKC全国会の会員が関与しているものに限られている」[32]旨の判断がされていることからすれば、客観的なデータという観点において、被告（国）の主張する同業類似法人の支給状況等の合理性を覆すに値する同業類似法人の抽出データとは認定できないだろう。

　また、原告（納税者）が類似法人の支給状況等を知る術として、東京地裁平成28年4月22日判決では「財務省や国税庁がホームページ上で公表している『法人企業統計年報特集』、『民間給与実態統計調査』や税務関係の雑誌である『週刊税務通信』の掲載記事や、税務関係の書籍にも参考となる資料が数多く掲載されているし、東京商工リサーチのTSRレポートのサンプルには、役員数や役員報酬の金額が記載されているのであって、これらの資料から、類似法人の一人当たりの平均役員給与額を算定することも可能である。」[33]旨の判示をしているが、いずれの資料も第1款で考察してきた類似性要素を包含したものではなく、当該資料を基礎に主張する原告（納税者）に比して、被告（国）の主張する類似法人の支給状況等に合理性があることを確信さ

32　東京地判平成25年3月22日・前掲注21）参考
33　東京地判平成28年4月22日・前掲注31）

せるものにほかならない。

　なお、平均功績倍率法による役員退職給与相当額の算定は、「功績倍率が３倍以内であれば問題ない」という根拠の曖昧な意見を聞くことがある。この源泉は、東京地判昭和55年５月26日・東京高判昭和56年11月18日・最高判昭和60年９月17日で判示された次のデータが牽引していると考えられる。少なくとも法令の根拠に適合していないことは明らかであるが、定期的に上場会社の功績倍率を公表して一定のしん酌をした倍率を許容する等、法定化する等の配慮が求められる。

・不動産の売買等、資本金 500 万円 ・S46.11〜S47.12、調査 7 法人 13 人	⇒	《功績倍率：小数点第 2 位 4 捨 5 入》 功績倍率平均 1.9、 　　　最低 0.9、**最高 3.0**
・更生当時全上場 　1,603 社の実態調査	⇒	《上場会社功績倍率の平均》 **社長 3.0**、専務 2.4、常務 2.2、 平取締役 1.8、監査役 1.6

第 2 款　過大役員退職給与

《裁決事例の考察》

> 〔16〕　適正退職給与の額を功績倍率法により算出すべきであるとの
> 　　原処分庁の主張を退け、1 年当たり平均額法により算出するこ
> 　　とが相当であるとした事例（裁決事例集 No.32-231頁：昭和61
> 　　年 9 月 1 日裁決）

1　事案の概要

　本件は、塗装工事業を営む同族会社である請求人が、昭和56年 8 月 4
日に開催した臨時株主総会において、請求人の取締役を退任したA及び
Bの両名に対しそれぞれ15,552,000円及び16,632,000円合計32,184,000
円の本件役員退職給与を支給する旨の決議をし、その全額を同年 8 月31
日に退職役員らに支給するとともに昭和56年 8 月期の損金の額に算入し
て申告したところ、原処分庁が、株式会社政経研究所の調査による類似
法人甲社等の平均功績倍率2.3を用いて退職役員らの退職給与の相当額
を算定し、本件役員退職給与のうち不相当に高額な部分の金額が
21,364,000円（A分10,452,000円、B分10,912,000円）となり、損金の
額に算入することはできないとして更正処分をしたのに対し、請求人が
本件役員退職給与はその全額を損金の額に算入すべきであるとして、原
処分の全部の取消しを求めた事案である。

106

【別表1】　請求人の役員退職給与の額の算出方法

項目　＼　退職役員ら		取締役A	取締役B	合計
〔退職慰労金〕				
A	最終報酬月額	100,000円	220,000円	―
B	勤続年数	17年（16年5か月）	13年（12年5か月）	―
C	功績倍率	3倍	2倍	―
D	小計（A×B×C）	5,100,000円	5,720,000円	10,820,000円
〔退職功労金〕				
E	勤続期間の月数	197か月	149か月	―
F	Eの期間中における職人の平均賃金月額	227,500円	222,500円	―
G	Eの期間中における役員の平均報酬月額	94,860円	149,270円	―
H	功労金の月額の基礎（F－G）	132,640円	73,230円	―
I	調整率	40%	―	―
J	調整率適用後の功労金の月額の基礎（H×I）	53,056円	73,230円	―
K	小計（E×J）	10,452,000円	10,912,000円	21,364,000円
L	役員退職給与の額合計（D＋K）	15,552,000円	16,632,000円	32,184,000円

備考1　勤続年数については、1年未満の端数を切り上げている。

2　退職功労金の計算に当たって、Aに調整率を適用したのは、同人が高齢であるところから、職人より生産性が劣るためである。

【別表2】　㈱政経研究所の調査による類似法人の役員退職給与の支給状況等

区分	退職役員	退職時役職	勤続年数	役員退職給与の額	最終報酬月額	功績倍率
甲社	a	常務取締役	30年	24,000,000円	520,000円	1.5倍
〃	b	取締役	24年	20,000,000円	450,000円	1.9倍
乙社	c	取締役会長	26年	30,000,000円	270,000円	4.3倍
丙社	d	取締役	32年	11,040,000円	220,000円	1.6倍
					平均功績倍率	2.3倍

【別表3】　原処分庁の役員退職給与の相当額等の計算

項目　　　　　退職役員ら	A	B	合　計
本件役員退職給与の額 a	15,552,000円	16,632,000円	32,184,000円
最終報酬月額　　　b	100,000円	220,000円	―
勤続年数　　　　c	17年	13年	
平均功績倍率　　d	2.3倍	2.3倍	―
役員退職給与の相当額 e （b×c×d）	3,910,000円	6,578,000円	10,488,000円
不相当に高額な部分 f （a－e）	11,642,000円	10,054,000円	21,696,000円

2　主要事実と法令解釈等への適合（全部取消し）

　審判所は、次の【別表4】により、「類似法人甲社等の事業規模は、売上金額が不明で、資本金及び従業員数はいずれもその数値に幅があり、請求人の事業規模に比較してかなり大きいものであることが推認される。また、請求人の本店所在地は、C県D市であるところ、類似法人甲社等のそれは不明であり、地域的類似性も何ら考慮されなかったことがうかがわれ、加えて、類似法人甲社等の営む事業は、日本産業分類の

大分類の建設業であるから、業種の類似性の判断についても厳格さを欠くきらいがあった」旨の認定をしている。

これにより、原処分庁が選定した類似法人甲社等は、他に類似法人の選定方法がない場合は別として、類似法人甲社等の数値から退職役員らの退職給与の相当額を判断することは相当ではないとしている。

【別表4】 請求人と㈱政経研究所発行「役員の退職慰労金各社の実態」の甲社等との比較

				売上金額	資本金	従業員
請求人			(注1)	40,000千円	3,000千円	3人
類似法人	甲社	非上場	建設業	記載なし (注2)	50,000千円超 100,000千円未満	100人超300人未満
	乙社	非上場	建設業	記載なし (注2)	50,000千円超 100,000千円未満	100人超300人未満
	丙社	非上場	建設業	記載なし (注2)	30,000千円超 50,000千円未満	300人超500人未満

(注1) 総務庁(総務庁設置法施行前の昭和59年7月1日前は行政管理庁)編集の日本標準産業分類:請求人の営む塗装工事業は、大分類の建設業、中分類の職別工事業に該当するものである。

(注2) 類似法人甲社等の売上金額及び本店所在地は記載されていない。

そこで、審判所は、新たに類似法人として、E国税局が有する資料に基づき、同局管内で職別土木工事業を営む法人のうち昭和56年1月1日から昭和59年12月31日までの間に役員退職給与の支給がある法人56社を選定した後、同様にD市内に本店を有し、①役員退職給与を支給した日の属する事業年度の売上金額が20,000千円超600,000千円未満のもの、②資本金が1,000千円超20,000千円未満のもの、③従業員数が10人以下のもの、④退職役員のうち勤続年数が10年以上40年未満のもの、及び、⑤退職の事情が自己都合によるものである類似法人5社を選定し、次の

【別表5】に掲げる役員退職給与の支給状況等を算定している。

【別表5】　類似法人5社の役員退職給与の支給状況等

		退職給与の支給時の事業規模		
		売上金額	資本金	従業員数
請求人		40,000千円	3,000千円	3人
類似法人	a社	25,000千円	1,000千円	5人
	b社	140,000千円	15,000千円	8人
	c社	527,000千円	3,200千円	10人
	d社	24,000千円	2,000千円	1人
	e社	54,000千円	4,000千円	9人

（単位：円）

		退職役員名	退職時の役職	勤続年数	役員退職給与の額	最終報酬月額	功績倍率	1年当たりの退職給与の額
請求人		A	取締役	17年	15,520,000	100,000	9.15倍	914,824
		B	取締役	13年	16,632,000	220,000	5.82倍	1,278,385
類似法人	a社	a	取締役	17年	25,000,000	100,000	14.71倍	1,470,588
	b社	b	取締役	30年	35,000,000	600,000	1.94倍	1,166,667
	c社	c	取締役	32年	74,400,000	800,000	2.91倍	2,325,000
	d社	d	取締役	36年	40,000,000	430,000	2.58倍	1,111,111
	e社	e	取締役	22年	45,000,000	500,000	4.09倍	2,045,455
		類似法人5社平均				486,000	5.25倍	1,623,764

（備考）1　売上金額については、1000千円未満の端数は切り上げている。
　　　　2　勤続年数については、1年未満の端数を切り上げている。
　　　　3　功績倍率及び平均功績倍率については、少数点第3位の端数を四捨五入
　　　　　している。
　　　　4　1年当たり退職給与の額及び1年当たり退職給与の平均額については、
　　　　　1円未満の端数を四捨五入している。

110

法令解釈	役員退職給与の額は、通常、その役員の会社に対する功績が最も反映される勤続年数及び最終報酬月額を基礎として算出されていると認められるところ、功績倍率を用いて算定する方法は、この勤続年数及び最終報酬月額をその計算の基礎としているから、一般的には役員退職給与の相当額の算定方法としては妥当なものであると解されるが、**最終報酬月額が役員の在職期間を通じての会社に対する功績を適正に反映したものでない場合**、例えば、**長年、代表取締役として会社の中枢にあった者が、退職時には非常勤役員となっておりその報酬月額が減額されている場合**、あるいは、**退職時の報酬月額がその役員の在職期間中の職務内容等からみて著しく低額であると認められる場合**には、功績倍率は最終報酬月額に大きく左右される結果著しく高率となるから、比較そのものが不合理なものとならざるを得ない。 　したがって、**このような特段の事情がある場合**には、最終報酬月額を基礎とする功績倍率を用いて算定する方法は妥当ではなく、**最終報酬月額を計算の基礎としない1年当たりの退職給与の額によって算定するのがより合理的な方法**と認められる。

※アンダーライン等筆者加筆

　審判所は、上記法令解釈に当てはめ、「退職役員らの最終報酬月額は、いずれもその在職期間中の職務内容等からみて著しく低額であると認められるから、本件の場合、類似法人5社の功績倍率を用いて退職役員らの退職給与の相当額を算定するよりは、その1年当たりの退職給与の額を用いて算定するのがより合理的な方法」である旨認定している。

　そこで、上記【別表5】に掲げる「類似法人5社の1年当たりの退職給与の平均額1,623,764円を基礎として、1年当たり平均額法により退職役員らの退職給与の相当額を算定したところ、A27,603,988円、B21,108,932円となり、これらの金額はいずれも退職役員らに支給された本件役員退職給与の額を上回り、不相当に高額な部分の金額はないこととなるから、更正処分はその全部を取り消すべきである」旨判断をしている。

3　事実認定等による考察

　本裁決事例の考察要素として、役員退職給与相当額の算定は、法人税法施行令第70条《過大な役員給与の額》第1項第2号に照らして、最も合理的な算定方法を平均功績倍率法としながら、1年当たりの平均額法を用いて算定することが、より合理的であると判断をされた状況を把握しておくことが重要な点である。一般的には、常勤役員から非常勤役員に分掌変更等し役員給与を激減したことにより、その後の退職時の最終報酬月額のみを捉えると、退職役員の在職期間中の功績を反映しているとはいえないことから、1年当たりの平均額法を採用することがより合理的な役員退職給与相当額を算定することが可能となる旨の判断がされるものと考えられる。反対に、役員報酬月額を低めに設定している者について、平均功績倍率法による役員退職給与相当額が低く算定されることを回避するため、退職間際に役員報酬月額を引上げている場合、1年当たりの平均額法を採用することがより合理的な役員退職給与相当額を算定することが可能となる旨の判断がされると考えられる。

　本裁決事例の状況は、退職役員であるAとBの両者ともに、使用人と同様に従事している一方で取締役に就任しており、使用人兼務役員に類する業務を行っていたことが推定できる。そして、退職役員らは、使用人と同様に現場作業にも従事し請求人の発展に貢献してきたこと、また、両者の平均報酬額が職人の平均賃金に比して低額であったことから、審判所が「退職役員らの最終報酬月額は、いずれもその在職期間中の職務内容等からみて著しく低額であると認められるから、本件の場合、類似法人5社の功績倍率を用いて退職役員らの退職給与の相当額を算定するよりは、その1年当たりの退職給与の額を用いて算定するのがより合理的な方法と認められる。」旨の判断をしているものである。1年当たりの平均額法を採用するケースとして、このような事情は、珍しい職務内容等とはいえないことから、検討要素に加える必要があろう。

　ところで、本裁決事例について、不相当に高額な部分があると疑義が
生じた端緒は、請求人の退職役員らの役員退職給与の算定が、上記1
【別表1】に掲げた功績倍率法による退職慰労金の額に、同金額の2倍
程度の退職功労金が独自の算定手法を用いて上乗せされていることによ
り、原処分庁から否定的な心証を受けたことが考えられる。請求人の真
意は審判所の判断によってくみ取られた結果となっているが、役員退職
給与相当額の独自の算定方法が採用されないことも、明白になっている
ことを重視すべきである。

　また、納税者にとって恒久的な課題である類似法人の支給状況等の算
定について、上記1【別表2】に掲げる原処分庁が採用した株式会社政
経研究所の調査による退職慰労金各社の実態データは、出版物として販
売しており納税者も入手可能なものであることから、不相当に高額な部
分があるか否かのメルクマールとしたいところである。しかし、審判所
は、「本件出版物に基づき選定した類似法人甲社等は、他に類似法人の
選定方法がない場合は別として、法人税法第36条及び同法施行令第72条
が予定する類似法人としては、選定の合理性に問題があるものと言わざ
るを得ず、類似法人甲社等の数値から退職役員らの退職給与の相当額を
判断することは相当ではない。」旨判示している。これにより、同出版
物のデータは、「他に類似法人の選定方法がない場合」には採用を否定
していないところ、類似法人の支給状況等を把握する権限を有する原処
分庁に投げた当然の判断であるといえ、他方、請求人が不相当に高額な
部分があるか否かの判定において、採用基準とする場合の検討要素とし
て残されていると考えることができる。しかし、類似法人の選定は、同
出版物のデータが、事業規模の類似性をしん酌する要素について、十分
に開示されているとはいえないことから、審判所の判断において上記2
【別表5】で類似法人5社の支給状況等を掲げているとおり、法令に適
合するとして完全に依拠することができない。結局のところ、不相当に

高額な部分の金額が争点になった場合には、類似法人の支給状況等の法令適合段階において、納税者が租税行政庁の主張する内容より合理的なデータを提示することができないジレンマに苛まれる。

《裁決事例の考察》

> 〔17〕 業務上の事故で死亡し退職した代表者の遺族に対する退職金
> は不相当に高額であるとした事例（裁決事例集 No.40-177頁：
> 平成 2 年12月20日裁決）

1　事案の概要

　本件は、不動産管理賃貸業を営む同族会社である請求人が、前代表者
の死亡に伴い、同人の遺族に対して死亡退職金91,000,000円を支給し、
本件事業年度の損金の額に算入して法人税等の申告をしたところ、原処
分庁が、前代表者の退職給与の額を平均功績倍率法により計算すると
12,650,000円となり、弔慰金相当額として相続税法基本通達3-20《弔慰
金等の取扱い》に準じて算出した18,000,000円を加算した金額
30,650,000円を役員退職給与の損金の額として相当と認められる金額で
あるから、その金額を超える部分の額は損金の額に算入することはでき
ないとして、法人税の各更正処分等を行ったのに対し、請求人が、退職
給与とともに通常支払われる弔慰金に相当する金額を役員退職給与の額
に含めている点において、原処分庁は法令の解釈適用を誤っているなど
として、原処分の一部の取消しを求めた事案である。

【役員退職給与相当額の請求人主張額】

(1)　基本退職金（死亡時までの勤務実績に対するもの）	20,000,000円
(2)　特別加算退職金	20,000,000円
(3)　弔慰金（業務上死亡に対するもの）	50,000,000円
(4)　葬儀費用負担金	1,000,000円
合計	91,000,000円

※本件死亡退職金のうち特別加算退職金20,000,000円については、損金の額に算入しないことは争わない。

↓

《功績倍率》

　社長職の場合3.0ないし5.0倍が相当であると判断し、その中間をとって4.0倍で試算し、算出された金額の端数を切り捨てた結果、最終倍率を「3.636」とした。

《平均功績倍率法による役員退職給与相当額》

（最終報酬月額）500,000円	×	（勤続年数）11年	×	（功績倍率）4.0倍	≠	20,000,000円

※功績倍率は、支給額から逆算すると3.636倍と算出される。

【役員退職給与相当額の原処分庁主張額】

比較法人名	勤続年数	最終報酬月額	退職金支給額	退職金支給額の1年当りの金額	功績倍率
A社	35年	150,000円	10,246,000円	292,700円	2.0倍
B社	28年	200,000円	14,000,000円	500,000円	2.5倍
C社	29年	170,000円	12,600,000円	434,400円	2.5倍
D社	11年	500,000円	17,500,000円	1,590,900円	3.2倍
E社	34年	350,000円	15,500,000円	455,800円	1.3倍
平均功績倍率					2.3倍

↓

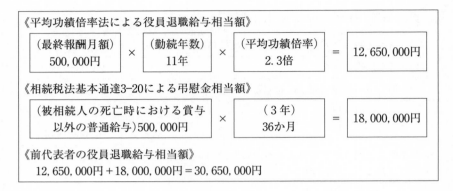

2 主要事実と法令解釈等への適合（請求棄却）

(1) 本件死亡退職金の内訳について

　請求人は、前代表者が、昭和62年 1 月 4 日事故により業務従事中に死亡したところ、同年 6 月15日に開催された請求人の臨時社員総会の議事録によれば、前代表者に対する死亡退職金の支給額を91,000,000円とする旨を可決し、本件死亡退職金を本件事業年度において損金経理をしているが、その会計処理は、帳簿上は給料手当（総括）科目に、また、決算書上では特別損失の部にそれぞれ「死亡退職金」として計上している。

　審判所は、「会計処理は帳簿上及び決算書上とも、請求人が主張する内訳どおり区分して経理はされておらず、ほかに、確定した決算において請求人が主張する内訳のとおり支給したとする事実を確認できる証拠書類の提出もないことからすると、本件死亡退職金の全額を前代表者に対する役員退職給与と認めるのが相当である」として、【役員退職給与相当額の請求人主張額】の内訳に記載しているとおり、弔慰金等が含まれているという請求人の主張を排斥している。

(2)　役員退職給与としての相当の額について

　法人税法施行令第70条第1項第2号の規定によれば、請求人が前代表者に支給した死亡退職金のうちに不相当に高額な部分の金額があるかどうかを判断するためには、前代表者の業務に従事した期間及びその退職の事情を考慮するとともに、類似法人の役員に対する退職給与の支給の状況等を比較して検討することになる。

　審判所は、請求人及び原処分庁ともに争いがない事実として、①前代表者の勤続年数は11年であること、②事故により業務従事中に死亡していることについて、調査によってもその事実が認められるとしている。

　また、請求人の役員退職給与相当額は、上記(1)のとおり、本件死亡退職金の内訳による支給が否定され、全額を前代表者に対する役員退職給与と認めたことにより、功績倍率方式に準じて最終倍率を3.636として算定した20,000,000円の理由が欠落することになる。そこで、審判所は、原処分庁が平均功績倍率法により算定した役員退職給与相当額について、合理性があるか否かの判断を行っている。

　まず、原処分庁の比較法人の選定について、審判所は、原処分庁が選定した比較法人5社が、請求人とは事業内容及び事業規模が類似するP税務署管内の青色申告法人であり、しかも、これら比較法人の代表取締役が昭和60年から同62年までの3年間に死亡退職により退職金を支給されたものであることから、その選定には合理性があると認めている。そうすると、原処分庁の採用した功績倍率は、選定した比較法人が合理的であれば、算定した平均功績倍率2.3は妥当なものと認められることになる。

　この段階において、原処分庁が役員退職給与相当額として算定した12,650,000円は、①前代表者の業務に従事した期間が11年であることについて争いがなく、②前代表者が業務上の死亡であることを退職の

事情として考慮するため比較法人の選定上死亡退職者を抽出するとともに、③合理的に選定した比較法人の役員に対する退職給与の支給の状況等を比較して平均功績倍率法を採用していることから、既に課税要件を充足していると考えることもできる。さらに、審判所は、原処分庁が、前代表者の退職事情をしんしゃくして、相続税法基本通達3-20の取扱いに準じ、普通給与の3年分（18,000,000円）を加算した金額をもって役員退職給与の適正額としているところ、「労働基準法第79条[34]では、労働者が業務上死亡した場合においては、使用者は遺族に対して平均賃金の1,000日分（前代表者の場合は約16,700,000円）の遺族補償を行わなければならないと規定されており、これらを考慮すると、原処分庁が上記のとおり前代表者の退職事情を考慮し18,000,000円を加算したことは、相当と認められる。」旨の判断をしている。

したがって、役員退職給与の相当額は、平均功績倍率法による12,650,000円及び相続税法基本通達3-20による18,000,000円との合計額30,650,000円となり、本件死亡退職金との差額60,350,000円は、法人税法第34条第2項に規定する「不相当に高額な部分の金額」に該当することとなる。

3 事実認定等による考察

(1) 本件死亡退職金の内訳について

審判所は、本件死亡退職金の内訳に弔慰金等が含まれていることについて、前代表者の相続人が、昭和62年7月3日P税務署長に提出した相続税の申告書で、本件死亡退職金の全額を相続財産に計上してい

34　労働基準法第79条《遺族補償》は、労働者が業務上死亡した場合においては、使用者は、遺族に対して、平均賃金の千日分の遺族補償を行わなければならない旨規定している。

る事実を考慮せずに、請求人の臨時総会において死亡退職金としての
支給額を91,000,000円とする旨を可決していること、また、会計処理
は帳簿上及び決算書上とも、請求人が主張する内訳どおり区分して経
理はされておらず、ほかに、確定した決算において請求人が主張する
内訳のとおり支給したとする事実を確認できる証拠書類の提出もない
ことから、本件死亡退職金の全額が前代表者に対する役員退職給与で
あると認定している。

　この判断は、法人税法の規定の適用において、①相続税の申告書の
記載内容は影響を受けないということなのか、②仮に相続税の申告書
において弔慰金の支給を考慮してれば証拠として採用されていたの
か、やや不明瞭なところがある。審判所の判断は、臨時総会の議事録
並びに会計処理に基づく帳簿上及び決算上の記載内容を取り上げ、
「ほかに、確定した決算において請求人が主張する内訳のとおり支給
したとする事実を確認できる証拠書類の提出もない」と説示している
ことからすれば、相続税の申告書の記載内容は間接事実になったとし
ても、主要事実として採用されることはないと考えるべきであろう。

(2)　役員退職給与相当額について
　法人税法施行令第70条第1項第2号の規定する「その退職の事情を
考慮する」ことについて、原処分庁は、前代表者の退職事情をしんし
ゃくして、相続税法基本通達3-20の取扱いに準じ、普通給与の3年分
(18,000,000円) を加算した金額をもって役員退職給与の適正額とし
ている。

　この点について、審判所は、「労働基準法第79条では、労働者が業
務上死亡した場合においては、使用者は遺族に対して平均賃金の1,000
日分 (前代表者の場合は約16,700,000円) の遺族補償を行わなければ
ならないと規定されており、これらを考慮すると、原処分庁が上記の

とおり前代表者の退職事情を考慮し18,000,000円を加算したことは、相当と認められる。」旨判断をしている。

　そうすると、本件は、「その退職の事情を考慮する」とは、比較法人の選定の際、業務上の死亡であることを退職の事情として考慮することとは、別にしんしゃくされる要素であることを明らかにしたことになる。そして、「その退職の事情を考慮する」金額の法的評価は、相続税法基本通達3-20の取扱いに準じ、労働基準法第79条の規定を考慮して算定することを示したことになろう。また、本件は、相続税法基本通達3-20により算定した金額18,000,000円が、労働基準法第79条により算定した金額16,700,000円を上回っていながら、相続税法基本通達3-20を採用したことについて、どのように考えるべきであろうか。私見ではあるが、法人税法では「その退職の事情を考慮する」金額が規定されていない以上、特定の方法に固執することなく、他に定める合理的な評価方法により算定した金額を基礎にして、総合的に勘案して決めることが求められていると解される。ただし、労働基準法第79条により算定した金額は、同法の規定が「労働者」[35]に対するものであることからすれば、使用人兼務役員以外の役員に対しての直接的な評価方法とはなり得ないだろう。したがって、相続税法基本通達3-20の取扱いは、「その退職の事情を考慮する」金額の法的評価としてのメルクマールとなろう。

35　労働基準法第9条《定義》は、この法律で「労働者」とは、職業の種類を問わず、事業又は事務所に使用される者で、賃金を支払われる者をいう旨規定している。

第 3 款　分掌変更等の場合の退職給与

《裁決事例の考察》

> 〔18〕　代表取締役が代表権のない取締役に分掌変更したことに伴って請求人が支給した金員について、実質的に退職したと同様の事情にあるとはいえず、法人税法上の損金算入することができる退職給与に該当しないとした事例（公表裁決事例：平成29年7月14日裁決）

1　事案の概要

本件は、同族会社である請求人が、役員Ｄが代表取締役を辞任し取締役会長に分掌変更をしたことに伴いその役員Ｄに対し退職慰労金として支給した金員について、原処分庁が、当該役員Ｄは分掌変更により実質的に退職したと同様の事情にあるとは認められないから、当該金員は退職給与ではなく損金の額に算入されない役員給与であるとして法人税の更正処分及び過少申告加算税の賦課決定処分をするとともに、当該金員は給与所得に該当するとして源泉所得税の納税告知処分及び不納付加算税の賦課決定処分をしたことに対し、請求人が、当該金員は退職給与ないし退職所得であるとして、原処分の全部の取消しを求めた事案である。

【別表１】 基礎事実による役員の変遷等

		役員の変遷
昭和○年○月設立時	D	取締役就任
昭和41年７月○日	D	代表取締役社長就任
平成18年１月○日	B（Dの長女）	代表取締役就任
平成23年５月○日	D	代表取締役辞任（注）、取締役会長就任
平成27年７月○日	D	代表取締役就任

（注）　平成23年５月20日付の臨時株主総会において、Dの分掌変更に際し退職慰労金○○○○円を決議し、同月26日付支給した。

【別表２】 基礎事実による平成23年５月期における株主の状況

株主の構成		請求人の役職等
D	500株	代表取締役辞任、取締役会長就任
B（Dの長女）	4,000株	代表取締役
F（Bの夫）	1,750株	取締役
G社	3,750株	DはG社の株式を保有していない
発行済株式総数	10,000株	―

2　主要事実と法令解釈等への適合（請求棄却）

　法人税基本通達9-2-32《役員の分掌変更等の場合の退職給与》では、役員の分掌変更又は改選による再任等がされた場合であっても、例えば、①常勤取締役が経営上主要な地位を占めない非常勤取締役になったこと、②取締役が経営上主要な地位を占めない監査役になったこと、③分掌変更等の後において経営上主要な地位を占めない役員となり給与がおおむね50％以上減少したことなど、役員としての地位又は職務の内容が激変し、実質的に退職したと同様の事情にあると認められる場合には、その分掌変更又は改選による再任等に際しその役員に対し退職給与

として支給した給与については、法人税法上も退職給与として取り扱うことができるとする旨定めている。

　役員Dは、①分掌変更に際して、請求人が各取引先に挨拶状を送付してDが社長を辞任し会長に就任した旨を周知し、取引金融機関に対する連帯保証人の地位から離れていること、②分掌変更の後、役員Dとして行っていた業務のうち、流れ屑の取引価格等の決定、金融機関との折衝及び従業員の人事に関する権限を、役員Dから他の役員や使用人に徐々に移譲していること、また、③分掌変更後、役員Dの勤務時間は相当程度減少し、改定前の給与額に比べて約55％減少している。これにより、審判所は、本件役員の地位や職務につき相応の変動が生じたと認めている。

　しかし、役員Dは、分掌変更後も、次に掲げる重要な決定事項に関与していたことが認定されている。

役員Dの関与	審判所の判断
イ　数年にわたって、操業継続に支障を及ぼすようなトラブルの解決のためにk事業所周辺の住民などに金員を支払うことを決定したこと。	事業に関する重要な意思決定及びその執行の一部を行っていたと認められる。
ロ　少なくとも、単発的に発生する流れ屑の購入取引における流れ屑の評価についてアドバイスをしたほか、請求人の取引先の幹部に対する接待をも担当していたこと。	営業面において、相応の役割を果たしていると認められる。
ハ　Bと金融機関との交渉の場に立ち会い、自らの意見を述べることもあったこと。	金融機関との折衝の場面において、一定の役割を果たしていたと認められる。
ニ　取締役会において、Bの代表取締役の任期満了に伴う代表取締役の選定及び役員給与の変更についてBとFと共に決定したり、経営会議において、数千万円から1億円超にも及ぶ事業用資産の購入をBやFと共に決定したりしていたこと。	事業及び人事に関する重要な決定事項に関与していたと認められる。

ホ　古参の使用人かつ元取締役のK所長の解雇の際には、BやFと共にこれを決定していたこと。	事業及び人事に関する重要な決定事項に関与していたことが認められる。
ヘ　請求人における経費に係る多数の領収書を自らチェックしていること。	経理面における経費の支出状況の監視をしていたと認められる。

　審判所は、上記イからへまでの各事実によれば、役員Dが、分掌変更により、役員としての地位又は職務の内容が激変しておらず、実質的に退職したと同様の事情があったものとは認められないとして、役員Dに支給した金員は法人税法上の損金算入することができる退職給与に該当しない旨判断をしている。

3　事実認定等による考察

　中小企業の事業承継を伏線においた役員人事の変更場面では、創業者等が後継者へバトンを渡しながらも併走しているケースが見られ、このような場面において、法人税基本通達9-2-32を活用して、退職給与の支給を行っていることが多く見られる。本通達は、分掌変更等により、常勤取締役が非常勤取締役又は取締役を辞任して会長等に就任し、給与を50％以上減少させる等の外形上の事情を充足することに注意が偏る傾向にあり、それまで経営上主要な地位を占めていた者に対して、分掌変更等を契機に実質的に地位又は職務の内容が激変している実態を伴うことが、非常に難しい経営環境にあるから、十分な対応を考慮した上で適用しなければならない。

　この点、全ての事例を否定的に捉える必要はないが、①分掌変更等をした者と代表取締役との関係、②分掌変更等をした者の従前の役員としての職務を執行する後継者の存在、③分掌変更等をした者の従前の職務内容とその後の業務の変更内容、④分掌変更等をした者の後任となる役

員のこれまでの業務等の経験、⑤分掌変更等をした者の対内的及び対外的な認識の浸透など、これら牽制をすべき事項について、実態を伴っているか否かが重要な要素となる。

　本件の場合、①は親子で共同代表であったことは引き継ぎのためのものと肯定的に受入れられるが、②及び③は役員Dが分掌変更後に経営の指揮を執っていたことが認定されたことによって覆り、④は①の期間が不十分であったか又は創業者（親族）としての無意識の介入が避けられず、⑤は請求人が各取引先に挨拶状を送付してフォローしているが、役員Dの職務執行の実態から総合的に勘案して、「経営上主要な地位を占めていた者」であることを遮断することができなかったものである。

　他方、本件の認定事実のうち、役員Dが平成27年7月○日付で代表取締役に再度就任していることについて、平成23年5月○日付の代表取締役の辞任が名目的なものである懸念を抱く要素ともいえるが、役員Dの分掌変更後の職務執行の実態が平成23年5月20日付の臨時株主総会で承認を受けた退職慰労金の正当性、すなわち、実質的に退職したと同様の事情にあると認められることを判断するものであるから、当該疑念が役員人事の変更等の原因を解明すべき事項であっても、役員Dの代表取締役の再就任という事実のみを捉えて直接判断に影響を与えるべきではなく、再就任に至った事情を十分に考慮される必要があろう。なお、役員Dが代表取締役に再度就任した理由は、K所長の解雇やFが問題を起こしたとして取締役を解任されたこと等を踏まえて、代表取締役に復帰したものである。

第2章

減価償却に関する
判断基準

第2章　減価償却に関する判断基準

第1節　減価償却資産の定義と事業の用に供した時期

　法人税法第31条《減価償却資産の償却費の計算及びその償却の方法》をめぐる租税実務では、償却費として損金経理をした金額の計算対象となる減価償却資産が、事業の用に供していないものを除いている（法令13）ことから、特に法人の決算月に取得した固定資産が事業の用に供されているか否かについて、争点となる事例が多く見られる[1]。また、争訟に派生している事例は、租税特別措置法に規定する各種特別償却の適用を受け、高額な減価償却費が計上されているケースに集中しており、事後的に発覚した特別償却費の計上時期の誤りの是正について、経理要件及び手続規定の充足が困難であることから、苦渋を味わう結果に牽引されている。

　この原因としては、「事業の用に供する」ことの定義が法令等に規定されていないことが一要素としてあげられる。しかし、定義が規定されていない場合、「租税法規の用語の解釈は、原則として、定義規定がある場合にはこれにより、そうでない場合には日本語の通常の用語例によって文理解釈して規定の意味内容を明確にすべきであるが、それができない場合には、当該規定の趣旨・目的、定め方、経緯、税負担の公平性及び相当性等を総合考慮して、その意味内容を合理的に解釈する必要がある[2]。」旨判断されていることから、先行する類似事例の法令解釈に依

1　本裁決の直近では、平成28年10月3日裁決【大裁（法）平28-13】、平成29年7月7日裁決【大裁（法）平29-2】を掲げることができる。

130

拠することが肝要となる。

　この法令解釈によると、個々の事実関係に照らし合わせることになるため、納税者にとってハードルを上げてしまうことになるが、納税者と専門家との連携によりエビデンスを整備し租税特別措置の恩恵を喪失しないよう務めることになろう。

　ところで、次の〔1〕の裁決は、固定資産を取得した法人が事業の用に供しているかについて争点としているものではなく、取得した固定資産を販売した者が事業の用に供していたか否かの判断をめぐる争点となっている点において、初めてのケースであろう。つまり、租税特別措置法に規定する各種特別償却制度は、「その製作の後事業の用に供されたことのないもの」を対象資産の要件に掲げているところ、固定資産を取得した法人にとって盲点となる、販売者の事業供用の事実の有無に派生して問題となったものである。この裁決の判断は、上述の法令解釈を基礎に事実認定をされたことから、減価償却資産に係る論点として新たな注意喚起と考えるべきであろう。

　また、〔2〕の裁決は、一の計画の下に行われた一連の設備投資であっても、それぞれの減価償却資産ごとに、事業の用に供した事業年度を判断し、当該判断により各々の事業年度において特別償却制度の適用を受けなければならないことを示したものである。本裁決は、原処分庁及び請求人の両者が判断誤りをしている点において、言わば一組の減価償却資産という資産ごとの判定単位に対して、先入観に囚われていたことに

2　長崎地判平成28年5月10日【税務訴訟資料　第266号-74（順号12852）】

気付かされる等、こちらも参考になる事案である。

《裁決事例の考察》

> 〔1〕 本件機械装置は、本件販売者において使用されていたというべきであり、「その製作の後事業の用に供されたことのないもの」に該当しないとした事例（公表裁決事例：平成29年10月31日裁決）

1 事案の概要

　本件は、精密板金加工並びに空調機器の加工及び組立等を営む法人である請求人が、取得した機械装置について、旧租税特別措置法第42条の6《中小企業者等が機械等を取得した場合の特別償却又は法人税額の特別控除》第1項の規定を適用し、普通償却費の額及び特別償却費の額の合計額を損金の額に算入して法人税等の確定申告をしたところ、原処分庁が、当該機械装置は販売者において販売のための展示及び実演に使用されており、「その製作の後事業の用に供されたことのないもの」には当たらないから、当該特別償却費の額は損金の額に算入されないなどとして、法人税等の更正処分等をしたのに対し、請求人が、当該機械装置は請求人が取得するまで固定資産として使用されたことはなく、「その製作の後事業の用に供されたことのないもの」に当たるとして、原処分の一部の取消しを求めた事案である。

2　主要事実と法令解釈等への適合（請求棄却）

法令解釈	「その製作の後事業の用に供されたことのないもの」とは、特定機械装置等の製作者及び特定機械装置等を取得した販売者において使用されたことのない、いわゆる新品であるものをいい、それに該当するかどうかは販売者等における業種、業態、その資産の構成及び使用の状況に係る事実関係を総合的に勘案して判断することになる。

※アンダーライン等筆者加筆

　審判所は、販売者等が、請求人の取得した機械装置について、①平成26年10月に製作された後、請求人に納品されるまでの間1年以上にわたり、本件各展示場において展示され、来場者の要請に応じて、ステンレス及び鉄の切断加工の実演に使用されていたこと、②平成26年11月から平成27年4月までの半年間は毎月のように部品交換が行われた上、コンプレッサー及びエアクリーンユニットの交換が行われたことから、このような展示及び実演に供された期間や部品交換の状況に照らせば、本件各展示場における展示及び実演は、相当程度に本件機械装置の消耗を伴うものであり、法令解釈に示された新品に該当せず、販売者等において使用されていたというべきである旨認定している。

　これにより、審判所は、本件機械装置が旧措置法第42条の6第1項に規定する「その製作の後事業の用に供されたことのないもの」に該当しないから、請求人が確定した決算において費用計上した特別償却費の額は損金の額に算入されない旨の判断をしている。

3　事実認定等による考察

　販売者等が固定資産を展示及び実演した後に製品を販売する形態は様々な業界で見られ、購入サイドとしては割安になることもあり実機等を購入することも選択肢に挙げられる。そして、当該実機等を取得した場合、全てのケースにおいて本裁決と同様に新品ではないと判断される

と言い切るべきではない。これは、審判所の判断が「相当程度に本件機械装置の消耗を伴うもの」と認定したところに着目すべきであり、販売者等の展示及び実演に使用した期間（本件は製作から１年以上）及び使用に伴うメンテナンスの程度（本件は当初半年間毎月部品交換）が認定要素として、大きく左右したことは明らかである。

　展示及び実演した後の固定資産の売買は、実機等と受注生産との販売形態の比較として、販売者等の取扱う製品に係る業種及び業態、取引慣例から考察される一般的な契約成立過程を総合的に勘案したところで、「相当程度の消耗」をしているか否かの判断をするべきだろう。そのためには、固定資産の購入時において、販売者等との十分な連携が必要となる。

《裁決事例の考察》

> 〔2〕　太陽光発電設備を囲むフェンス、門扉等は、当該発電設備と
> は別個の減価償却資産と認められ、その取得の日に事業の用に
> 供されたと認められるとした事例（公表裁決事例：平成30年 6
> 月19日裁決）

1　事案の概要

　本件は、一般区域貨物自動車運送事業並びに太陽光発電及び売電に関
する事業を目的とする請求人が、太陽光発電設備等を取得した事業年度
において、本件発電システム本体及び本件フェンス等の取得価額につ
き、旧租税特別措置法第42条の12の 5 《生産性向上設備等を取得した場
合の特別償却又は法人税額の特別控除》第 2 項を適用し、普通償却限度
額及び特別償却限度額の合計額を損金の額に算入して法人税等の確定申
告をしたところ、原処分庁が、当該設備等は当該事業年度において事業
の用に供していないから当該設備等に係る償却費の額を損金の額に算入
することはできないなどとして、法人税等の更正処分等をしたのに対
し、請求人が、本件発電システム本体及び本件フェンス等は引渡日に事
業の用に供したとして、原処分の全部の取消しを求めた事案である。

2　主要事実と法令解釈等への適合（一部取消し）

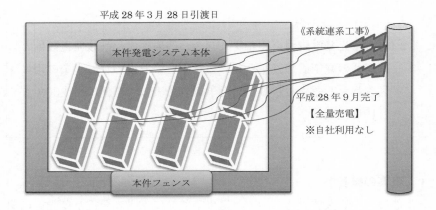

平成 28 年 3 月 28 日引渡日
本件発電システム本体
《系統連系工事》
平成 28 年 9 月完了
【全量売電】
※自社利用なし
本件フェンス

　　上記の本件発電システム本体及び本件フェンスの取得等の経緯は、次のとおりである。

平成27年 8 月 5 日	請求人は、G社との間で本件発電設備に関する事業譲渡契約を締結し、当該権利を譲り受けた。
	請求人は、H社との間で本件発電所の建設工事について、請負契約を締結した。
平成27年 9 月30日	請求人は、本件電力会社に対し、本件発電設備に係る電力受給契約申込書を提出した。
平成27年12月15日	請求人は、産業競争力強化法第 2 条第13項及び経済産業省関係産業競争力強化法施行規則第 5 条《生産性向上設備等の定義》第 2 号に基づき、本件発電所における太陽光発電事業に係る設備投資計画の確認を申請した。
平成27年12月22日	経済産業大臣は、請求人に対し、上記申請に係る投資計画に記載された設備について生産性の向上に特に資する設備であることを確認した旨の通知をした。
平成28年 3 月28日	請求人は、本件発電システム本体及び本件フェンス等の設置工事が完了し、その引渡しを受けた。

平成28年3月31日	請求人は、本件請負会社に対し、本件請負代金の全額を支払った。
	請求人の決算日
平成28年6月15日	請求人は、本件電力会社から小売電気事業を承継したK社から、「電力受給契約のご案内」と題する書面を受領した。当該書面には、本件発電設備について、電力の受給開始予定日を平成28年9月30日とする旨等が記載されていた。
	請求人は、K社との間で、再生可能エネルギー電気の調達及び供給並びに接続等に関する契約を締結した。
平成28年9月28日	本件発電設備に係る系統連系のための工事が完了し、系統連系が行われた。その後、本件発電システム本体により発電した全電力を本件電力会社から送配電事業を承継したL社の電力系統に供給し、本件電気事業者に売電している。

　審判所の法令解釈は、次に掲げるとおり、先行する事例に準じて減価償却資産の前提となる事業の用に供したと認められる判断基準を示している。

> **法令解釈**
>
> 　法人税法第2条第23号の委任を受けた法人税法施行令第13条は、事業の用に供していないものを減価償却資産から除く旨規定しており、旧措置法第42条の12の5第2項は、同項に規定する特別償却が認められるための要件として、特定期間内に特定生産性向上設備等の取得等をして、これを事業の用に供したことを要求しているところ、上記の減価償却資産の意義等に照らせば、当該資産を事業の用に供したと認められるか否かは、業種、業態、その資産の構成及び使用の状況を総合的に勘案し、その資産をその属性に従って本来の目的のために使用を開始したといえるか否かによって判定するのが相当である。

　　　　　　　　　　　　　　※アンダーライン等筆者加筆

　そして、審判所の判断は、次に掲げるとおり、本件発電システム本体と本件フェンス等に区分して、それぞれ行っている。

(1) 本件発電システム本体

　審判所は、「本件発電システム本体は、系統連系のための工事が完了しなければ、物理的に発電した電力を本件送配電事業者の電力系統に供給することができず、本件電気事業者への売電による収益を上げることができない状態であったと認められるところ、本件発電システム本体に係る系統連系のための工事が完了して系統連系が行われたのは平成28年9月28日であり、本件事業年度の末日において、本件電気事業者へ売電していなかったのであるから、本件発電システム本体は、本件事業年度内にその属性に従ってその本来の目的のために使用を開始したとは認められない。」とし、本件発電システム本体を本件事業年度内に事業の用に供したとは認められないから、請求人が計上した普通償却限度額及び特別償却限度額の合計額を損金の額に算入することはできない旨の判断をしている。

(2) 本件フェンス等

　審判所は、「本件フェンス等は、平成28年3月28日に引渡しを受けているところ、当該引渡日から同年9月28日に系統連系が行われて売電を開始するまでの間も、本件発電システム本体への接触による感電等の事故、本件発電システム本体の盗難や毀損を避ける必要性があり、実際に本件フェンス等はその目的に沿った機能を発揮していたと認められる。」とし、当該引渡日から、その属性に従ってその本来の目的のために使用を開始され、本件事業年度内に事業の用に供したと認められるから、原処分庁の主張を退け、請求人が計上した普通償却限度額及び特別償却限度額の合計額を損金の額に算入することができる旨の判断をしている。

なお、本事案は、東京地裁令和2年1月17日（平成30年（行ウ）第534

号）の判決において、原告の請求が棄却され、裁決の判断が維持されている。

3　事実認定等による考察

　事業の用に供したと認められるためには、法令解釈に当てはめた場合「資産をその属性に従って本来の目的のために使用を開始した」ことを明らかにする必要がある。

　本件発電システム本体は、系統連系が行われた後、請求人が発電した全電力を売電していることから、収益を稼得することをその本来の目的とする設備であると認定されている。そして、収益を稼得するためには系統連系を完了することが必要であり、本件発電システム本体が引渡日に発電する能力を持っていたとしても、売電する前提が整っていなかったことから事業の用に供していることに繋がらなかったものである。

　仮に、本件発電システム本体の取得が、全電力を売電することのみを目的とせず、系統連系が行われるまでに本件発電システム本体により発電した電力を使用した事実が認められた場合、事業の用に供する目的として自社利用及び売電となるから、請求人の主張は受入れられていたと考えられる。

　他方、審判所は、本件フェンス等について、「外部からの侵入等を防止することにより本件発電システム本体を保護することをその属性に従ってその目的のために設置され、使用されたと認められ（中略）、本件発電システム本体と本件フェンス等は、物理的にも機能的にも一体とはいえないから、別個の減価償却資産であると認められる」とし、それぞれの資産の本来の目的を明らかにすることにより、事業の用に供した事実を認定しているものである。

　仮に、本件フェンス等が、本件発電システム本体と物理的にも機能的にも一体的な効用を有しているのであれば、本件発電システム本体を事

業の用に供した系統連系の完了したときに吸収されていたであろう。つまり、本件フェンス等は、本件発電システム本体の一環とし、構築物ではなく機械装置として整理されるということになる。このような認定は、本件では困難であるが、第4節減価償却資産の耐用年数等の論点において、考察することとする。

第2節　減価償却資産の範囲

　減価償却資産の範囲に関する裁決事例を抽出すると、多くは「営業権」の存否をめぐる争点で占められている。法人税法では、営業権を無形固定資産として規定し、定額法による減価償却（耐用年数5年）の対象資産となっているが、肝心な定義が明白になっていない。たとえば、福島地裁判決では、「営業権は、税法上の固有の概念ではないので、法人税法もこれについて直接規定をせず、一般に会計学や商法で用いている概念をそのまま使用しているが、会計学あるいは商法でいう営業権とは、のれん、しにせ権などともいわれているが、それは**債権、無体財産権に属せず、いわゆる法律上の権利ではなく、財産的価値のある事実関係であって**、既設の企業が、各種の有利な条件または特権の存在により他の同種企業のあげる通常の利潤よりも大きな収益を引続き確実にあげている場合、その**超過収益力の原因となるもの**をいい、その超過収益力の原因としては、既設企業の名声、立地条件、経営手腕、製造秘訣、特殊の取引関係または独占性などが考えられるが、営業権は、これらの諸原因、諸収益力を総合した概念であり、個々に分立した特権の単なる集合ではない。そして、**超過収益力の諸原因は、企業が設立されてから創立当時の試練を経て過失がなく若干年経過することにより外部的には社会的認識を得、内部的にも従業員の経験、熟練度が増し、経営組織が完備することにより自然に発生するものである[3]。**」旨判示されている。営業権の核として表現される超過収益力は、客観的交換価値に置き換える手段としての法則性がないところ、オンバランスにより営業権たる資産として認識されていることが一般的でないことも重なり、金銭的価値に

3　福島地判昭和46年4月26日【国税庁訴資Z 062-2725】アンダーライン等筆者加筆

142

直結する要素ではないもの、又は各要素の発生過程においてコスト化されているものであるから、各要素を数値化する指標として確固たる手段を見出すことができない。この点につき、同判決において、「**営業権は、その客観的価値を判断することが必ずしも容易ではないため、実際の売買にあたっては、売買当事者の経済力によりその決定が左右される**ことが多く、いわば**主観的価値をもって譲渡価格となされ、合理的な基礎に立って計算されるものとは限らない**から、譲渡価格をもって直ちにその客観的価値とすることはできないが、それにしても**客観的価値がその主たる要素となされることもまた否定できない**。したがって、**営業権の客観的価値を決定するには**、前述の営業権の発生原因にみられるように、**営業の超過収益力、その継続期間、移転性等を考慮すべきものである**。」としており、その真意として当事者間において合意成立した価額であるとしても、数理的根拠が皆無であることを許容しているものではない。これが関係会社間の取引による場合には、なおのことである。

　そして、営業権の評価等が曖昧なため、認識するべきか否かの段階で、税務リスクについて議論がなされることがある。たとえば、欠損事業の譲渡を前提とした場合、事業譲渡法人が営業権の対価を得ても青色欠損金の繰越控除によって課税が免れ、事業譲受法人が営業権を認識して減価償却費を損金の額に算入すれば実質が青色欠損金を引き継いだものと同様である旨の意見が発せられる。他方、所得事業の譲渡を前提とした場合、事業譲渡法人が営業権を認識しないと寄附金課税の対象になり、事業譲受法人が所得発生事業を無償で引き継いだのであれば営業権の贈与を受けたことと同様である旨の意見が述べられる。ならば、欠損事業の引き継ぎは営業権を認識せず、所得事業の引き継ぎは営業権を認識すれば良いとする思考となるが、そもそもこの観点における税務リスクへの懸念は、取引の本質から逸脱しているものと考えられる。私見ではあるが、事業譲渡は事業譲受法人が当該事業の価値を見出し引継ぐ目

的が前提にあり、事業譲渡法人において欠損事業又は所得事業のいずれ
であるかによって営業権の存在を否定するものではないが、取引が合意
成立するまでの価値認定の過程の中で結果として評価ゼロということも
あり得るという整理である。つまり、営業権に係る税務リスクは、経済
的メリットのない事業の引き継ぎを実施する取引について内在するもの
である。

　ところで、法人税法では、営業権に類するものとして、資産調整勘定
が規定されている。この資産調整勘定の金額とは、内国法人が非適格合
併等により被合併法人等から資産又は負債の移転を受けた場合におい
て、当該非適格合併等により交付した金銭の額及び金銭以外の資産が移
転を受けた資産及び負債の時価純資産価額を超えるときは、その超える
部分の金額のうち一定の部分の金額である旨規定している（法法62の
8、【資産調整勘定のイメージ】参照）。また、資産調整勘定が認識され
る非適格分割等は、譲受け法人のその非適格分割等の直前において行う
事業及びその事業に係る主要な資産又は負債のおおむね全部がその非適
格分割等に係る分割承継法人、被現物出資法人又は譲受け法人に移転を
するものに限定する等の制限や資産調整勘定の金額の調整規定が存して
いる（法令123の10、法規27の16）。これらのフィルターを通過して認識
された資産調整勘定は、当初計上額を60で除して計算した金額にその事
業年度の月数を乗じて計算した金額に相当する金額を減額しなければな
らないとし、言い換えれば5年間で均等強制消却をすることになる。

　なお、営業権と資産調整勘定は、取引発生事象が重なる時があり、営
業権の超過収益力をのれんと呼ばれていた経緯も考慮すると類似してい
ると言えるが、資産調整勘定が法定化していることからしても、混同す
ることなく各々別個の資産と考えるべきである。

　第2節では、裁決事例による営業権の認定事例等により、審判所の判
断過程から考察をする。

【資産調整勘定のイメージ】

〔移転貸借対照表〕

資　　　産	負　　　債		
	負債調整勘定 退職給与債務引受額 短期重要債務見込額		
		時価 純資産価額	非適格合併等 対価額
資産調整勘定 （正ののれん）			

退職給与債務引受額	被合併法人等から引き継ぎを受けた従業者につき退職給与債務引受けをした場合	その従業員に係る退職給付引当金額
短期重要債務見込額	被合併法人等から移転を受けた事業に係る将来の債務で、その履行が非適格合併等の日からおおむね３年以内に見込まれるものについて、その履行に係る負担の引き受けをした場合	その債務の額に相当する金額
負ののれん	非適格合併等対価額が移転を受けた資産及び負債の時価純資産価額に満たない場合	その満たない部分の金額

　近年M＆Aが活発に行われており、企業結合に関する会計基準では、組織再編によるのれんの取得原価について、受け入れた資産及び引き受けた負債に配分された純額を上回る場合、その超過額はのれんとして資産に計上し、20年以内のその効果の及ぶ期間にわたって、定額法その他の合理的な方法により規則的に償却することとしている[4]。資産調整勘定と会計上ののれんは、同視できるものとなっているが、資産調整勘定の認識や測定に制約があることを勘案すると、会計上ののれんの方が広い概念になると考えられる。

　また、企業評価の手法は、税務の世界では法人税基本通達9-1-14《市場有価証券等以外の株式の価額の特例》に定める財産評価基本通達178から189-7まで《取引相場のない株式の評価》の例によって算定した価額を一定の条件付で採用しているところ、一般的には取引当事者以外により算定されたDCF法（将来のフリーキャッシュフローを資本コストで割り引いた現在価値等）、マルチプル法（類似する上場会社の評価倍率を基にして評価する方法、主に評価会社のEBITDAを基礎にEBITDA倍率を乗ずる方法[5]）等を参考にして売買価額の参考数値としていることが多い。これは、のれんを企業評価に包含されているものと考えた場合、財産評価基本通達を条件付で採用することも理屈上可能であるが、時価純資産価額を超える部分の評価という点において、多様なM＆Aの形態に対して万能とはいえない[6]。そのためDCF法等が多く採用されていると思考するところ、税務の世界観では将来キャッシュ・フローの不確実性や割引率の恣意性介入の余地が消極論を誘引するが、明らかに各要素の算定をコントロールしていると認められるケースは別として、第三者の算定した評価の下で行う取引当事者によって合意成立した価額について容易に否定できるものではない。もちろん、同族会社と親族との取引は、特にナーバスなエビデンスを備えるため、財産評価基本通達の評価思考を尊重することになる。

4　企業会計基準第21号　企業結合に関する会計基準：31. 32. 47. 105. 等参照。

5　EBITDA（Earnings Before Interest and Taxs Depreciation and Amortization）とは、支払利息、税金、減価償却費、その他償却費用を控除する前の利益のことで、また、EBITDA倍率とは、類似会社の事業価値をEBITDAで除して計算した割合である。

6　法人税基本通達9-1-15《企業支配株式等の時価》でフォローされているといえるが、企業支配に係る対価の額が具体的に明らかになっていない。なお、同通達は、「法人の有する企業支配株式等の取得がその企業支配株式等の発行法人の企業支配をするためにされたものと認められるときは、当該企業支配株式等の価額は、当該株式等の通常の価額に企業支配に係る対価の額を加算した金額とする。」旨定めているものである。

《裁決事例の考察》

---

〔3〕 欠損会社である被合併法人が有していた航路権は営業権に該
当すると認定した事例（裁決事例集 No.11-29頁：昭和51年3
月27日裁決）

1　事案の概要

　本件は、Ａ・Ｂ間を自動車航送船により一般旅客定期航路事業を営む
請求人が、被合併法人Ｃを吸収合併するに際し、営業権191,667,561円
を計上し、本件事業年度に営業権の減価償却25,555,675円を損金の額に
算入して確定申告をしたところ、原処分庁が、請求人は利益の調整をは
かるため引継ぎすることのできない被合併法人の繰越欠損金を任意償却
のできる営業権として受入れたものと認められ、営業権の減価償却費は
損金の額に算入されないとして法人税の更正処分を行ったのに対し、請
求人が、被合併法人Ｃとの再三にわたる交渉の結果営業権を評価するこ
とに合意したものであるから減価償却費は損金の額に算入すべきである
として、原処分の全部の取消しを求めた事案である。

2　主要事実と法令解釈等への適合（全部取消し）

　審判所は、「請求人が被合併法人のＡ・Ｂ間の航路権を191,667,561円
と評価したことについては、①請求人は合併するに際して被合併法人と
折衝の結果、航路権の価額を上記金額に評価したこと、②この合併は、
運輸省の行政指導の趣旨に従い利害関係の相反する競争会社の合意の下
に行われたものであること、③合併によって過当競争が排除され、か
つ、経営が合理化された結果、合併の日を含む事業年度においては多額

の欠損であったところ、その翌事業年度においては14,241,133円の利益が生じていること等の諸事実に照らせば、この評価額を不相当とする理由は見出し得ない。」とし、請求人が合併に際し営業権191,667,561円を計上し、本件事業年度に営業権の減価償却費25,555,675円を損金に算入したことは相当であり、更正処分等は取り消すのが相当である旨の判断をしている。

3　事実認定等による考察

　本件は、旧法人税法適用化の合併に伴う営業権の認識有無であるところ、現行法に照らすと非適格合併等に係る営業権が独立取引営業権[7]に該当するか否か、また、独立取引営業権の評価に係る先行事例として、その判断過程を検討する意義を見出すことができる。つまり、非適格合併等に係る課税問題は、被合併法人等の立場では独立取引営業権の認識をしないことで寄附金課税の問題に派生する余地があることに対して、合併法人等の立場では独立取引営業権を認識することで資産調整勘定の償却を通じて、事実上被合併法人等の累積欠損金が引き継がれたことと同様の効果を得ることになるから、独立取引営業権を認識するか否かによる論点が、当事者いずれかの論点として浮上することが考えられるからである。もっとも、独立取引営業権は、独立した資産として取引される慣習が求められていることから、公的な登録等があれば取引されるべき資産の認識を明らかにすることもできるであろう。しかし、法人税法施行令第13条《減価償却資産の範囲》第1項第8号ワに規定する営業権の該当性は研究開発及び市場の開拓による通り過ぎてきた費用の累積が

7　非適格合併等とは、適格合併に該当しない合併、適格分割に該当しない分割、適格現物出資に該当しない現物出資又は事業譲渡に係る事業の譲受けをいう。また、独立取引営業権とは、営業権のうち独立した資産として取引される慣習のあるものをいい、資産調整勘定等を構成する言わば5年償却が可能な営業権をいう（法法62の8①④⑤、法令123の10①③）。

ノウハウ等の無形資産として収益力の柱になっていると認められる場合、取引上全く無視をすることができないと思われる。その理由の一つとして、M＆Aの場合、ＤＣＦ法に象徴されるインカム・アプローチにより事業価値評価を行う取引が多いことから、一般的にのれんが事業評価を通じて認識されていることからも説得的であろう。

　本件は、被合併法人Ｃが、設立来の累積欠損金が191,667,561円に及んでいたほか、不良資産を保有している状態にあったところ、請求人が、累積欠損金と同額の営業権191,667,561円を認識して減価償却費を損金の額に算入していることに着目すれば、原処分庁の更正処分の端緒となることは明らかである。

　一方、請求人の合併の背景として、合併に至る根源には、請求人が、Ｅ株式会社からＡ・Ｂ間の一般旅客定期航路事業と就航船２隻を譲り受けると共に、その就航船を大型自動車航送船に切り換え、将来はフェリーボートのみによってこの航路を経営すべく昭和45年８月事業譲受の認可、昭和46年２月事業計画変更の認可を運輸大臣に申請したところ、昭和45年５月13日設立された被合併法人Ｃが、Ａ・Ｂ間に自動車航送船による一般旅客定期航路事業を開始すべく設立直後事業免許を運輸大臣に申請したことから、請求人及び被合併法人Ｃの各申請が競願するところとなったことに端を発している。請求人は、運輸審議会に対し公聴会の開催を申請し意見を述べていたが、当該競願された各申請が承認され、請求人が懸念していた被合併法人Ｃとの過当競争におちいり、業績は極めて低調に推移していった。そこで、請求人は、被合併法人Ｃと再々合併交渉を重ねたが被合併法人Ｃの営業権の評価について折合がつくことはなかった。このような事態を憂慮した運輸省は、①請求人と被合併法人は対等合併にふみ切って、体質の強化合理化をすすめるべきであり、②第三者は両社の合併に介入すべきでない旨の行政指導を行ったものである。一連の騒動の決着は、行政機関が介入したことにより、請求人及

び被合併法人Ｃが、被合併法人の営業権を191,667,561円とすることに合意し、運輸省の行政指導の趣旨に従い、昭和47年 8 月 1 日の合併により収束したというものである。

そして、審判所は、「海上運送法による事業免許は一定の免許基準による審査の上運輸審議会の議を経て運輸大臣が免許の可否を決定するのであって、厳格な規制に基づき事業を営む権利が取得されるものであることを考慮すれば、免許を受けた一定の航路において、一般旅客定期航路事業を営む権利（航路権）に固有の経済的価値があるということができるから、そこに営業権の存在を認め、航路権の取得に要した費用について、営業権の対価として取扱うのが相当である。」旨の判断に至っている。

さて、営業権が認められた要素は、本事例から考察できることとして、①合併当事者間の合意成立に第三者機関が介入していること、②合併により引き継がれた事業には一定の経済的価値が認識されたこと、③合併による事業の引き継ぎにより経営の合理化が図られ利益の発生が見込まれること等であると考えられる。①は、本件が運輸省であり事案としての特異性があることを否めないものの、第三者である専門機関から同業類似法人の類似事例との比較検証により、数値分析を含めた鑑定意見書等を入手することは可能であること、また、当該意見書等において、②の経済的価値及び③の将来予測利益の客観性が担保できると考えられることから、それを不合理と言えるだけの要素を簡単に見出すことはできないであろう。逆に言えば、これら三つの要素が認識できないのであれば、営業権の認識をすべきではないと考えられる。ただし、この三つの要素のみに依拠することで十分かという問題提起に対しては、本事例の特殊性を捨象し切れていないと答えねばならないが、一つのメルクマールとしての意義は認めても良いのではなかろうか。

《裁決事例の考察》

> 〔4〕欠損会社から有償取得した営業権の償却費について損金算入
>   を認めた事例（裁決事例集 No.18-67頁：昭和54年 7 月13日裁
>   決）

1 事案の概要

　本件は、設立第 1 期において、 A 社から事業を譲り受けた電気工事業
を営む請求人が、 A 社（事業譲渡後に解散している。）から取得した営
業権について、償却費として損金経理をした金額14,000,000円を損金の
額に算入して確定申告をしたところ、原処分庁が、 A 社に超過収益力の
存在を認めることはできず、また、請求人が A 社から事業譲渡を受ける
に当って、営業権を有償で取得したという事実も認められないことか
ら、請求人が営業権の償却費として損金経理した金額14,000,000円は損
金の額に算入されないとして法人税の更正処分を行ったのに対し、請求
人が、現時点で A 社が赤字会社であるからといって、直ちに経営内容不
良あるいは営業権が存在しないとするのは失当であるから償却費は損金
の額に算入すべきであるとして、原処分の全部の取消しを求めた事案で
ある。

2 主要事実と法令解釈等への適合（全部取消し）

　審判所は、「請求人が、 A 社の事業を譲り受けて設立した直後から、
B 社の下請業者の中でも第 1 位の下請工事の量を受注し相当の業績をあ
げているところ、 A 社が B 社との取引関係を構築するため特別の費用を
投じてきたことによる評価として、 B 社から得てきた施工能力等に対す

る信用度を請求人が引継いだことに基因すると認められ、かつ、当該信用度が、正に営業権として他の業者にまさる地位を保障しているものと認められる。」として、請求人がＡ社から営業権を取得し償却費として損金経理した計算を認めるのが相当であるから、更正処分はその全部を取り消すのが相当である旨の判断をしている。

なお、審判所は、要旨「原処分庁が、請求人が設立第 1 期において、営業権の取得価額を帳簿に記載していないことを営業権の償却費の損金算入を認めないことの理由の一つとして主張していることについて、Ａ社の代表者Ｆの答述により請求人に対し事業譲渡をする段階で既に営業権の譲渡代金を回収する意志のあったことが認められるところ、請求人がＡ社から事業譲渡を受けた時に、譲り受けた営業権に係る債務が成立していたというべきであり、請求人自体において営業権の取引代価を見積ることは困難であることから、その時点でこれを見積計上せず、Ａ社における金額の確定を待って設立第 2 期において計上したこともやむを得ないと認められる。」として、請求人がＡ社から事業譲渡を受けるに当って、営業権を取得している事実を認定し原処分庁の主張を排斥している。

3　事実認定等による考察

原処分庁は、更正処分を適法とする主張において、法人税法上定義規定の存しない営業権に対して「営業権とは、一般的にはその企業が他の同種企業の平均収益力を超えるいわゆる超過収益力を有する無形の財産的価値であると解され、この超過収益力の要因としては、当該企業の長年にわたる伝統と社会的信用、立地条件、特殊の製造技術及び特殊の取引関係の存在並びにそれらの独占性、生産設備、技術及び人的組織面の優秀性等の諸条件が総合一体として他の企業を上回る企業収益を産出する場合に、その超過収益力の存在が認められるものと解される。」旨の

法令解釈を大前提としている。

　また、営業権の存否を巡る裁判例は多く、本裁決より以前の裁判例でも「営業権は、税法上の固有の概念ではないので、法人税法もこれについて直接規定をせず、一般に会計学や商法で用いている概念をそのまま使用しているが、会計学あるいは商法でいう営業権とは、のれん、しにせ権などともいわれているが、それは**債権、無体財産権に属せず、いわゆる法律上の権利ではなく、財産的価値のある事実関係であって、**既設の企業が、各種の有利な条件または特権の存在により他の同種企業のあげる通常の利潤よりも大きな収益を引続き確実にあげている場合、その**超過収益力の原因となるもの**をいい、その超過収益力の原因としては、既設企業の名声、立地条件、経営手腕、製造秘訣、特殊の取引関係または独占性などが考えられるが、営業権は、これらの諸原因、諸収益力を総合した概念であり、個々に分立した特権の単なる集合ではない。そして、**超過収益力の諸原因は、企業が設立されてから創立当時の試練を経て過失がなく若干年経過することにより外部的には社会的認識を得、内部的にも従業員の経験、熟練度が増し、経営組織が完備することにより自然に発生するものである。**」[8]旨の法令解釈が示されている等、事実認定において参考とすべきものである。

　審判所は、請求人がＡ社の事業を譲り受けるに当たり、欠損会社であるＡ社について、「累積赤字の発生が販路開拓のための開発費の投下等に基づく場合にはむしろ累積赤字そのものが営業権の存在を証明するとさえ考えられないこともない。」とする請求人の主張に対して、直接応えるような判断を示してはいないが、請求人が営業権の価額を14,000,000円であると算定したことについて、審判所が営業権を取得したことを認め、その価額も否定する積極的な理由が見当らない旨の判断

8　福島地判昭和46年4月26日・昭和41年（行ウ）第29号・国税庁訴資Ｚ062-2725（アンダーライン等筆者加筆）

をしている。この判断には、事業譲渡時に欠損会社であっても、超過収益力を有する蓋然性が認められれば営業権が存在しないと断定するものでなく、営業権の評価額について相応の根拠を有し、原処分庁がその評価額の不合理性を主張しても裏付けがなければ、否定されるものではないと考えられる。このように評価額の客観性があることを断定しない判断は、前述の判決を引用すると、「**営業権は、**その客観的価値を判断することが必ずしも容易ではないため、実際の売買にあたっては、**売買当事者の経済力によりその決定が左右される**ことが多く、いわば**主観的価値をもって譲渡価格となされ、合理的な基礎に立って計算されるものとは限らない**から、譲渡価格をもって直ちにその客観的価値とすることはできないが、それにしても**客観的価値がその主たる要素となされることもまた否定できない。**したがって、**営業権の客観的価値を決定するには、**前述の営業権の発生原因にみられるように、**営業の超過収益力、その継続期間、移転性等を考慮すべきものである。**（再掲）」旨示されていることからも、取引実態を考慮した指針を示したものといえよう。

　なお、本事例において、営業権の価額14,000,000円と算定するに当って根拠とした考え方は、①A社がB社の下請業者になってから、自己の施工工事の約7割程度を同社の工事に依存しており、自己の施工能力をB社からの下請工事に集中できるよう他の一般の工事の受注を最小限に押えてきたこと、②D社の第2高炉建設に際して、B社から同社がD社から受注しようとする工事について予算見積り及び設計見積りを依頼され、その第2高炉関係のB社からの工事下請を有利にするためいわゆる採算を度外視してその見積計算を引受けたこと、③B社及びこれに対する主要な工事発注者であるD社の工事関係者らと、常に緊密な関係を維持するための会合を機会あるごとに行ってきたこと、④B社に対し車両を賃貸したが、同社との関係を密接にし、併せて今後の工事下請を有利に導くためその賃貸料を低額に押えてきたこと等により、特別に投下し

た費用およそ14,000,000円と見積り、これを営業権の価額としたもので
ある。これによると、①以外の②ないし④は計数的な根拠を示すことが
できるであろうし、また、A社にとってB社との取引関係の構築はB社
の下請業者の中でも第1位の下請工事の量を受注し相当の業績をあげて
いることからしても、超過収益力の象徴である事実を客観的に認識する
ことができるものといえよう。

《裁決事例の考察》

〔5〕　営業店舗の賃借権の譲受価額には営業権に相当する額が含ま
　　　れていないとした事例（裁決事例集 No.24-75頁：昭和57年7
　　　月13日裁決）

1　事案の概要

　本件は、婦人服の販売業を営む請求人が、Ａビル店舗を賃借する際、
前賃借人から取得したＡビル営業権の取得価額11,121,250円について、
営業権の減価償却費を損金の額に算入して確定申告をしたところ、原処
分庁が、請求人がＡビル営業権として計上した11,121,250円は繰延資産
に該当するから、請求人が営業権の減価償却費として計上した金額のう
ち繰延資産の償却限度額を超える部分の金額は損金の額に算入されない
として法人税の更正処分を行ったのに対し、請求人が、前賃借人の得意
先及びＡビル店舗における多年にわたる婦人服販売の事業活動から生ず
る営業価値を信じて取得したものであるから営業権の減価償却費は損金
の額に算入すべきであるとして、原処分の全部の取消しを求めた事案で
ある。

2　主要事実と法令解釈等への適合（請求棄却）

　営業権は、無形固定資産の一つとして規定されているが、その本質に
ついて何ら明確な定義が規定されていないところ、会計学や商法で用
いられている概念をそのまま使用していることから、法人税法第22条
《各事業年度の所得の金額の計算》第4項の規定により、一般に公正妥
当と認められる会計処理の基準に従って計算することとなる。また、審

判所は、「一般的に営業権とは、ある企業が同種の事業を営む他の企業が稼得している通常の収益（いわゆる平均収益）よりも大きな収益、つまり、**超過収益を稼得できる無形の財産的価値を有している事実関係であ**ると解されている。そして、この**超過収益力を生ずる要因としては、当該企業の長年にわたる伝統と社会的信用、立地条件、特殊の商品の販売、特殊の製造技術及び取引関係の存在並びにそれらの独占性等の多様な諸条件が考えられ、これらを総合包括して他の企業を上回る企業収益を稼得する場合**において超過収益を得る力、すなわち、**営業権の存在が認められる**とされている。」旨の法令解釈を示している（アンダーライン等筆者加筆）。

そして、審判所は、前賃借人には上記法令解釈の超過収益力を生ずる要因は認められず、かつ、前賃借人の事業をそのまま引き受けた事業譲渡とは到底認められないとし、また、譲渡代金24,500,000円から敷金の額及び保証金の額を控除した残額に、本件取引に係る手数料を加算した金額22,242,500円は、法人税法施行令第14条第1項第9号ロに規定する「資産を賃借し又は使用するために支出する権利金、立ちのき料その他の費用」に適合するから繰延資産に該当するとして、安全性の原則に従って同金額を権利金と営業権とに折半し営業権として算出した部分に係る減価償却費を損金の額に算入すべきである旨の請求人の審査請求を棄却している。

3　事実認定等による考察

審判所は、上記2の法令解釈を大前提とし、次に掲げる事実を当てはめて、営業権がない旨の判断を行っている。

【営業権有無の判断上の事実】

(1)　前賃借人は、昭和50年9月にAビル店舗を主たる営業店舗として婦人服の販売を開業したところ、昭和52年8月に主たる営業店舗を立地条件の有利なB市に移転しながらも、一部はAビル店舗において営業を継続していたが、主たる営業店舗を移転したことからAビル店舗は手不足となり、昭和52年末ころにはほぼ閉店状態に陥り、昭和53年2月14日付で請求人と代表者を同じくするF社とAビル店舗賃借権の譲渡に関する覚書を取り交わしAビル店舗賃借権をF社に譲渡した。

　　なお、有限会社FがAビル店舗賃借権を取得したのに、請求人がこれを取得したと認定したことについては、本件覚書の効果が最終的に請求人に帰属している等として、当事者双方に争いのないこと等の理由によるものである。

(2)　前賃借人のAビル店舗における取扱商品は、イタリヤ製等の輸入品で超高級品を主体とした婦人服であり、特殊な取引関係の存在が認められ、一方、請求人は前賃借人とは異質のファッション性の高い、いわゆるブランド商品の販売を新たに開設したものであり、その銘柄等は前賃借人の取扱商品と全く異なっているところから、請求人への仕入先関係及び商品の引継ぎは全くなされておらず、したがって、品質等の点で同一性は認められない。

(3)　前賃借人の従業員等の引継ぎは、全くなされていない。

(4)　請求人は、自己が新たに開業した婦人服の販売の営業期間はわずか2年に満たずして、昭和55年3月をもって婦人服の販売を紳士服の販売に変更している。

(5)　請求人と所有者であるD社との間で、昭和53年2月21日付で契約したAビル店舗の賃貸借契約書の記載内容によれば、Aビル店舗の賃借条件は、前賃借人の賃借条件と何ら変わっていない。

(6)　本件覚書の記載内容によれば、第1条に「店舗明渡し（営業権）の総額・・・」とあり、かっこ書に営業権という字句は認められるものの、当事者間の譲渡価額の計算においては、Aビル営業権について何ら積極的な評価をしていない。

　Aビルにおける事業には、(1)の事実から「立地条件」の優位性は認められず、(2)によると「特殊の商品の販売」を承継している事実もなく、(3)ないし(5)により「長年にわたる伝統と社会的信用」が構築されていないと解されることから、本件覚書に記載された（営業権）という字句の

みの事実では、超過収益力を生ずる要因を見出すことができない。

　本件は、請求人とＡビルの前賃借人との間において、婦人服の販売業という業種の同一性は認められるものの、同じ場所で異なる法人が同様の事業を営んでいること以上の事実が認識できないことが結論に直結しているように思われる。営業権の認識は、同店舗における事実上賃貸借関係の承継のみでは繰延資産の枠を脱却することが困難であり、超過収益力の有無を検討するに当たり、少なくとも前賃借人との間において事業譲渡等の取引を伴うことが前提として必要となろう。

《裁決事例の考察》

> 〔6〕 パチンコ遊技場経営に供されていた土地、建物の取得におい
> て営業権の取得があったとは認められないとした事例（裁決事
> 例集 No.30-101頁：昭和60年 7 月11日裁決）

1　事案の概要

　本件は、不動産業及びパチンコ遊戯場業を営む同族会社である請求人
が、 A社から本件土地及び建物並びに本件建物において営まれていたパ
チンコ遊戯場業に係る営業権の購入の対価691,500,000円のうち
80,000,000円は営業権購入の代価であるとして、営業権の減価償却費
35,000,000円を損金の額に算入して確定申告をしたところ、原処分庁
が、請求人は営業権の算定の根拠となるべき諸要素について何ら具体的
な主張をしない等から、請求人が営業権の減価償却費として計上した金
額は損金の額に算入されないとして法人税の更正処分等を行ったのに対
し、請求人が、不動産売買契約に係る契約書の第11条《特約条項》及び
A社から受領した80,000,000円の領収証には本件営業権の購入の代価で
ある旨明記されているのであるから、営業権の減価償却費は損金の額に
算入すべきであるとして、原処分の一部の取消しを求めた事案である。

2　主要事実と法令解釈等への適合（請求棄却）

　審判所は、請求人が本件土地及び建物に係るF店をA社から譲り受け
パチンコ遊戯場を営業しているものの、A社から、①パチンコ遊戯場の
商号を引き継いでいないこと、②パチンコ器を引き継いでいないこと、
③不特定多数であるところの顧客を除き、その取引先を引き継いでいな

いこと、及び④使用人を引き継いでいないことから、F店の営業をその
まま引き受けたものの、営業権の存在が認められず、かつ、事業譲渡が
あったとも認められないとして、営業権に係る減価償却費の額
35,000,000円を損金の額に算入すべきである旨の請求人の審査請求を棄
却している。

また、審判所は、請求人が、営業権がA社との契約には取引の対象に
されていなかったにもかかわらず、故意に本件領収証を発行させた上、
請求人が所持する本件契約書に営業権が存在するかのように特約条項と
して記載させ、営業権の取得の事実に基づかない契約書を基として営業
権を資産勘定に計上し、減価償却費の額35,000,000円を損金の額に算入
して法人税の確定申告書を提出していることを認定したところ、請求人
のこれらの行為が、国税通則法第68条第1項に規定する課税標準又は税
額の計算の基礎となる事実の全部又は一部を隠ぺいし、又は仮装し、そ
の隠ぺいし、又は仮装したところに基づいて、納税申告書を提出したこ
とに該当することから、原処分庁が、これらの行為に係る部分の税額に
対し課される過少申告加算税に代えて重加算税を賦課決定した処分は相
当である旨の判断をしている。

3 事実認定等による考察

審判所は、「超過収益力を生ずる要因として、①企業の名声、伝統、
②社会的信用、③立地条件、④特殊な取引関係、⑤独占性、⑥営業上の
秘訣、⑦経営手腕、⑧経営組織等が考えられる」とし、「営業権の取得
があったものと認められるためには、このような財産的価値ある事実関
係が存在し、かつ、それが営業の譲渡等営業の一括移転に伴ってその譲
受人に移転したものと客観的に認められることが必要である。」旨の判
断基準を示している。この審判所の判断基準は、本裁決以前から裁判事
例等で示されてきているものであり、営業権の存在を主張するための基

礎とすべきものといえる。

　請求人は、超過収益力が生ずる要因として、A社のパチンコ遊戯場F店で働いていたマネージャー夫婦及び釘師夫婦を引き継いでいることを除いて、営業権の取得を契約書と領収証の記載があることを主張の柱としている。確かに、パチンコ遊戯場という業態から幹部や釘師を引き継いでいることは、上記⑥営業上の秘訣及び⑧経営組織の承継を認識できるとしても、その事実のみをもって営業権の取得があったとするには事実関係の主張としてやや不十分であったと考えられる。

　また、審判所は、次のとおり本件土地及び建物に係る売買の仲介をA社から依頼されたL社の代表取締役M、A社の常務取締役D及び請求人の代表取締役Nの答述から、請求人の主張による契約書と領収証の記載及び営業権の取得経緯の事実を認定している。

【取引関係者の答述要旨】

売買を仲介したL社代表取締役Mの答述	(1)　昭和57年6月5日に作成された本件契約書は、当時L社の常務取締役Oが2枚複写で作成し、上の契約書を請求人が下の契約書をA社がそれぞれ所持している。
	(2)　本件契約の締結に際し、請求人の代表取締役Nは、A社に対し、購入希望価額と本件購入代価との差額を営業権の対価としてくれるよう申し入れたが、**A社の代表取締役Eは、営業権は存在しないとしてその申入れを拒否した。**
	(3)　請求人の代表取締役Nから、**A社には迷惑をかけないから便宜本件営業権の対価について契約書に記載して欲しいとの依頼があった**ことから、A社は、請求人の所持する本件契約書へのその記載を認めた。 　これにより、営業権に関する契約書への記載は、売買を仲介したL社の常務取締役Oが行った。なお、**L社は、請求人及びA社が所持するそれぞれの本件契約書の写しを所持している。**

162

A社常務取締役Dの答述	A社の常務取締役Dは、請求人の代表取締役Nから、「A社さんには迷惑をかけないから残代金の領収証を80,000,000円と511,500,000円との2枚とし、80,000,000円の領収証には営業権の対価である旨明記して欲しい。更に、本件契約書にも営業権について記載して欲しい。」と頼まれ、代金の授受も完了しており、本件領収証に係る収入印紙を請求人が用意してくれたこともあって、**深く考えることなく本件領収証を作成のうえ交付し、請求人が所持する本件契約書に営業権に関し記載することを了承したが、A社が所持する本件契約書に記載することは拒絶した。**
請求人の代表取締役Nの答述	請求人の代表取締役Nは、本件領収証はA社が作成したものであり、本件領収証に係る収入印紙20,000円は請求人が用意した。
売買を仲介したL社代表取締役Mの答述	請求人の所持する本件契約書の写しには営業権に関する記載があり、そこに「買主の希望により記入す」と鉛筆書きがされているのは、**当初記載がなかった営業権について請求人の強い要望により請求人が所持する本件契約書のみに記載することになったので、将来何か問題が発生することを危ぐして、請求人がA社に対し「A社さんには迷惑をかけないから記載して欲しい。」と頼んだいきさつを明確にしておくために本件契約書の写しを作成し、当該鉛筆書きをした。**

　本件土地及び建物売買は、当事者である請求人とA社のほかに、不動産の仲介業者であるL社の存在が有り、その代表取締役Mの答述において、A社が営業権の存在を否定していること、また、請求人が主張する契約書の営業権の記載が請求人の保有する契約書のみであったことの経緯について、赤裸々に物語られている。売買を仲介したL社代表取締役Mの答述は、信憑性が高いものといえ、さらに、A社常務取締役Dが自社の所有する契約書に営業権に関する記載を拒絶したことから、審判所が営業権の不存在及び請求人の取引の仮装による重加算税の認定にあまり有る事実として捉えられたものといえよう。

　これらの答述による事実認定は、審判所の職権調査により収集した質

間調書等によるものと解され、契約書の記載事項等が証拠力として高い
ものだとしても、審判所自ら実態の解明をするため調査審理を行い証拠
収集をしていることを象徴する事案といえる。その一方で、取引関係者
からの事実関係の聞き取りは、納税者の権利救済機関である審判所が、
どのような経緯により請求人に不利益となる答述を得ることになったの
かが論点となるから、少なくとも審判所による職権調査の目的が、原処
分庁における税務調査の段階で収集した証拠の確認等であることが必要
となろう。

164

《裁決事例の考察》

〔7〕 外国のオークションを通じて購入した本件テーブル等は、時
の経過により価値が減少する資産に当たるとした事例（裁決事
例集 No.42-102頁：平成 3 年12月18日裁決）

1 事案の概要

　本件は、不動産賃貸業及び美術品販売業を営む同族会社である請求人
が、 A社に依頼し、米国B社及び英国B社が主催するオークションでテ
ーブル 3 脚及び電気スタンド 8 台の本件資産を総額72,230,000円で取得
し什器備品に計上するとともに、本件各事業年度において減価償却費を
損金の額に算入して確定申告をしたところ、原処分庁が、本件資産は複
製品のようなものではなく芸術性及び稀少価値の極めて高い工芸品であ
るところ、時の経過によりその価値が減少しないものであることから、
法人税法上の減価償却資産に該当せず、本件資産に係る減価償却費を損
金の額に算入することはできないとして法人税の各更正処分等を行った
のに対し、請求人が、 P税関長は美術、工芸品とは認めず、単なる家具
として物品税を課税したことから、同じ国税である法人税も物品税の見
解に従って、単なる家具と認め減価償却費は損金の額に算入すべきであ
るとして、原処分の全部の取消しを求めた事案である。

2 主要事実と法令解釈等への適合（全部取消し）

　法人税法施行令第13条《減価償却資産の範囲》では、減価償却資産か
ら除かれるものとして、事業の用に供していないもの及び時の経過によ
りその価値が減少しないものと規定している。このうち時の経過により

その価値が減少しないものとは、①古美術品、古文書、出土品、遺物等のように歴史的価値又は稀少価値を有し代替性のないもの、②美術関係の年鑑等に登載されている作者の制作に係る書画、彫刻、工芸品等に該当するものと解される。

　審判所は、これら法令の規定及び通達の定めに合理性を認め、①について、本件資産は限定して制作されたものでなく鋳造品であるため、本件資産と同種のものは今後も製作することが可能であることから、代替性があり時の経過により価値が減少しないと認定できるほどの稀少価値はないとし、また、②について、本件資産を制作したD男は、R装飾美術館長により作品集の形で紹介され、かつ、その作品が同館において展示された事実があるとしても、美術関係の年鑑等に登載された作者に該当するとは認定できないから、時の経過によりその価値が減少しないものとは認められず、減価償却資産として償却費を損金の額に算入した計算を認めるのが相当であるから、更正処分等はその全部を取り消すのが相当である旨の判断をしている。

3　事実認定等による考察

　審判所は、請求人の答述並びに審判所が原処分関係資料、英国B社の日本支社及び本件資産の使用状況を調査したことにより、次の事実を認定している。

【審判所の事実認定要旨】

原処分庁又は請求人の主張	審判所の認定事実
(1) 原処分庁は、米国B社及び英国B社のことを、「美術品の専門業者で美術品競売業者」と主張している。	(1) 米国B社及び英国B社は、美術品以外の物品も取り扱っており、また、両社が主催するオークションに出品されるものを紹介したオークションカタログには、本件資産を紹介した同カタログによると作品数の記載がなく、本件資産は作品数が限定されているものではないこと。
(2) 本件資産が美術、工芸品に該当せず、単なる家具であること等の請求人の主張立証について	(2) 請求人は、当審判所に評価委員による鑑定書写し及び米国B社副社長からの手紙の写し他手紙の写し3通を提出しており、この手紙の内容は、本件資産はC男のデザインを基にD男が家具として鋳造したもので作品数の限定されているものではないという趣旨となっていること。 　なお、請求人が主張するとおり、西洋美術辞典等には、D男は登載されていないこと。
(3) 本件資産は、一般の同種の資産と比較して極めて高額であるという原処分庁の主張について	(3) 本件資産の購入動機が、美術館としての事業の用に供する調度品としてのものであり、その美術館の調度品は、美術館の評価及びその展示物の品位を高めるため、例えば、特定作家の特定備品を展示物の背景として使用する必要があったこと。 　また、本件資産は、美術、工芸品として陳列又は収蔵しているのではなく、請求人の画廊において、インテリアオブジエ、事務用照明器具として、また、来客接待用のテーブルとして現実に使用されていること。

　上記(1)は、米国B社及び英国B社が「美術品の専門業者で美術品競売業者」であることの事実を否定し、本件資産が歴史的価値又は稀少価値を有し代替性のないことを認定している。

　また、請求人は、上記(2)のとおり、美術関係の年鑑等に登載されている作者の制作に係る書画、彫刻、工芸品等に該当しないことの裏付けとして、第三者の鑑定書及び手紙を積極的に提出する等、客観的かつ説得

的な証拠の提出が認められる。

　さらに、上記(3)において、原処分庁は、本件資産が一般の同種の資産に比べて著しく高額であることをもって、「時の経過によりその価値が減少しないもの」と主張していることに対して、審判所が美術品販売業を営む請求人の販売形態から事実認定を行っていることが考察できる。

　これらの事実によると、本件は、原処分庁が、本件資産が「時の経過によりその価値が減少しないもの」であることについて、具体的な立証が不十分であることにより取消しの要素になったことと認められるところ、そもそも本件資産が減価償却資産に該当しないものと考えることも頭をよぎるが、請求人が提示した上記(2)のエビデンスが取消しに導く大きな原動力になっていると評価できるものである。

　なお、法人税法と物品税法の取扱いが一致しなければならないとする請求人の主張について、法人税法では、物品税法を引用して書画骨とう等を定義していないことからすれば、請求人の独自の解釈であり採用されるものではない。

《裁決事例の考察》

---

〔8〕 一般貨物自動車運送事業の許可（青ナンバー権）を有する会
社の売買に関し、当該会社が存続し、営業していること等か
ら、買主に支払ったのは、会社の社員持分権の対価であって、
営業権の対価ではなく、その支払額につき営業権として減価償
却することはできないとした事例（裁決事例集 No.48-155頁：
平成6年10月17日裁決）

---

1 事案の概要

　本件は、地盤改良工事業を営む同族会社である請求人が、昭和59年9
月ころG社の代表取締役であるHとの間でG社が有していた一般貨物自
動車運送事業に係る運輸大臣の許可（以下「青ナンバー権」という。）
の売買契約が成立したため19,296,495円で取得し、平成3年3月期にお
いて、青ナンバー権に係る営業権の減価償却費として損金の額に算入し
て確定申告をしたところ、原処分庁が、請求人はG社の社員の持分のす
べてを取得したことにともない青ナンバー権を支配しているに過ぎない
から、G社の社員の持分の取得の対価として投資有価証券勘定に計上す
べきものであり、営業権の減価償却費を損金の額に算入することはでき
ないとして法人税の更正処分等を行ったのに対し、請求人が、青ナンバ
ー権を取得したことは法令の規定、行政官庁の指導による規制に基づく
登録、認可、許可、割当等の権利を取得する場合のその権利が営業権に
該当することは明らかであり、営業権の減価償却費は損金の額に算入す
べきであるとして、原処分の全部の取消しを求めた事案である。

2　主要事実と法令解釈等への適合（請求棄却）

　審判所は、貨物自動車運送事業法第30条の規定によれば、一般貨物自動車運送事業を譲り受ける場合、運輸大臣の認可を受けなければ効力を生じないとされているところ、「繊維工業における織機の登録権利、許可漁業の出漁権及びタクシー業のナンバー権等の法令の規定並びに行政官庁の指導等による規制に基づく登録、認可、許可及び割当等の事実上の権利を取得した場合のその取得のために要した費用も営業権に該当すると解される。」旨示している。ところが、請求人は、G社から青ナンバー権の買取りに関して運輸大臣の認可を受けた事実はなく、現在もG社が一般貨物自動車運送事業の免許を有し、運送事業を営み収益を計上していること、また、請求人がG社の出資金額の全部を保有し、かつ、請求人の代表取締役であるIがG社の代表取締役に就任した後、G社に対して、請求人が所有していた車両を売却し、請求人の運送事業に係る顧客を移管している事実が認められ、請求人が運送事業を営んでいる事実はない。これにより、審判所は、請求人が営業権を取得したとは認められない旨判断をしている。

　したがって、審判所は、請求人が、G社の社員の持分のすべてを取得したことにともないG社の支配権を得ただけであり、結果的に青ナンバー権を支配しているに過ぎないことから、請求人が営業権とした金額はG社の社員の持分の取得の対価を構成するから投資有価証券勘定に計上すべきものであるとして、営業権に係る減価償却費を損金の額に算入すべきである旨の請求人の審査請求を棄却している。

3　事実認定等による考察

　審判所は、原処分関係資料を調査したことにより、要旨、次の事実を認定している。この審判所が認定した事実により、請求人の営業権の認識目的を考察してみることとする。

(1) 請求人が原処分庁に提出した平成5年1月13日付の「営業権についての御回答」及び平成5年3月29日付の「営業権償却についての照会に対する御回答」	イ 請求人は、無許可でトラック運送業を営んでいたところ、昭和57年か昭和58年ころ、陸運局に摘発されたため、新規に許可申請の手続をしようとしたが、新規に運輸大臣の許可を受けることは、ほとんど見込みがないことが判明した。
	ロ K社の営業課員L氏の仲介でG社の青ナンバー権の売買契約が成立し、昭和59年10月ころ、本件買取価額に相当する支払手形60枚をL氏を通じてHに支払った。
	ハ G社の青ナンバー権の買い取りに当たっては、慣例により契約書は作成せず、本件買取価額も話し合いで決まった。
	ニ 請求人は、青ナンバー権を買い取った後、請求人の運送に係る顧客をG社に移管し、その後、請求人は建設業として事業を行っている。
(2) 請求人の会計処理	イ 買取価額の支払時から昭和62年3月期まで、買取価額を投資有価証券勘定に計上している。
	ロ 昭和63年3月期において、本件買取価額のうちG社の資本金に該当する9,000,000円を投資有価証券勘定に計上し、残額10,296,495円を営業権勘定に計上した。
	ハ 本件事業年度において、本件営業権を減価償却資産として、営業権償却科目で全額損金の額に算入している。

　上記(1)によると、請求人は、青ナンバー権を必要とするにもかかわらず、無許可で運送事業を行っていたのは、青ナンバー権を取得するための諸条件を充足することができなかったためであり、従前から青ナンバー権を取得したい意向は存していたのであろう。そこに、K社の営業課員L氏が登場し同氏が仲介したことにより、請求人の意向が実現してG社の青ナンバー権を取得することができたことから、請求人は取得後に運送事業をG社に移管して正式に同事業をスタートするに至っている。

　また、上記(2)の請求人の会計処理は、昭和62年3月期ではG社からの買取価額を投資有価証券勘定に計上していたが、昭和63年3月期におい

て買取価額のうち10,296,495円を営業権勘定に計上振り替え、営業権償却科目で全額損金の額に算入している。この点について、請求人は、青ナンバー権を取得した当時のＧ社について、運送用車両はもとより従業員もなく、事業を行っておらず、Ｇ社で唯一評価できるものは青ナンバー権であり、請求人が支払った対価の対象目的物はＧ社の有する青ナンバー権である旨主張している。

　これらの事実等によれば、請求人は、青ナンバー権を所有するＧ社を買収して、Ｇ社において運送事業を営む構想を有していたことが推認でき、その構想によるとＧ社持分全ての買収を通じて青ナンバー権の取得をすることが伏線にあり、一旦買取価額を投資有価証券勘定に計上していることからも、当初有価証券の取得の対価であると認識していたと考えられる。ところが、請求人は、翌事業年度において、何らかのきっかけにより事実上休眠状態であったＧ社の買取価額を再考したことにより、Ｇ社の資本金の額を超える部分の金額について、Ｇ社株式の取得を通じた青ナンバー権の取得の対価という整理から、青ナンバー権の取得部分を切り離して営業権として認識することに切り替えて、所得金額が生ずる事業年度まで償却費の損金計上を棚上げしたものと想定される。

　この請求人の会計処理の変遷は、当初Ｇ社の買収価額として高額となっている部分の金額（Ｇ社の資本金の額を超える部分の金額）を企業支配株式等の対価[9] という考えにより処理をしていながらも、翌期になり何らかの情報を得て青ナンバー権が法令の規定による権利であることから、請求人にも営業権が認識できるものと誤認をしたのではないだろう

9　法人税基本通達9-1-15《企業支配株式等の時価》は（脚注６）参照。なお、この場合における「企業支配株式等」とは、法人の特殊関係株主等（その法人の株主等（その法人が自己の株式又は出資を有する場合のその法人を除く。）及びその株主等と第４条《同族関係者の範囲》に規定する特殊の関係その他これに準ずる関係のある者をいう。）がその法人の発行済株式又は出資（その法人が有する自己の株式又は出資を除く。）の総数又は総額の100分の20以上に相当する数又は金額の株式又は出資を有する場合におけるその特殊関係株主等の有するその法人の株式又は出資をいう。

172

か。あるいは、上記(1)請求人の回答書ロには、K社の営業課員L氏の仲
介により、G社の青ナンバー権の売買契約が成立した旨の記載があった
ことから、同氏に対する資金の流れなどが不明瞭であることに何か理由
があることも考えられる。さらに、請求人は、青ナンバー権の取得条件
が厳しく、「新規に運輸大臣の許可を受けることは、ほとんど見込みが
ないことが判明した」と認めていながらも、単に買い取った権利であっ
ても償却することができると考えたのであれば、この急激な思考の転換
に対する矛盾の根源も不明瞭のままである。

　とはいえ、これらの事実が明白にならずとも、審判所の争点に対する
判断には影響がないことから、これ以上の事実を認定する必要性はなか
ったといえるのである。他方、単に請求人内部の税法に対する解釈の行
き違いにより生じたことであれば、再発防止のための配慮が必要となろ
う。

《裁決事例の考察》

〔9〕　パチンコ遊技場業を営んでいる会社の売買に関し、当該会社
の正味財産を超える金員を支払ったとしても、当該会社が存続
し自ら営業をしていること等から、買主が支払ったその全額が
当該会社の社員持分権の対価であって営業権の対価ではないこ
とから、その支払額について営業権の取得の対価として減価償
却をすることはできないとした事例（裁決事例集 No.52-98
頁：平成 8 年12月10日裁決）

1　事案の概要

　本件は、パチンコ遊枝場業を営む同族会社である請求人が、G 社の持
分11,000,000円及び許可営業であるパチンコ遊技場経営の権利
147,000,000円で譲り受け、当該権利は営業権に該当することから、営
業権に係る減価償却費7,350,000円を損金の額に算入して確定申告をし
たところ、原処分庁が、請求人は G 社の持分を譲り受けたものであり、
有価証券の取得価額を構成するものであるから、請求人が営業権の減価
償却費として計上した金額は損金の額に算入されないとして法人税の更
正処分等を行ったのに対し、請求人が、G 社に係る営業権は実質的には
請求人に帰属するものであり、営業権の減価償却費は損金の額に算入す
べきであるとして、原処分の全部の取消しを求めた事案である。

2 主要事実と法令解釈等への適合（請求棄却）

【審判所の認定事実等：営業権の取得の事実】

審判所の認定事実	審判所の評価
(1)-1 　G社は、パチンコ営業許可を受けて以来解散あるいは合併等の事実はなく、現在まで継続してパチンコ遊技場業を営みその事業に係る収益を計上し、法人税の確定申告書を所轄税務署に提出していること、また、パチンコ営業について、請求人が、新たにQ県公安委員会から営業の許可を受けた事実もなく、パチンコ営業に係る営業許可は請求人とは別法人であるG社が現に有していることは、請求人及び原処分庁ともに争いのないところである。	請求人が、将来の期待利益である超過収益力を得るためG社の営業権を取得し、自らの事業の用に供してパチンコ遊技場業を営んでいる事実は認められない。
(1)-2 　店舗の賃貸借契約は、G社とK社との間において継続しており、請求人が賃借している事実も認められない。	
(2) 　請求人は、G社の出資金額の全部を保有しており、代表取締役も請求人と同じMが平成4年11月20日に就任している事実は認められる。	仮に、出資金額の保有による利益が結果として請求人に生じたとしても、代表者が同一であることが営業権の取得の事実を立証するものでもない。
(3) 　請求人は、G社の店舗の所在地の立地条件等に超過収益力を認めながらも、請求人自ら、同所にパチンコ営業の許可を受け当該事業を主宰するためには、遊技台数の制限等の種々の制約があることからその方法を断念し、G社の出資金の譲受契約の方法によらざるを得なかったものと推察される。	このことは、請求人がG社の出資金の全部を保有することにより、結果として、G社の許可事業を請求人の支配下に置いたことにほかならないと判断するのが相当である。

　審判所は、上記(1)ないし(3)により、請求人が営業権を取得した事実がないことを認定し、請求人がG社の持分及びパチンコ遊技場経営の権利を取得するために支払った金員について、有価証券としてのG社の社員

の持分をパチンコ営業許可及び店舗賃借権等の現在価値を総合した実勢価額で評価し、取得した対価であると判断するのが相当であるとして、営業権に係る減価償却費を損金の額に算入すべきである旨の請求人の審査請求を棄却している。

3　事実認定等による考察

　本件において、審判所が採用している営業権の法令解釈は、「一般的に営業権とは、当該企業を構成する特有の名声、信用、営業上の秘訣、経営組織等が当該企業の下で有機的に結合された結果、超過収益力を生ずるに至った場合に、その企業を構成する物又は権利とは別個独立の財産的価値として評価を受くべき事実関係をいうものとされ、これは企業の活動中に創出され、法人の合併、他企業の買収のように営業の全部又は一部の包括的移転の際に実現するものと解される。」というものである。

　この法令解釈に即した請求人の主張は、G社の営業を譲り受けるために支払った金員が営業権に該当することについて、「G社の店舗の所在地が立地条件の良いP市駅前の繁華街に位置していることから、同市の他の地区の営業者に比べ、超過収益が得られる無形の財産的価値の見積金額であり、将来のG社の営業利益によって償却されるべき営業権の取得対価にほかならないのであって、時の経過とともに価値の下がるものである」という点である。この主張のみに依拠した場合、G社の店舗の立地条件が優れていることは伝わっても、その立地条件により超過収益力が生ずることの具体的な裏付けがないこと、また、一要素のみで超過収益力の存在を認めさせることは困難であることから、少なくとも営業上の秘訣及び経営組織等の観点において、別個独立の財産的価値を認識することができることを主張に基づき裏付けを提示しなければ、営業権の存在を認めることはできないだろう。

　ところで、法人の持分と営業権の同時取得は、別個独立した資産の移転として認識できるものだろうか。両資産の移転は、所有者の支配を離れて買手に移転することが前提となるから、持分の移転元は出資者、営業権の移転元は事業を行う法人という見方ができる。しかし、営業権は、法人に内在する無形の財産的価値であると表象するのであれば、持分の移転を前提にした場合、企業価値評価を通じて包含される資産といえ、そのように考えると持分の価額に含まれることになるから、移転元である出資者の持分の移転を通じて内包されているものといえよう。それでは、営業権という資産が単独で移転する取引を考えた場合、営業権の移転元の事業は実際に行っている法人の支配を離れることが前提となるから、非適格合併等に係る時価純資産価額に含まれる営業権の取得が独立取引営業権に該当するか否かの論点に着地すると整理することもできる。つまり、資産調整勘定は、時価純資産価額に営業権のうち独立した資産として取引される慣習のあるものが含まれるとしており、第三者間における非適格合併等に起因して営業権を認識しているのであればそのことをもって独立取引営業権として考えることもできよう（法令123の10③）。

　本事案に係る営業権は、前述の〔６〕と同視の論点として、持分の支配を通じて間接的な営業権の所有を実現することができたとしても、営業権の構成内容が超過収益力という表現で解釈されていることからすれば、少なくとも当該営業権に係る事業を売手が止めて買手が承継した上で実施をしていなければ、財産価値の移転があったことを認識することはできないだろう。

《裁決事例の考察》

---

〔10〕　工事移転のために支出した費用のうち、既存設備の移転費用
　　　　及び少額減価償却資産の取得費用は損金の額に算入されるとし
　　　　た事例（公表裁決事例：平成24年2月6日裁決）

1　事案の概要

　本件は、印刷業を営む請求人が、平成20年6月期において、工場移転
に伴い新工場の用に供するために賃借した建物にエレベーター工事、高
圧受電設備工事等を施し、その工事費用を雑損失として損金の額に算入
していたことについて、原処分庁が、当該工事費用は、減価償却資産の
取得価額に該当し損金の額に算入できないとして法人税の更正処分等を
行ったのに対し、請求人が、当該工事費用は、移転前の工場と同等の稼
動を可能とするための機能復旧工事に係る費用であり、その全額が損金
の額に算入されるべきであるなどとして、更正処分等の全部の取消しを
求めた事案である。

2　主要事実と法令解釈等への適合（争点1と3：請求棄却、争点2：
　　一部取消し）

　請求人は、本件旧工場から本件新工場への移転に伴い、本件旧工場の
賃貸人であるK社から本件解約金100,000,000円を受領し、本件新工場
に係る本件各工事の終了に合わせて本件旧工場で使用していた本件印刷
製本設備を移設するなどして事業を再開している。

178

【主要事実の変遷】

	請求人及び原処分庁の争いのない事実
従前	請求人は、a県d市e町○―○所在の建物の一部を賃借して本社事務所兼工場（以下「本件旧工場」という。）として使用していた。
平成19年11月6日付	請求人は、J社との間において、肩書地所在の建物（以下「本件新工場」という。）を賃貸借物件とし、当該建物を印刷・製本業事務所及び作業所として賃借する旨の建物賃貸借契約を締結した。
平成19年11月9日付	請求人は、本件旧工場の賃貸人であるK社との間において、賃貸借契約を同日付で合意解除し、請求人が賃貸借合意解約金の支払を受けることを条件に本件旧工場を明け渡す旨を約した賃貸借合意解約書を取り交わした。 なお、請求人に支払われる当該賃貸借合意解約金は100,000,000円（以下「本件解約金」という。）である。
平成19年11月16日	請求人は、本件解約金の一部の40,000,000円を受領した。
平成20年4月7日	請求人は、本件解約金の残金の60,000,000円を受領した。
請求人は、本件新工場において、請求人が本件旧工場で使用していた印刷設備及び製本設備（以下、これらの設備を併せて「本件印刷製本設備」という。）を移設するなどして本件旧工場と同様に稼動できるよう、本件各工事を行った。	
平成20年3月下旬頃	請求人は、本件各工事の終了に合わせて本件印刷製本設備を移設するなどして事業を再開した。
平成20年3月24日	請求人は、本店所在地を本件旧工場の所在地から肩書地に移転した。

(1) 争点1（本件各工事費用は、基本通達7-8-7[10] の定めにより修繕費等として損金の額に算入することができるか否か。）について

審判所は、法人税基本通達7-8-7の取扱いの趣旨について、「法人が、その有する固定資産について電波障害や騒音等による機能の低下があったことによりその原因者からその機能を復旧するための補償金

の交付を受けた場合において、その補償金をもってその交付の目的に
適合した固定資産の取得又は改良をしたときは、その補償金は収益と
される一方、その補償金で固定資産の取得をしたことになり、法人税
の課税関係が生じてしまうことになるが、法人がその有する固定資産
の通常の維持管理又は災害等によりき損した固定資産を原状回復する
ための費用が修繕費として損金算入が認められていることからする
と、かかる**電波障害や騒音等により機能低下した固定資産についてそ
の機能を従前の状態に復せしめるための費用支出は、たとえ外形上は
資本的支出に当たる資産の取得又は改良であったとしても、その固定
資産にとっては単なる修繕費又はこれに類する経費にすぎない**という
ことができ、このような考え方に立って、かかる場合に受ける**補償金
のうちその固定資産の機能復旧のために支出した部分の金額につき、
税務上は修繕費等として損金算入を認める**こととして、結果として課
税の生じないように定められているもの」であり、争点を検討するに
あたり大前提とすることの相当性を認めている（アンダーライン等筆
者加筆）。

　上記通達の趣旨による解釈に基づき、審判所は、本件解約金につい
て、本件旧工場の賃貸人からの立ち退き要請を受け、請求人がこれに
合意して本件旧工場に係る賃貸借契約を解約したことにより受領した
ものと認めるのが相当であり、法人税基本通達7-8-7に定める「固定
資産について電波障害、日照妨害、風害、騒音等による機能の低下が
あったことによりその原因者からその機能を復旧するための補償金の

10　法人税基本通達7-8-7《機能復旧補償金による固定資産の取得又は改良》は、法人
が、その有する固定資産について電波障害、日照妨害、風害、騒音等による機能の低下が
あったことによりその原因者からその機能を復旧するための補償金の交付を受けた場合に
おいて、当該補償金をもってその交付の目的に適合した固定資産の取得又は改良をしたと
きは、その取得又は改良に充てた補償金の額のうちその機能復旧のために支出したと認め
られる部分の金額に相当する金額は、修繕費等として損金の額に算入することができる旨
定めている。

180

交付を受けた場合」に当たらないこと、また、本件各工事費用は、高圧受電設備の設置、エレベーター設備の設置、その他機械設備等の移設のための改良等に係るものであり、機能の低下した固定資産を従前の状態に復せしめるために支出したものであるとも認められないから、基本通達7-8-7に定める「その機能復旧のために支出した」金額にも当たらないことから、修繕費等として損金の額に算入することはできない旨の判断をしている。

(2) 争点2（本件各工事費用は、建物、建物附属設備並びに機械及び装置として、その全額が減価償却資産の取得価額に該当し、本件事業年度の損金の額に算入されないこととなるか否か。また、本件各工事費用が減価償却資産の取得価額に該当する場合、法人税法施行令第133条[11] の規定により損金の額に算入されるべき金額があるか否か。）について

審判所は、減価償却資産の耐用年数等に関する省令及び耐用年数省令別表第一に係る法令解釈として、「建物は、例えば、工場用、飲食店用、店舗用等のように、建物の主要部分の構造と共にその用途ごとに区分された上で耐用年数が規定されており、**当該建物の耐用年数は、建物の用途に応じた一般的な内部造作が施設され一体として使用されることを想定して規定されている**と解されることから、減価償却資産の範囲について定めた法人税法施行令第13条第1号に規定する建物においても、建物本体と一体不可分の内部造作が含まれていると解

11　法人税法施行令第133条《少額の減価償却資産の取得価額の損金算入》は、内国法人がその事業の用に供した減価償却資産で、使用可能期間が1年未満であるもの又は取得価額が10万円未満であるものを有する場合において、その内国法人が当該資産の当該取得価額に相当する金額につきその事業の用に供した日の属する事業年度において損金経理をしたときは、その損金経理をした金額は、当該事業年度の所得の金額の計算上、損金の額に算入する旨規定している。

するのが相当である。」旨を示し、また、耐用年数通達1-1-3[12] の取扱いの趣旨として、「**賃借建物について自己の用に供するために造作が行われた場合**、その造作は、給排水又は衛生設備及びガス設備、エレベーター等の昇降機設備等の**建物附属設備に該当するものを除き、建物についてされたものであるから建物についての資本的支出になる**が、建物本体と造作とではその所有者が異なり、かつ、建物の耐用年数は、その建物の構造体を基礎として算定されていることから、その造作について建物の構造体を基礎として算定されている耐用年数を適用することは相当でなく、**建物についてされた造作の全てを一つの資産として、その所有者においてその造作全部を総合して耐用年数を見積もって、その見積もった耐用年数により減価償却資産の取得価額について償却をする**ことを定めたもの」とし、争点を検討するにあたり大前提とすることの相当性を認めている（アンダーライン等筆者加筆）。

　上記法令解釈等に基づき、審判所は、本件各工事費用について、次に掲げるとおり、工事内容の明細により、各減価償却資産に関連付けを行い資産の種類等に区分をして取得価額への配賦及び損金の額に算入すべき金額を認定している。

12　耐用年数の適用等に関する取扱通達（以下「耐用年数通達」という。）1-1-3《他人の建物に対する造作の耐用年数》は、法人が建物を賃借し自己の用に供するため造作した場合（現に使用している用途を他の用途に変えるために造作した場合を含む。）の造作に要した金額は、当該造作が、建物についてされたときは、当該建物の耐用年数、その造作の種類、用途、使用材質等を勘案して、合理的に見積もった耐用年数により、建物附属設備についてされたときは、当該建物附属設備の耐用年数により償却する旨定め、また、注書において、同一の建物（一の区画ごとに用途を異にしている場合には、同一の用途に属する部分）についてした造作は、その全てを一の資産として償却をするのであるから、その耐用年数は、その造作全部を総合して見積もることに留意する旨定めている。

182

【審判所が減価償却資産と認定した工事費用】

工事内容の明細		審判所の判断
解体工事	3-1の4　3階道路側壁面開口（**順号13の工事のため**）	
	3-1の5　外部スロープ一部解体（**順号10及び11の工事のため**）	
左官工事	3-1の10　入口段差解消	
	3-1の11　外部スロープ補修	
	3-1の12　1階間仕切、壁、床、天井補修	
サッシ工事	3-1の13　3階両開き建具（機械搬入用開口扉）	
	3-1の14　新規窓（順号13の機械搬入用開口扉用の窓）	
	3-1の15　2階〜4階既設窓部分防音サッシ6台	建物の内部造作工事であり、**建物**の取得価額とすることが相当である。
	3-1の16　2階〜4階既設窓部分格子6台（順号15のサッシ取付用）	
	3-1の17　設置工費（順号13から16の工事の共通費用）	
塗装工事	3-1の18　4階壁面塗装	
	3-1の19　4階天井塗装	
	3-1の20　1階〜3階床塗装（防塵塗装、ノンスリップ処理含む）	
	3-1の21　雑塗装	
内部仕上工事	3-1の22　5階壁クロス貼り	
	3-1の23　5階床タイル貼り	
3階仕切りその他工事	3-1の28　階間仕切りLGS下地、プラスターボード貼り（精密ルーム設置のため）	

	3-1の29　3階間仕切り塗装工事（精密ルーム設置のため）		
	3-1の30　3階間仕切り出入口アルミサッシ（精密ルーム設置のため）		
	3-1の31　各階の不要換気扇開口ふさぎ		
	3-1の32　5階上り框スロープ造作（エレベーター前の段差解消のため）		
	3-1の33　2階バルコニーアルミ手摺脱着用改修（手摺を取り外し可能に改修）		
	3-1の36　外部コンクリート土間切下げ左官補修（順号10及び11の追加工事）		
給排水設備工事	3-1の24　4階給湯用ミニキッチンから		給排水設備工事であり、建物附属設備の**給排水又は衛生設備及びガス設備**の取得価額とすることが相当である。
	3-1の25　1階〜3階部品洗浄用流し台		
	3-1の26　配管工費（順号24及び25の工事の共通費用）		
4階トイレ改修工事	3-1の37　4階トイレ改修工事（和式から洋式に変更）		
エレベーター工事	3-1の27　エレベーター1基		エレベーター設置工事であり、**建物附属設備の昇降機設備**のエレベーターの取得価額とすることが相当である。
3階仕切りその他工事	3-1の34　エレベーター延長式取付（エレベーター開放用ボタン）		
	3-1の35　エレベーター内壁養生シート（エレベーター内の汚れ防止のため）		

高圧引込設備工事	3-2の1から13まで「高圧ケーブル、電線、電線管及び付属品」、「高圧キュービクル」、「高圧キャビネット用架台」、「ＵＧＳ内臓ＶＴ」、「端末処理材、接地銅版、補助アース棒、リード端子及び接地材料」、「重量運搬費」、「掘削工事」、「耐圧試験費」、「消耗品及び雑工事」、「運搬費」、「労務費」、「東京電力申請費」、「現場諸掛費」	高圧受電設備の導入、設置であり、**機械及び装置の印刷設備又は製本設備**の取得価額とすることが相当である。
立上り幹線工事	3-2の14から21まで「ケーブル線、電線、電線管、電線管付属品及びプールボックス」、「開閉器盤（ブレーカー、サーキット）」、「塗装費」、「配管支持材料、接地材料、消耗品及び雑材料」、「足場掛払費」、「運搬費」、「労務費」、「現場諸掛費」	
分電盤及び2次側幹線工事エレベーター電源及び動力工事機械内分岐配線照明器具取付けほか	3-2の22　電線、分電盤、ブレーカースイッチ、ダクト等	
	3-2の25　1階〜5階照明器具及び取付費（46箇所）	照明器具の取得及び取付工事であり、**建物附属設備の電気設備（照明設備を含む。）**の取得価額とすることが相当である。

【審判所が損金の額に算入すると認定した工事費用】

工事内容の明細		審判所の判断
解体工事	3-1の3　1階～5階床仕上げ材撤去	本件印刷製本設備を本件旧工場から本件新工場に移設する際に搬入の障害となる部分を撤去した工事に要した費用であり、固定資産の移設に要した費用と認められるから、損金の額に算入するのが相当である。
	3-1の6　1階間仕切撤去（機械設置のため不要な壁を撤去）	
	3-1の7　1階間仕切撤去（機械設置のため不要な壁を撤去）	
	3-1の1　養生費	3-1の**各工事に共通する支出**であると認められるから、当該合計額を3-1の3、3-1の6及び**3-1の7に係る金額**の当該金額の合計金額に占める割合により**配賦し、損金の額に算入する金額に加算する**のが相当である。
	3-1の2　仮設足場（2階ベランダから）	
	3-1の8　工事後クリーニング	
	3-1の9　外部1階～5階仮設足場	
分電盤及び2次側幹線工事エレベーター電源及び動力工事機械内分岐配線照明器具取付けほか	3-2の23　5階換気扇	換気扇及びテレビアンテナの取得であり、**器具及び備品の取得価額**であるが、**少額の減価償却資産**の取得価額に該当し、**損金の額に算入する**のが相当である。
	3-2の24　5階テレビ視聴用アンテナ	
	3-2の26　既設照明処分費	既設照明器具の処分費であり、減価償却資産の取得価額に当たらず、**損金の額に算入する**ことが相当である。

　　工事内容の明細を基礎にして、各減価償却資産への配賦する作業は、実務的に定着している行為であるところ、本事案のように本件新工場への移転に伴う本件各工事費用の発生が、特別な経緯によるものであったとしても、そのことによって算定方法が変わるものではない

ことが示唆された判断といえる。

　なお、「解体工事」といえば、客観的に従前の資産を撤去するための工事とイメージされることから、修繕費に該当すると考えてしまうところであるが、審判所は、新たに取得する減価償却資産との因果関係を見出す解体工事について、減価償却資産の取得価額を構成する旨の判断をしている。

(3)　争点3（請求人が本件旧工場から本件新工場に移設した本件印刷製本設備の帳簿価額に、移転に際して除却損として損金の額に算入されるべき金額が含まれているか否か。）について

　審判所は、請求人が、本件旧工場から本件新工場に移設した本件印刷製本設備の取得時の帳簿価額には、本件旧工場で行った電気配線設備等の工事費用15％相当額が含まれており、本件印刷製本設備の移転の際に当該電気配線設備等を全て除却しているから、当該15％相当額は除却損として損金の額に算入されるべきである旨主張しているが、当該主張の根拠となる具体的な証拠を提示していないこと等から、除却された事実を確認することができないとして、請求人の主張を排斥している。

3　事実認定等による考察

　争点1において、請求人は、本件新工場への移転が、本件旧工場の賃貸人からの立ち退き要求により、機能復旧補償金及び損害賠償金として当該賃貸人から本件解約金を受領したものであるから、法人税基本通達7-8-7の定めが適用されるとして主張している。しかし、同通達では「法人が、その有する<u>固定資産について電波障害、日照妨害、風害、騒音等による機能の低下があった</u>ことによりその原因者からその機能を復旧するための補償金の交付を受けた場合」を前提としており、本件解約

金が単なる賃貸人の都合で受領したという理由だけでは適合するものではない。争点 1 は、法人税基本通達7-8-7の適用がある旨の理由を述べることが必要となることから、上記 2 で審判所が示したように同通達の趣旨を踏まえ、「固定資産について電波障害、日照妨害、風害、騒音等による機能の低下があった」事実に基づいて主張をする必要があろう。

　争点 2 は、工場の移転が、本件旧工場を解体するための費用、及び本件新工場の内部造作等のための費用が同時に生ずるところ、「解体工事」という外形的な工事名称に固執することなく、新たに取得した資産との関連性を検討するべきであるから、各工事の細目や各工事費用の内容等を個別に精査して区分計算をした上で、慎重に判断をすべきことが必要であることを確認できる事例である。この点を踏まえたところで、請求人は、「造作の全てを一つの資産」として計上する一体として使用される単位において、少々の行き違いを生じているが、法人税法施行令第133条に規定する少額の減価償却資産に該当するものが含まれている旨の主張をしたことは有効であったといえよう。

　争点 3 は、請求人が、本件印刷製本設備の帳簿価額には取得時に本件旧工場で行った電気配線設備等の工事費用として帳簿価額の15％相当額が含まれていると主張し、当該電気配線設備等を全て除却しているのであれば、当該15％相当額は除却損として損金の額に算入されるべきである。しかし、事実認定による審判所の判断は、損金の額に算入される理由に裏付けがなければ、本事案のように、単に「請求人の主張には理由がない」とされてしまう。請求人の主張する「15％相当額の除却」には、何らかの所為があったと解されることから、審判所にエビデンスを提出することができれば、異なる判断になったことも考えられる。

第3節　減価償却資産の取得価額

　第3節は、減価償却資産の取得価額をめぐる裁決事例を考察するものである。〔11〕は少額減価償却資産の判定において、消費税等を含めるか否かに直結する経理方式の採用に疑義が生じた事案、〔12〕は一般的となってきている未経過固定資産税を取得価額に含めることを争った事案であるが、複数の固定資産を取得しており取得の目的としている建物以外の建物に係る未経過固定資産税相当額も含めるという事案、〔13〕は競売により一括で取得した土地及び建物等の取得価額を合理的に区分する方法を明示した事案であり、それぞれ身近な話題の中で生じていることであるため思わず目に止まる事案である。

《裁決事例の考察》

〔11〕　納付すべき消費税が決算期末において課税売上高及び課税仕
　　　　入高を集計し算出されることをもって、直ちに消費税に係る経
　　　　理処理が期末一括税抜経理方式を採用したことにはならないと
　　　　した事例（裁決事例集 No.43-232頁：平成4年3月31日裁決）

1　事案の概要

　本件は、冷凍設備工事業を営む同族会社である請求人が、平成2年3月に取得した本件オープンショーケースは、その1台当たりの消費税抜きの取得価額が200,000円未満であり、法人税法施行令第133条《少額の減価償却資産の取得価額の損金算入》に規定する少額減価償却資産に該当するので、その取得価額全額を損金の額に算入したことについて、原処分庁が、請求人の消費税の経理処理が税込経理方式であるから、本件オープンショーケース1台当たりの消費税込みの取得価額が200,000円を超え、少額減価償却資産に該当しないとして、法人税の更正処分等を行ったのに対し、請求人が、総勘定元帳の金額が消費税の税込価額で記帳されていることを理由に税込経理方式であるとする原処分庁の解釈は、税込価額で記帳する帳簿方式を前提とする期末一括税抜経理方式を否定するものであるなどとして、更正処分等の一部の取消しを求めた事案である。

2　主要事実と法令解釈等への適合（請求棄却）

　審判所は、「消費税の経理処理については、一般に公正妥当と認められる会計処理の基準に従って処理されることとなるが、その経理処理方

法には、①売上げ等の収益に係る取引につき税抜方式を適用している場合に限り適用することができる税抜経理方式（消費税の額を仮勘定として処理する方法）並びに②税込経理方式（消費税の額を取引金額に含めて処理する方法）がある。そこで、法人がいずれの経理方式を選択するかは、法人の判断に任されているが、法人の選択した経理方式は、当該法人の行うすべての取引に適用するものとされているところ、法人が売上げ等の収益に係る取引につき税抜経理方式を適用している場合には、固定資産等の取得に係る取引又は経費等の支出に係る取引のいずれかの取引について税込経理方式を選択適用できるほか、固定資産等のうちたな卸資産の取得に係る取引については、継続適用を条件として固定資産及び繰延資産と異なる方式を選択適用することができるとされている。」旨の法令解釈を前提として請求人の主張に対する判断を示している。

審判所は、請求人が期末一括税抜経理方式を採用し消費税の経理方式は税抜経理方式である旨の主張について、請求人の平成2年3月期の会計処理が、①**売上げについては、請求書控えを基に消費税込みで振替伝票及び未収金一覧表を作成**し、②材料費及び経費については、請求書から振替伝票及び工事未払金一覧表を作成したので消費税込みとなっており、③固定資産についても、請求書から振替伝票を作成し、これらの振替伝票等を基に関与税理士が総勘定元帳を作成したことから、**税込経理方式により処理していた**と認められること、また、請求人が平成2年5月31日に原処分庁に提出した平成2年3月期の法人税確定申告書に添付された「第25期営業成績報告書」における損益計算書は、消費税を含んだ金額によって作成されたものであることから、期末一括税抜経理を行うことなく平成2年3月期の決算を確定していることが認められ、請求人が消費税の経理処理について税抜経理方式を適用していたとは認められず、更に売上げ等の収益に係る取引につき税込経理をしている以上、

他の科目について税抜経理を行うことは認められないから、本件オープンショーケースは税込価額により少額減価償却資産200,000円未満の判定をすると判断したものである。

3　事実認定等による考察

請求人の経理係長は、次のとおり、審判所に対して答述している。

請求人の経理係長答述内容	(1)　消費税込みによる振替伝票等の作成 　請求人の平成2年3月期の会計処理は、①売上げについては、請求書控えを基に消費税込みで振替伝票及び未収金一覧表を作成したこと、②材料費及び経費については、請求書から振替伝票及び工事未払金一覧表を作成したので消費税込みとなっていること及び③固定資産についても、請求書から振替伝票を作成し、これらの振替伝票等を基に関与税理士が総勘定元帳を作成したこと。 　なお、固定資産及び繰延資産の取得に係る消費税については、諸税公課として、損金の額に算入したこと。
	(2)　総勘定元帳による営業成績報告書の作成 　平成2年3月期の営業成績報告書は、上記(1)の総勘定元帳を基に関与税理士が作成したこと。
	(3)　本件調査による経理処理の誤り指摘後の総勘定元帳等の修正 　固定資産等の取得に係る消費税を諸税公課として処理していたこと及び売上げに係る請求書には工事代金と消費税を別に記載していたことから、消費税の経理処理は税抜処理であると認識していたところ、本件調査において経理処理に誤りがあると指摘されたので、平成2年10月23日に関与税理士が総勘定元帳及び損益計算書の表示を消費税抜きに修正し、当初の総勘定元帳は紛らわしいので処分したこと。

　請求人は、上記(1)の答述により請求書等を基礎にして消費税込みで振替伝票を作成していることが明らかであり、上記(3)の答述では本件調査時において総勘定元帳等を消費税抜きに修正していることからすれば、上記(1)及び(2)の会計処理において、消費税込みの総勘定元帳等が作成されていたと認められる。

192

　ただ、上記(3)では、固定資産等の取得に係る消費税を費用処理していたことが認められ、一部税抜経理方式に類する処理を行っていると考えられないこともないが、上記(1)①により法人が売上げ等の収益に係る取引につき消費税込みの会計処理を行っていることから、固定資産等の取得について税抜経理方式を採用することはできない。

　請求人は、消費税の経理処理について、「消費税の税込価額で記帳した帳簿によって課税期間分の消費税額を計算する事業者は、決算期末において課税期間分の課税売上高及び課税仕入高を集計し、納付すべき消費税額を算出するのであるから、自動的に期末一括税抜経理方式を採用したことになる」旨主張している。この主張に対して、審判所は、「期末一括税抜経理方式とは、法人税の課税所得金額を計算する際、事業年度終了の時に期中において税込処理した消費税の額を一括して税抜処理する方式をいうのであって」、請求人が消費税の課税売上金額及び課税仕入金額を集計し、納付すべき消費税額を算出することにより、直ちに法人の消費税の経理処理が税抜経理方式となるものではないとして、請求人の主張を排斥している。

　本件は、請求人が、上記(1)のとおり、消費税込みで振替伝票を作成していることについて、会計ソフトの取引データ入力時の便宜であると考えることもでき、総勘定元帳等の作成段階において、システムの能力により税抜金額に仕訳データを生成することも可能であったと考えられる。本件の論点は、関与税理士の記帳代行等の業務について、小規模法人にとって簡便的な税込経理方式の推進による反作用として、日常処理の少しの隙間から生じた行き違いが、一見消費税の経理処理とは直接性が感じられない少額減価償却資産の判定という段階において、思わぬ課税問題に派生したものであろう。

《裁決事例の考察》

---

〔12〕　建物の売買契約において、譲受人が負担することとした当該
　　　建物に係る譲渡日以降の期間に対応する未経過分の固定資産税
　　　に相当する金額は、譲受けに係る資産の購入の代価を構成する
　　　ものとして建物の取得価額に算入すべきとした事例（公表裁決
　　　事例：平成24年3月13日裁決）

1　事案の概要

　本件は、ゴルフ場、ホテル及び旅館の経営等を行う請求人が、固定資
産の取得に際して負担した固定資産税に相当する金額及び土地賃貸借契
約に伴う負担金の額を損金の額に算入して申告したところ、原処分庁
が、当該固定資産税に相当する金額は、固定資産の取得価額に算入すべ
きであり、また、当該負担金の額は、土地の上に存する権利の取得価額
に算入すべきであるから、損金の額に算入されないとして法人税の更正
処分等を行ったのに対し、請求人が、当該固定資産税に相当する金額の
うち使用していない建物に係る分及び当該負担金の額は、損金の額に算
入すべきであるとして、同処分等の一部の取消しを求めた事案である。

2　主要事実と法令解釈等への適合（争点1と2：請求棄却）

(1)　争点1（本件未経過固定資産税相当額のうち本件建物以外の建物
　　に係る未経過固定資産税相当額は、一時の損金の額に算入できるか
　　否か。）について

　イ　主要事実

　　請求人が平成17年4月28日付本件破産管財人との間において締結

した営業譲渡契約に係る本件譲渡契約書には、K倶楽部及びL倶楽部のホテル事業及びゴルフ場事業に関する一切の資産（第2条1）の譲渡代金が、総額510,000,000円（消費税を除く。）とし、当該譲渡代金のK倶楽部の建物への割振額は、42,590,272円（消費税を除く。）であり、K倶楽部の土地への割振額は、所有地分が78,192,469円、借地分が162,399,742円（第4条）である旨記載されている。

また、請求人は、本件譲渡契約における譲渡日以降の期間に対応する未経過固定資産税相当額を平成17年5月25日に本件破産管財人に支払い、平成18年2月期の総勘定元帳の開業費勘定に平成17年5月27日付でK倶楽部の資産に係る未経過固定資産税相当額15,173,640円及びL倶楽部の資産に係る未経過固定資産税相当額8,907,797円を計上し、損金の額に算入した。なお、本件未経過固定資産税相当額には、請求人が資産計上していない建物及び既に存在していない建物に係る未経過固定資産税相当額が含まれている。

ロ　法令解釈等

　地方税法第343条及び同法第359条の規定によれば、固定資産税は、その賦課期日である毎年1月1日現在において、固定資産課税台帳に所有者として登録されている者に対して課されるものであり、賦課期日後に所有者に異動が生じたからといって、課税関係に変動が生じるものではなく、**賦課期日後に資産の所有者となった者が当該年度の固定資産税の納税義務を負うことはない。**

　したがって、当該資産の売買当事者間において、固定資産税を納めた売主が買主に対し、売買後の期間に対応する未経過分の固定資産税の求償権を取得することはないから、**売買当事者間において未経過固定資産税相当額が授受されたとしても、地方税法上、固定資産税の納税義務に伴う負担とみることはできない**（アンダーライン

等筆者加筆)。

ハ　判断

　一般的な不動産売買においては、不動産売買価額自体とは別に、その所有期間に応じた未経過分の固定資産税相当額を譲受人が負担する旨の契約を締結する取引慣行が認められる。当該取引慣行は、上記ロのとおり、固定資産税がその賦課期日である1月1日現在の所有者に課されるもので、賦課期日後に当該固定資産が譲渡された場合であってもその譲渡前の所有者が納税義務者とされていることにより、売買当事者間においてその譲渡時点における未経過期間に係る固定資産税に相当する金額を譲受人に負担させようとするものであり、いわば売買の取引条件の一つであると考えられる。

　そうすると、譲受人が未経過固定資産税相当額を負担することは、租税公課としての固定資産税の負担ではなく、飽くまでも固定資産税相当額を売買の取引条件として負担するものであることから、譲受人にとって未経過固定資産税相当額は、譲受けに係る資産の購入の代価を構成するものとして、固定資産である減価償却資産及び土地等の取得価額に含まれることとなる。

　審判所は、上記ロの法令解釈を上述のとおり当てはめ、「K倶楽部の建物のうち請求人が本件譲渡契約において取得の目的としている建物は、本件建物（平成2年築のK倶楽部のホテル建物）であると認められるから、請求人が支払った本件未経過固定資産税相当額は、請求人にとって本件建物の購入に係る代価の一部として支払ったと認めるのが相当である。」とし、「本件未経過固定資産税相当額のうち本件建物以外の建物に係る未経過固定資産税相当額は、本件建物の取得価額に算入すべきであるから、一時の損金の額に算入することはできない。」旨判断をしている。

(2) 争点2（本件負担金は、損金の額に算入できるか否か。）について

イ　主要事実

　請求人とe町との間において締結したゴルフ場用地賃貸借契約に係る平成18年8月18日付の本件賃貸借契約書には、本件賃貸借契約による賃借権設定の対価として、権利金の額の支払い約定として、①算定方法は、破産者G社のe町に対する未納金のうち、固定資産税本税112,535,000円と未納土地賃貸料13,194,016円の合計125,729,016円に、破産者G社の配当金全額を充当した残額をもって権利金の額とする旨、②支払方法は、平成18年9月から毎年9月末日限り、権利金の額に充つるまで年額12,500,000円を分割して支払う旨、③e町は、上記権利金を請求人に返還することを要しない旨記載されている。また、M地方法務局所属の公証人Nが作成した平成21年9月15日付本件公正証書には、e町は、本件譲渡契約を承認し、請求人は、e町に対し、本件賃貸借契約による賃借権設定の対価（権利金）とする金107,229,493円（本件負担金）を分割して支払う（第3条1）旨の記載がある。

ロ　法令解釈等

　法人税基本通達7-3-8は、借地権の取得価額には、土地の賃貸借契約又は転貸借契約に当たり借地権の対価として土地所有者又は借地権者に支払った金額のほか、これらの契約に当たり支出した手数料その他の費用の額も含む旨定めているところ、借地権が法人税法上の土地に含まれること、及び土地の取得価額について準用される法人税法施行令第54条が、資産の取得に要した仲介手数料等の費用を資産の取得価額を構成するものとして取り扱っていると解されること等に照らし、当該通達の定めは、当審判所においても相当と認

められる。

ハ　判断

　審判所は、法人税基本通達7-3-8を上記ロ法令解釈等として相当と認めた上、上記イその他の事実に当てはめ、請求人が、本件賃貸借契約により、土地の賃借料の他本件負担金を支払わなければ本件土地を賃借することができなかったこと、また、ゴルフ場用地を賃借する権利を取得するために、本件負担金を支払うことを条件として本件賃貸借契約を締結しているものと認められるとして、「本件負担金は、土地の借地権設定の対価と認められ、土地の上に存する権利の取得価額となり、損金の額に算入することはできない。」旨判断をしている。

3　事実認定等による考察

(1)　争点1（本件未経過固定資産税相当額のうち本件建物以外の建物に係る未経過固定資産税相当額は、一時の損金の額に算入できるか否か。）について

　請求人の主張から認識できることは、①K倶楽部の建物のうち、事業の用に供し減価償却資産として計上しているのは本件建物のみであること、②本件建物以外の建物は固定資産税課税明細書に記載はあるが事業の用に供していないものであること、③本件建物以外の建物は購入時に1点の価額が10万円未満の什器備品等の扱いと同様に譲受け時に零円評価としたことである。これにより、請求人は、本件建物以外の建物に係る未経過固定資産税相当額は、「法人税法第2条第24号の繰延資産である開業費に含まれ、一時の損金の額に算入することができる。」旨主張している。この請求人の主張にある「開業費」の切り口は鋭いものであるが、同法同号の繰延資産の範囲は「資産の取得

に要した金額とされるべき費用及び前払費用を除く。」ことが前提となっており、言い換えれば、資産の取得に要した金額及び前払費用に該当しない旨の主張を行うことが先決となる。

　これに対して審判所は、「請求人が本件譲渡契約において取得の目的としているのは、本件建物であると認められ、また、請求人が負担すべき本件未経過固定資産税相当額に、請求人が資産計上していない建物に係る未経過固定資産税相当額を含んでいるとしても、それは、請求人が本件建物を取得するに当たり、売買当事者間で合意した取引条件として負担すべき金額の算定根拠にすぎない。」とし、「本件未経過固定資産税相当額は、請求人にとって本件建物の購入に係る代価の一部として支払ったものと認めるのが相当であ（る）」旨の判断をしたことにより、繰延資産の該当性を検討するまでもなく、請求人の主張が排斥されている。

　未経過固定資産税を支払った場合、取得した固定資産の取得価額に算入すべきことは一般的に浸透してきているものであるが、本件の特筆すべき点は、請求人が営業譲渡（＝事業譲渡）を通じて複数の固定資産を取得しているところ、本件譲渡契約において取得の目的としているのが本件建物であると認定し、本件建物以外の建物に係る未経過固定資産税相当額を含めて、本件建物に係る法人税法施行令第54条《減価償却資産の取得価額》第１項第１号に規定する「資産の購入のために要した費用」に含める旨の解釈をしたという部分である。

　請求人は、上述のとおり、本件建物以外の建物は事業の用に供していないこと及び零円評価をしている旨の主張があり、取得した建物の取得価額は本件建物のみに配賦していることを前提にして、審判所は、「K倶楽部の建物のうち請求人が本件譲渡契約において取得の目的としている建物は、本件建物であると認められるから、請求人が支払った本件未経過固定資産税相当額は、請求人にとって本件建物の購

入に係る代価の一部として支払ったと認めるのが相当である。」旨判
断されたものである。仮に、本件建物以外の建物について、零円評価
とせず経済的価値を認識して各建物に係る未経過固定資産税を配賦し
ていれば、その処理は認められていたと解される。しかし、本件建物
以外の建物は、事業の用に供されていないため減価償却資産に該当し
ないところ、翻って考えると、本件建物の取得価額を構成させること
により減価償却費を計上した方が請求人にとって有利な結果に導かれ
ているという考え方もあろう。

　そこで、本件建物以外の建物に係る未経過固定資産税相当額の性格
について、請求人が繰延資産に該当する旨の主張に至ったことは、法
令の適用から採用されていないが、極自然な流れであったともいえ
る。他方、事業譲渡に伴う固定資産の取得は、当該事業の移転という
取引から一体的な資産の移転として認識されるものであるところ、事
業譲受法人に形式的に引き継がれた事実があったとしても、それは当
事者双方の契約成立後、事業譲受法人が当該資産をいかに事業の用に
供するかその後の方針転換によるもの（たとえば、事業の用に供する
ことができずに除却するかもしれない。）といえ、まず個々の資産を
引き継ぎ、取得したことを認識すべきではないだろうか。ただ、その
反面、法人税基本通達7-3-6《土地とともに取得した建物等の取壊費
等》[13] に定めるとおり、固定資産の取得目的に応じて「当初からその
建物等を取り壊して土地を利用する目的であることが明らかであると
認められるとき」は、建物の帳簿価額及び取壊費等が土地の取得価額

13　法人税基本通達7-3-6《土地とともに取得した建物等の取壊費等》は、法人が建物等
の存する土地（借地権を含む。）を建物等とともに取得した場合又は自己の有する土地の
上に存する借地人の建物等を取得した場合において、その取得後おおむね1年以内に当該
建物等の取壊しに着手する等、当初からその建物等を取り壊して土地を利用する目的であ
ることが明らかであると認められるときは、当該建物等の取壊しの時における帳簿価額及
び取壊費用の合計額（廃材等の処分によって得た金額がある場合は、当該金額を控除した
金額）は、当該土地の取得価額に算入する旨定めている。

に算入されるとする取扱いを尊重するのであれば、本件審判所の判断は胸にストンと落ちるものである。

(2) 争点2 （本件負担金は、損金の額に算入できるか否か。）について

請求人は、「本件譲渡契約時に借地権の譲渡代金を支払い、K倶楽部に係る借地権を取得しているのであり、本件賃貸借契約書により、借地権を設定したものではなく、また、破産者G社が負担すべきであった未納固定資産税及び未納土地賃貸料は、本来、請求人に法的支払義務はないが、契約上の条件であり、e町と円滑な関係を保ち、行政サービスを受けるために、その対価としてe町の歳入不足を手助けすることに同意し、営業を円滑に行うための好意での資金負担であるから、当該権利金名目で支出した負担金は、法人税法第22条第3項に定める各事業年度の所得の金額の計算上当該事業年度の損金の額に算入すべき金額であることは明らかである旨」主張している。

しかし、審判所は、請求人が、本件譲渡契約時に借地権の譲渡代金のほか、ゴルフ場用地を賃借する権利を取得するために、本件負担金を支払うことを条件として本件賃貸借契約を締結しているものと認定している。これにより、本件負担金が、破産者G社がe町に対し未納となっていた固定資産税及び賃貸料相当額を負担するものであったとしても、それは本件負担金の額の算定の根拠とされているにすぎず、請求人にとって借地権の代価の一部として支払ったものと認めるのが相当である旨の判断をしたものである。

請求人の主張は、本件負担金の支払いについて「契約上の条件」というのであれば、「借地権の代価の一部として支払ったもの」ということになろうが、「e町と円滑な関係を保ち、行政サービスを受けるために、その対価としてe町の歳入不足を手助けすることに同意し、

営業を円滑に行うための好意での資金負担である」という主張のみでは、法人税法第22条第3項に規定する損金の額に算入される理由として、どのような対価の支払いであるかを示していない。仮に、e町に対する寄附金として損金の額に算入されるとした理由であった場合、当然本件譲渡契約書の締結内容では結論に影響を与えるものではないが、同契約との因果関係を遮断できるのであれば、異なる見解の余地を見出すことができなかったであろうか。この余地は、e町の処理対応が、未納となっていた固定資産税及び賃貸料相当額の第三者の納付等という整理をして、寄附金の収納により相殺することができなければ、結論を変える余地も潰えるであろう。

《裁決事例の考察》

---

〔13〕 競売により一括で取得した土地及び建物等の取得価額の区分
について、固定資産税評価額の比率によってあん分することが
相当であるとした事例（公表裁決事例：平成27年6月1日裁
決）

---

1 事案の概要

　本件は、飲食店の経営等を目的とする請求人が、競売により土地とと
もに一括取得した建物等について、落札金額を路線価及び類似建物の価
額などであん分して算出した取得価額を基に法人税の減価償却費の額及
び消費税の課税仕入れに係る支払対価の額を計算して申告したところ、
原処分庁が、建物等の取得価額は、固定資産税評価額による土地と建物
等の評価額の比率に基づき算出すべきであるとして、法人税の更正処分
等を行ったのに対し、請求人が、当初の申告に用いたあん分比が認めら
れないとしても、不動産鑑定士の鑑定評価による土地と建物等の評価額
の比率によるべきであるなどとして、これらの処分の一部の取消しを求
めた事案である。

2 主要事実と法令解釈等への適合（請求棄却）

　請求人は、H地方裁判所が行った本件土地、本件競売建物及び本件建
物附属設備等についての本件競売に参加し、同裁判所から売却許可決定
を受け、本件落札金額をH地裁執行センター名義の当座預金口座に振り
込み、本件土地及び本件競売建物は、平成23年○月○日担保不動産競売
による売却を原因として、同月○日に所有権移転登記をした。本件は、

請求人が、本件土地のほか、本件競売によって取得した本件競売建物には、本件建物附属設備のほかに、本件アクリル壁、本件ディスプレイ設備、本件内部造作及びその他の動産類が設置等されていたことから、本件落札金額によってどのような資産を取得したかを区分し、当該取得した資産の対価である本件落札金額を各資産の取得価額として合理的に配賦する必要があり、当該取得価額の配賦方法等が争点となっているものである。

　一括して購入した土地及び建物等の取得価額については、売買契約書等によりそれらの購入代価等が明らかな場合には、通常、その購入代価等が取得価額となるが、それが明らかでない場合には、合理的な方法によってそれらの取得価額を区分する必要がある。本件不動産については、本件競売によって一括取得したものであり、各資産の購入代価が明らかではないことから、合理的な方法によってそれらの取得価額を区分する必要が生ずる。

　この点について、審判所は、【土地と建物等の取得価額を区分する方法】のうち、「競売によって各資産の譲渡価額が区分されることなく一括で譲渡される場合においては、その譲渡価額は競売という特別の事情によって定まり、競売における物件の落札に当たっては、対象となる物件に係る権利関係や物件に係る瑕疵などの確認が困難な点や落札が短期間に行われる点など特殊な事情があり、その価格は通常の第三者間の売買等における取引価格に比して低い価格となることが通例であることから、当該各資産の価額比によるあん分法は、競売によって一体として譲渡される取引の実態に合致し、最も合理的であると解される。したがって、本件落札金額の区分方法については、本件競売によって取得した各資産の価額比によるあん分法を用いることが合理的である。」旨判断をしている。

204

【土地と建物等の取得価額を区分する方法】

(1)	それぞれの資産の売買価額を直接算出する方法
(2)	一方の資産の売買価額を算出して売買総額からその一方の資産の売買価額を差し引いた残額を他方の資産の売買価額として算出する方法
(3)	何らかの価額比により算出したそれぞれの資産の価額比で売買総額をあん分してそれぞれの資産の売買価額を算出する方法（あん分法）

　そして、あん分法を採用する際に用いる価額比について、請求人は、本件落札金額を不動産鑑定士の鑑定評価による土地と建物の評価額による比率により区分することが客観的であり、かつ、合理的であり、本件K評価書に記載された本件土地及び本件競売建物の評価額の比率によりあん分すべき旨主張しているのに対して、原処分庁は、土地と建物の固定資産税評価額の比率により区分することが合理的である旨主張している。当事者の主張に対して、審判所は、「固定資産税評価額は、総務大臣の告示による固定資産評価基準に基づき、土地の場合は路線価と同様に地価公示価格や売買実例等を基に評価され、家屋の場合は再建築価額に基づいて評価されているから、土地及び家屋の時価を反映していると考えられる上、土地と家屋の価額の算出機関及び算出時期が同一であるから、土地及び家屋の固定資産税評価額はいずれも同一時期の時価を反映しているものと考えられ、合理的であると認められる。」と判断したものである。

3　事実認定等による考察

　本件は、土地建物等の取得が競売による特殊な事情であることを考慮しても、審判所の判断過程は一括取得した資産に係る落札金額をそれぞれの資産に配賦する方法について、鑑定評価額によりあん分することを退け、各々の資産に係る固定資産税評価額の比率によってあん分するこ

とを採用しているものである。

　これらの資産を取得した請求人は、落札金額が減価償却資産へ配賦される比重が高まることにより、減価償却費の額及び消費税の課税仕入れに係る支払い対価の額が各々の税額計算に対して有利な効果を得られることから、当初路線価及び類似建物の価額などであん分して申告し、審査請求において主張を切り替え不動産鑑定士による鑑定評価によりあん分するべきとして、「合理的な方法」の適合性を主張しているものである。

　本件のように、土地と建物が一括して購入された場合には、その代金総額のうち、建物の取得価額が幾らであるかを算出するに当たり、どのような方法によることが合理的であるかについて、争っている事例は複数生じているところ、福岡地裁平成13年12月14日判決[14]では、次に掲げるように比較的詳細に算定方法が示されている。

【建物の取得価額の算出方法：平成13年福岡地判】

		算定方法の説明	否定的又は肯定的な記載
(1)	直接法	直接法は、建物の取得価額を直接算出する方法であるが、建物の価額を直接算出する方法としては、売主の帳簿等に記載された販売価額、売主が発行する家屋の譲渡対価証明書の価額、消費税額から逆算した価額、新築時の工事原価、固定資産税評価額及び相続税評価額などが考えられる。	直接法による建物の取得価額は、固定資産税評価額は容易に判明するものと考えられるが、そもそも固定資産税評価額には売主の利益が考慮されていないため、取得価額が過小に評価されるおそれがある等。

14　福岡地判平成13年12月14日【税務訴訟資料　第251号　順号9036】、以下「平成13年福岡地判」という。

(2)	差引法	差引法は、土地の価額を算出して、全代金から土地の価額を差し引いた残額を建物の取得価額として算出する方法であるが、建物及び土地の合計販売価格から差し引く土地の価額を算出する方法としては、固定資産税評価額、相続税評価額、公示価格、近隣地の売買実例価額、専門家の鑑定評価額などを用いることが考えられる。	差引法は、土地の価額に売主の適正な利益及び販売手数料等の諸経費が計上されていなければ、建物の取得価額にこれらが転嫁されることになり、建物の取得価額が高額になりすぎるおそれがあり、適正な価額にはならない等。
(3)	あん分法	あん分法は、何らかの方法により算出した土地と建物の価額比で代金総額を土地取得価額と建物取得価額にあん分して、建物取得価額を算出する方法であるが、土地及び建物の価額比を算出する方法としては、売主の帳簿等に記載された販売価格比、土地及び建物の固定資産税評価額又は相続税評価額の価額比、土地の仕入価額と建物の新築原価の比などが考えられる。	あん分法は、売主が土地の仕入価額及び建物新築工事原価の合計額に、利益を上乗せした価額で販売する場合、土地と建物の双方に利益が反映されることになり、土地と建物を一体として販売する取引の実態に合致し、最も合理的であると考えられる。

　平成13年福岡地判では、「土地及び建物の販売価額が明らかでない場合は、同一の公的機関が同一時期に合理的な評価基準で評価した固定資産税評価額による土地及び建物の価額比で代金総額をあん分する方法が最も合理的であるというべきである。」旨判示され、本裁決が競売による特殊事情を考慮しても同様の算定方法を採用していることからすれば、固定資産税評価額を基礎にあん分法を採用することが標準的な方法であると考えられる。

　また、平成13年福岡地判は、代金総額を土地と建物の価額比で按分する場合、価額比の基礎となる土地及び建物の価額について、「鑑定評価による価額」を掲げており、一応の合理性の認められる方法としている

が、「その算出に多大な費用を要するものであり、納税者間の公平、納税者の便宜及び徴税費用の節減の観点から合理的であるとはいえず、租税平等主義に反するというべきである。」旨判示され、鑑定評価の内容について合理性を担保するハードルの高さに加えて、鑑定評価による価額が否定されている理由からすると、もはや主張の有効性さえ喪失しているように受け止められる。もっとも、土地の固定資産税評価額は、原則として公示価格の70％と定められ、公示価格は2人以上の不動産鑑定士が正常価格で評価していることなどからしても、請求人があらためて鑑定評価の価額比を主張することが有効とされるためには、建物の固定資産税評価額が再建築費から経年劣化分を減額して算定していることについて、建物の鑑定評価額との差異に対する矛盾点を見出すことが必要となろう。

第4節 減価償却資産の耐用年数等

減価償却資産の種類は、建物、建物附属設備、構築物、機械及び装置、車両及び運搬具、工具、器具及び備品その他に区分され、それぞれ償却方法が法定化されている。また、法定耐用年数は、構造又は用途、細目により定められていること、さらに、機械及び装置が一の設備を構成する場合には、機械及び装置の全部について一の耐用年数を適用する（耐通1-4-2）ことになる等、その採用に当たり容易に判断できないこともある。

第4節では、減価償却資産の種類等に応じた耐用年数の採用に誤りはなくても、本来の減価償却資産の種類として機能を生かす使用状況でない場合には、当該種類そのものが変化するという事案を考察する。

まず、裁決事例を考察する前に、減価償却資産の種類は器具及び備品であるが、機械及び装置のラインの一環として機械及び装置の耐用年数を適用された事例として、大阪地裁判決[15]を紹介する。

1 事案の概要

本件は、菓子及びパン（パン等）の製造、販売等を目的とする株式会社である原告が、パン等の製造に使用している本件各機器のうち本件各資産について、法人税法施行令13条7号の「器具及び備品＝耐用年数6年又は4年」に該当するとして減価償却費を計算し、これを前提に本件各事業年度の法人税について確定申告をしたところ、神戸税務署長から、本件各資産はいずれも施行令13条3号の「機械及び装置＝耐用年数10年又は9年」に該当するとして、これを前提とする内容の本件各処分

---

15 大阪地判平成30年3月14日【税務訴訟資料　第268号-30（順号13135）】

を受けたことから、本件各処分の一部の取消しを求めた事案である。

2　主要事実と裁判所の判断（請求棄却）

【主な前提事実】

(1)　原告は、店舗で販売するパン等について、小麦粉から生地を仕込み、成形して焼き上げるまでの全工程を一貫して行うという製造方式（F方式）を採用しており、原告の店舗で販売されるパン等は、基本的に、全国6箇所（兵庫、東京、名古屋、京都、九州、北海道）にある製造工場（本件各工場）、又は店舗に併設された工房（本件各インストア工房、本件各インストア工房と本件各工場を併せて「本件各パン製造場」という。）において前記の製造方式により製造されている。

(2)　本件各パン製造場においてパン等を製造する場合の製造工程は、おおむね、①原料の受入れ及び保管、②生地の生成、③生地の一次発酵、④生地の小分け、⑤生地の寝かし、⑥生地の成形、⑦生地の二次発酵、⑧生地の焼成、⑨スライス及び包装によって構成されているが、本件各工場の1つであるG工場では、別紙図面1-1～3に記載されている作業がその記載場所で行われており、本件各インストア工房の1つであるH本店では、別紙図面2-1～5に記載されている作業がその記載場所で行われている（別紙図面はマスキングされているため省略＝前記各別紙図面上の記載のうち、「仕込」は前記②に、「分割成型」が前記④・⑥に、「発酵」が③・⑦に、「包装」が前記⑨に対応するものと認められる。）。

(3)　G工場では、本件各機器のうち、別紙図面1-1～3に記載されている作業に使用するものがその記載場所に設置されるとともに、別紙図面1-1～3の緑色・黄色・赤色部分に冷蔵庫及び冷凍庫が設置されている。また、H本店では、本件各機器のうち、別紙図面2-1～5に

210

　　記載されている作業に使用するものがその記載場所に設置されると
　　ともに、別紙図面2-1～5の緑色・黄色部分に冷蔵庫及び冷凍庫が設
　　置されている（＝別紙図面はマスキングされているため省略）。
　⑷　本件各パン製造場における本件各機器の設置及び使用の状況は、
　　本件各工場についてはＧ工場と、本件各インストア工房については
　　Ｈ本店とおおむね同様である。

　裁判所は、上記前提事実を基礎にして、「①（中略）、②（中略）、**本
件各機器**は、**本件各工場においてはその全部**が、**本件各インストア工房
においては**別表１の番号１～12の**各機器**が、それぞれ**パン等の製造のた
めに設置使用されている**ものであること、③**本件各機器**は、大量のパン
等を反復的継続的に製造する工程において、**それぞれ工程の一部を分担
し、ある機器による作業成果を前提に次の工程を担当する機器による作
業が行われて**おり、本件各機器のうち、**冷蔵庫、冷凍庫及び生地保管庫
は、生地の発酵の調節及び低温発酵、温度管理が必要な原材料及び完成
品の保管**を行い、**洗浄乾燥機は、パン等の製造機器の洗浄乾燥を行って**
おり、**これらの機器による作業成果を前提として、前記の反復的継続的
な製造工程が実施されている**こと、④本件各パン製造場における本件各
機器の設置状況は、本件各工場はＧ工場（別紙図面1-1～3）と、本件各
インストア工房はＨ本店（別紙図面2-1～5）とおおむね同様であるとこ
ろ、前記の工場又は店舗では、本件各機器のうち、前記各図面に記載さ
れている作業に使用するものがその記載場所に設置されるとともに、別
紙図面1-1～3の**緑色・黄色・赤色部分**及び別紙図面2-1～5の**緑色・黄色
部分**にそれぞれ冷蔵庫及び冷凍庫が設置されており、**本件各機器が互い
に近接した場所に、パン等の製造工程に沿った作業が効率的に可能とな
るよう配置されている**[16]」ことを認定し、「本件各資産を含む本件各機器
は、当該資産の使用状況等に照らし、本件各パン製造場において、有機

的に結合し一体となって大量のパン等を反復的継続的に製造しているものということができるから、パン等の製造を目的として有機的に結合することにより1つの設備を構成しているというべきであり、「機械及び装置」に該当すると認められる。」旨判断し原告の請求を棄却している。

3　法令解釈等による考察

減価償却資産のうち、製品の生産・製造又は役務の提供を目的として、1つの機器が単体で、又は2つ以上の機器が有機的に結合することにより1つの設備を構成する有形資産は、当該資産の種類、構造等の当該資産の属性のほか、当該資産が設備を構成することによりはじめて法人の収益を生み出すものとなるという特質を有する点において、他の減価償却資産と異なるものであり、このような特質を有する減価償却資産については、当該資産の取得金額の費用化を、それぞれの資産ごとに行うのではなく、当該設備について行うのが減価償却資産制度の趣旨に照らして合理的であるということができる。

　上記2の裁判所の判決は、法令解釈を基礎にして、①「機械及び装置」とは、製品の生産・製造又は役務の提供を目的として、1つの機器が単体で、又は2つ以上の機器が有機的に結合することにより1つの設備を構成する有形資産をいうものと解するのが相当であること、②当該資産が製品の生産・製造又は役務の提供を目的として、1つの機器が単体で、又は2つ以上の機器が有機的に結合することにより1つの設備を構成するものか否かについては、当該資産の用途、機能、実際の設置使用状況等（当該資産の使用状況等）に基づいて判断するのが相当であることから、通常は「器具及び備品」に当たるとされる資産も、一定の設置使用状況等の下では「機械及び装置」に当たることもあり得ることに

16　アンダーライン等筆者加筆

なる旨判示している。

　つまり、製造工場やインストア工房において、パン等の製造工程を目視したところ、減価償却資産の種類としては、器具及び備品に区分される冷蔵庫、冷凍庫及び生地保管庫が、パン等の製造のために使用されていることが明らかとなり、有機的に結合した一体となった資産（機械及び装置）である旨の判断に牽引されたものである。これにより、製造業は、しばしば製造製品の見直しに応じて製造ラインを変化させることがあることを認識し、単独としての減価償却資産の種類が器具及び備品であっても、最終製品の保管目的で使用することもあれば、製造工程に組み込まれ機械及び装置と有機的に結合して使用されることもあるだろう。そうすると、本事案は、減価償却資産の転用ということも視野に入れ、柔軟な耐用年数等の決定を求められていることになり、設備投資を行う場合のほか、製造ラインの組替えを含めて、製造業を営む当事者である法人及びその法人を関与する専門家の思考からの製造ラインの目視による連携が、適切な処理に直結する重要な要素となろう。

《裁決事例の考察》

〔14〕　建物に設置された鋼製建具、木製建具、畳敷物及びユニット
　　　バス等は、減価償却資産の耐用年数等に関する省令別表第一の
　　　「建物」に該当するとした事例（裁決事例集 No.39-201頁：平
　　　成2年1月30日裁決）

1　事案の概要

　本件は、不動産賃貸業を営む同族会社である請求人が、本件建物を取
得し、そのうち、鋼製建具、木製建具、硝子工事、畳敷物及びユニット
バス（以下「本件建具等」という。）については、減価償却資産の耐用
年数等に関する省令（以下「耐用年数省令」という。）別表第1に掲げ
る「器具及び備品」に該当するとして各事業年度の償却限度額を計算
し、減価償却費として損金の額に算入して申告したところ、原処分庁
が、請求人が鋼製建具及び硝子工事としたものは、本件建物の本体に固
着し一体をなすとともに不可分のものであり、木製建具及び畳敷物とし
たものは、本件建物の従物たる内部造作物であり、また、ユニットバス
としたものは、本件建物の本体に組み込まれ一体をなしつつ、その本来
の効果を発揮するものであり、これらはいずれも本件建物を構成するも
のとして、法人税の更正処分等を行ったのに対し、請求人が、本件建具
等のうち、鋼製建具、木製建具及び硝子工事は建物本体に取り付けら
れ、畳敷物は敷かれたものであり、また、ユニットバスは、本件建物の
本体とは給排水管のみで接続されているのであるから、いずれも本件建
物の本体と物理的に一体をなしたものではなく、独立した従物であるこ
とは明らかであるなどとして、これらの処分の全部の取消しを求めた事

214

案である。

【請求人の採用した本件建具等の耐用年数】

資産の名称	構造又は用途	細　　目	耐用年数
	工事内容等		
鋼 製 建 具	1　家具、電気機器、ガス機器及び家庭用品	その他のもの　主として金属製のもの	15年
	※アルミサッシ製の窓、戸及び扉並びに鋼製扉である。		
木 製 建 具	1　家具、電気機器、ガス機器及び家庭用品	その他のもの	8年
	※室内のふすま、引き戸及び開き戸である。		
硝 子 工 事	1　家具、電気機器、ガス機器及び家庭用品	その他のもの	8年
	※鋼製建具としたもののうち、アルミサッシ製の窓、戸及び扉にはめ込まれた硝子である。		
畳 　 敷 　 物	1　家具、電気機器、ガス機器及び家庭用品	その他のもの	8年
	※床に張り付けられたシート及び畳である。		
ユニットバス	11　前掲のもの以外のもの	その他のもの	5年
	※本件建物内の浴室と予定され、給湯及び給排水設備が施工された場所に、防水パネル等の各種の部材（以下「浴室ユニット部材」という。）を結合させて設置したものである。		

2　主要事実と法令解釈等への適合（請求棄却）

　審判所の判断は次のとおりである（アンダーライン等筆者加筆）。

　「耐用年数省令別表第1の**「器具及び備品」**とは、機械及び装置以外の有形減価償却資産で、耐用年数省令別表第1に掲げられた他の種類の

資産（建物、建物附属設備、構築物、船舶、航空機、車両及び運搬具並びに工具）以外のものをいい、とりわけ、**建物内に設置されたものに**ついていえば、**建物とは構造上独立・可分のものであり、かつ、機能上建物の用途及び使用の状況に即した建物本来の効用を維持する目的以外の固有の目的により設置されたものであることを要する**ものと解するのが相当である。

　そうすると、本件建具等のうち、鋼製建具、木製建具、硝子工事及び畳敷物は、その内容は建物と構造上独立・可分のものとは認められないから、「器具及び備品」に該当しないことは明らかであり、また、**ユニットバス**については、本件建物内の浴室と予定され、給湯及び給排水設備が施工された場所に、浴室ユニット部材を結合させて1個の浴室を形成しているもので、**本件建物の部屋の1つ**であるから「器具及び備品」に該当しないことは明らかである。

　したがって、本件建具等は、本件建物内に設置され、本件建物と物理的又は機能的に一体不可分の内部造作で、本件建物を構成するものと認められるから、原処分庁が、本件建具等について本件建物の耐用年数60年を適用したことは相当」であると判断されている。

3　事実認定等による考察

　建物に関連する工事は、建物本体に対する工事であるか、器具及び備品その他建物以外の減価償却資産の取得等に該当するものか、明確に区分ができると言い切れるものではない。その考え方として、審判所は、建物内に設置された器具及び備品とする基準について、「建物とは構造上独立・可分のもの」かつ「建物本来の効用を維持する目的以外の固有の目的により設置されたもの」を示している。本件建具等のうち、鋼製建具、木製建具、硝子工事及び畳敷物は、建物と構造上独立・可分のものとは認められないことから、既に一つ目のフィルターを超えることが

できていないが、建物本来の効用を維持する目的の工事であることを否定できないことから、器具及び備品として取り扱うことは困難であろう。また、本件建具等のうち、ユニットバスは、「建物の部屋の１つ」と示されたことから、「物理的又は機能的に一体不可分」とする判断に適合したといえよう。

　さらに、審判所は、「**現行の耐用年数は**、いわゆる効用持続年数という考え方を基に定められており、効用持続年数は、減価償却資産に原則として**通常考えられる維持補修を加える場合**において、その**減価償却資産の本来の用途用法により現に通常予定される効果を挙げることができる年数**と解されている。」として耐用年数の考え方を示し、建物を例に挙げて「建物であれば、その**建物に通常考えられる維持補修を加える場合**において、その**建物の本来の用途により予定されている効果を挙げることができる年数**がその建物の効用持続年数といえる。」旨説示している。そして、「建物の耐用年数は、耐用年数省令別表第１に掲げる「構造」によって区分され、更に用途、使用の状況等の「細目」の区分別に定められていることから、本来の用途により予定されている効果を挙げることができる建物の状態とは、その建物が目的とする本来の機能を発揮できる状態と解され、**建物には、建物内に設置され、当該建物と物理的に一体不可分の内部造作及び当該建物と一体となってその有する機能を発揮する内部造作が含まれる**と解するのが相当である。」旨の解釈を示している（アンダーライン等筆者加筆）。

　そうすると、不動産賃貸業を営む法人にとって、本件はマンションの取得時に行った本件建具等の工事内容について、減価償却資産の区分を巡る争点であることを踏まえる必要があり、通常考えられる維持補修を加える場合には、本件建具等に類する工事を実施するとき、すなわち取得時と改装時の判断は異なる視点による思考が必要になると考えられる。本件建具等は、本件建物と一体不可分であっても建物本体の一部を

構成するものであり、法人税法施行令第132条《資本的支出》が、「通常の管理又は修理をするものとした場合に予測される当該資産の使用可能期間を延長させる部分に対応する金額」及び「通常の管理又は修理をするものとした場合に予測されるその支出の時における当該資産の価額を増加させる部分に対応する金額」としていることからすれば、資本的支出であるか修繕費であるか明らかでない領域に帰着することが大半であると考えられる。つまり、内部造作を行う場合には、例えばユニットバスの全部又は一部を入れ替えることを想定すると、建物本体に適用される耐用年数からすれば、同時入れ替えに限られず十数年のサイクルで改装が実施されるものであると想定され、建物全体の部屋数及び建物の総建築費用と改修に要した費用の額を勘案するなどして、資本的支出又は修繕費の判定をすることになろう。端的に言えば、全部の入れ替えは資本的支出、一部の入れ替えは修繕費という前提等から、両者の区分を検討するべきであろう。

第5節　償却費として損金経理をした金額

　法人税法における減価償却費の損金算入要件は、償却費として損金経理をした金額のうち償却限度額に達するまでの金額とする旨規定している。そのため、減価償却費は、当然に損金の額に算入されるものではなく、法人が確定した決算において、減価償却費として費用計上することを前提とし、償却費の計上額を税法独自の算定手法によって計算した金額に限定する等の特別な定めという位置付けにある。また、償却費として損金経理をした金額には、法人が償却費の科目をもって経理した金額のほか、損金経理をした次に掲げるような金額も含まれることになっている（法基通7-5-1）。

(1)　令第54条第1項《減価償却資産の取得価額》の規定により減価償却資産の取得価額に算入すべき付随費用の額のうち原価外処理をした金額
(2)　減価償却資産について法又は措置法の規定による圧縮限度額を超えてその帳簿価額を減額した場合のその超える部分の金額
(3)　減価償却資産について支出した金額で修繕費として経理した金額のうち令第132条《資本的支出》の規定により損金の額に算入されなかった金額
(4)　無償又は低い価額で取得した減価償却資産につきその取得価額として法人の経理した金額が令第54条第1項の規定による取得価額に満たない場合のその満たない金額
(5)　減価償却資産について計上した除却損又は評価損の金額のうち損金の額に算入されなかった金額 　(注)　評価損の金額には、法人が計上した減損損失の金額も含まれることに留意する。
(6)　少額な減価償却資産（おおむね60万円以下）又は耐用年数が3年以下の減価償却資産の取得価額を消耗品費等として損金経理をした場合のその損金経理をした金額
(7)　令第54条第1項の規定によりソフトウエアの取得価額に算入すべき金額を研究開発費として損金経理をした場合のその損金経理をした金額

　法人税法の減価償却制度は、償却費として損金経理をする旨の経理要件を法定化し、その費用科目等の許容範囲を通達で定めていることの効果について、たとえば、税務調査で指摘を受けたことを前提として、①上記(3)修繕費として計上した80万円を資本的支出と認定され修正をする場合と、②上記(6)のうち消耗品費として計上した金額の一個20万円未満の各資産につき一組80万円の判定として認定され減価償却資産として修正をする場合を比較してみると、次のようになる。

【具体例】

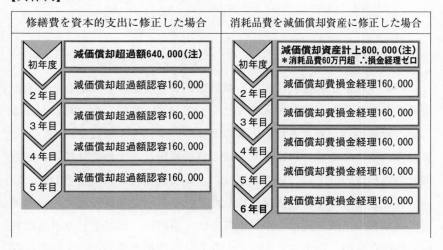

修繕費を資本的支出に修正した場合	消耗品費を減価償却資産に修正した場合
初年度　減価償却超過額640,000(注)	初年度　減価償却資産計上800,000(注)　＊消耗品費60万円超 ∴損金経理ゼロ
2年目　減価償却超過額認容160,000	2年目　減価償却費損金経理160,000
3年目　減価償却超過額認容160,000	3年目　減価償却費損金経理160,000
4年目　減価償却超過額認容160,000	4年目　減価償却費損金経理160,000
5年目　減価償却超過額認容160,000	5年目　減価償却費損金経理160,000
	6年目　減価償却費損金経理160,000

220

　取得初年度は、修繕費として計上した金額が償却費として損金経理をした金額に含まれることから、取得価額80万円のうち償却限度額16万円が損金の額に算入され、償却限度額を超える64万円が損金不算入（減価償却超過額）となる。

　また、法定耐用年数が5年の均等償却である場合、翌年度以降各々16万円の減価償却費が損金の額に算入される（減価償却超過額認容）。

　消耗品費に計上した減価償却資産は80万円であるため、少額な減価償却資産（おおむね60万円以下）に該当しないことから、単に資産を費用化しているとして80万円全額損金不算入（減価償却資産計上もれ）となる。つまり、償却費として損金経理をした金額は、ゼロとして取扱われる。

　また、翌年度に減価償却資産の資産計上を行うことで、取得初年度の減価償却資産の計上もれが消去（80万円損金算入）され、その年度から償却費として損金経理をした金額16万円が損金の額に算入される。

　このように、法人税法における減価償却費の計上は、償却費として損金経理をすることが損金算入要件となっており、確定した決算における一定の経理処理が要求されていることについて、やや軽視されていると感じられる。そこで、次に取り上げる裁決事例は、土地信託に係る建物の減価償却費の計上について、信託による受託会社が償却費その他の損益計算をし信託財産報告書を作成したことをもって損金経理要件を充足している旨の主張を退けた事例である。本事例は、信託という前提において特殊な取引と捉えてしまうことなく、任意組合等のケースにも射程を広げる等、留意すべき事例といえる。

《裁決事例の考察》

---

〔15〕 土地信託に係る建物の減価償却費を損金経理していないので
認めなかった事例（裁決事例集 No.41-193頁：平成 3 年 3 月20
日裁決）

---

1 事案の概要

　本件は、印刷業を営む同族会社である請求人が、本件信託事業の会計
処理に当たり、本件信託建物を両事業年度の財務諸表に記載せず、ま
た、その建物に係る減価償却費を損金経理せず損金の額に算入して申告
したところ、原処分庁が、本件信託事業の収入と支出は請求人に帰属す
るものとした上で、請求人の財務諸表及び確定申告書に、その建物に係
る減価償却費について償却の意思が表示されていないとして、その損金
算入を認めないで、本件信託事業の収支計算を行い、法人税の更正処分
等を行ったのに対し、請求人が、本件信託建物の減価償却費は、信託会
社が作成した本件信託財産報告書において計算表示されていることか
ら、その償却費を損金算入する請求人の意思を十分に表したものである
から、損金経理に相当する会計処理が行われていたものといえるなどと
して、これらの処分の全部の取消しを求めた事案である。

2 主要事実と法令解釈等への適合（請求棄却）

　請求人は、本件信託建物が両事業年度の財務諸表に記載されていなか
ったとしても、その建物は、信託会社において明確に管理され、信託会
社から送付を受けた別表6-1から6-3までに掲げる信託財産報告書で表示
された資産であるから、その建物の減価償却費の損金算入を認めるべき

であって、不正経理の行われていない本件の場合についてまで簿外資産と同様な取扱いをすべきではない旨主張している。

【別表6-1】　信託財産報告書（信託財産残高表）

（単位：円）

科　　目		昭和63年 3 月31日現在	平成元年 3 月31日現在
資　　産	土　　地	15,329,000	15,329,000
	建　　物	380,119,626	381,119,626
	現　預　金	16,915,339	23,440,633
	合　　計	412,363,965	419,889,259
負債及び元本	元 本 土 地	15,329,000	15,329,000
	借　入　金	316,687,504	306,006,989
	敷　　金	61,515,900	66,187,800
	前 受 収 益	—	3,292,910
	前期繰越利益	△ 1,270,406	16,831,561
	当 期 利 益	20,101,967	12,240,999
	合　　計	412,363,965	419,889,259

※建物減価償却額
1　昭和63年 3 月31日現在　　　26,699,670円
2　平成元年 3 月31日現在　　　23,928,650円

【別表6-2】　信託財産報告書（信託財産収支表）

（単位：円）

科　　　　目		自昭和62年 4 月 1 日 至昭和63年 3 月31日	自昭和63年 4 月 1 日 至平成元年 3 月31日
収　　　益	賃　　　　　料	38,454,666	36,695,499
	運　用　利　息	501,892	510,207
	雑　　　　　益	6,376,593	1,599,100
	合　　　　　計	45,333,151	38,804,806
費　　　用	借　入　金　利　息	7,387,567	17,867,031
	不動産取得税（建物）	9,045,200	—
	固　定　資　産　税	923,050	4,829,477
	管　　理　　費	1,841,000	—
	火　災　保　険　料	201,110	201,110
	信　　託　　報　　酬	2,876,000	3,178,999
	雑　　　　　費	2,957,257	90,000
	支　払　手　数　料	—	89,190
	営　　繕　　費	—	308,000
	合　　　　　計	25,231,184	26,563,807
当　　期　　利　　益		20,101,967	12,240,999
前　期　繰　越　利　益		△ 1,270,406	16,831,561
当　　期　　末　　利　　益		18,831,561	29,072,560
当　期　借　入　金　返　済		△ 55,412,496	10,680,515
信　　託　　配　　当		2,000,000	2,700,000

【別表6-3】　信託財産報告書（資産明細表）

建物明細	耐用年数	取得価額	減　価　償　却　費	
			63年3月31日	元年3月31日
建 物 主 体 工 事	65年	260,108,776円	9,103,807円	8,785,173円
電 気 設 備 工 事	15年	51,698,717円	7,341,217円	6,298,765円
衛 生 設 備 工 事	15年	20,682,431円	2,936,905円	2,519,864円
空調換気設備工事	13年	36,250,574円	5,872,592円	4,921,233円
昇 降 機 設 備 工 事	17年	11,379,128円	1,445,149円	1,261,615円
間 仕 切 設 備 工 事	15年	1,000,000円	—	142,000円

　これに対し審判所は、「本件信託建物に係る減価償却費は、請求人自らがその建物を有するものとして損金の額に算入し、所得の金額を計算すべきところ、本件信託建物は、請求人の両事業年度の財務諸表及び会計帳簿に記載がなく、また、その建物に係る減価償却費についても両事業年度の確定した決算において損金経理されていないのであるから、法人税法第31条第1項に規定する減価償却費として損金の額に算入することはできない。

　また、請求人は、本件信託建物に係る減価償却費について、両事業年度の会計帳簿において、本件信託建物を償却費以外の科目でも費用化していないことから、損金経理に該当する会計処理があったものとして取り扱うこともできない。

　なお、法第22条《各事業年度の所得の金額の計算》第4項の規定によれば、法人の各事業年度の収益の額及び損金の額に算入すべき金額は、一般に公正妥当と認められる会計処理の基準に従って計算されるものとされているところ、請求人が採用した経理方法は、本件信託事業に係る資産、負債の大部分を財務諸表に記載していないこと、また、（中略）請求人の財務諸表においては、本件信託事業に係る財政状態及び経営成

績について、一般に公正妥当と認められる会計処理の基準に従って真実の報告をしたものとはいえない。

更に、（中略）法人税法第31条第1項の規定は、減価償却資産に係る減価償却費の損金算入について、簿外資産であるか否かを問わず損金経理することを要件としており、請求人は本件信託建物の減価償却費について損金経理をしなかったのであるから、その建物に係る減価償却費を損金の額に算入することはできない。

そうすると、本件信託建物に係る減価償却費は、請求人の両事業年度の所得の金額の計算上損金の額に算入することはできない」旨の判断をしている。

3　事実認定等による考察

法人税法第12条《信託財産に属する資産及び負債並びに信託財産に帰せられる収益及び費用の帰属》第1項は、「信託の受益者（受益者としての権利を現に有するものに限る。）は当該信託の信託財産に属する資産及び負債を有するものとみなし、かつ、当該信託財産に帰せられる収益及び費用は当該受益者の収益及び費用とみなして、この法律の規定を適用する。」旨規定しており、土地信託においても、その信託財産の取得、運用若しくは譲渡については、その信託財産に帰属する財産債務は、その信託の受益者が自ら有するものとして取り扱うこととされている。これにより、土地信託である本件信託事業に係る収入及び支出は、請求人に帰属するものとして計算することとなる。

審判所の判断は、法人税法上減価償却費の計上が、法人税法第31条《減価償却資産の償却費の計算及びその償却の方法》第1項及び同法施行令第63条《減価償却に関する明細書の添付》の各課税要件を充足する必要があるところ、請求人は、信託会社から本件信託財産報告書の送付を受けているが、本件信託建物の減価償却費について、①両事業年度の

株主総会において承認され確定した決算で減価償却費として損金経理をしていないこと、②両事業年度の財務諸表及び会計帳簿で減価償却費以外の科目によっても損金経理をしていないこと、また、③請求人の両事業年度の確定申告書に添付されている申告書別表16にその建物に係る減価償却費の計算明細の記載がないことから、損金の額に算入することができないとしたものである。

　上記③の要件の欠落は、法人税法施行令第63条第2項の宥恕規定の解釈範疇になければ受け入れざるを得ない。また、減価償却費の計算等は、受託者が作成する減価償却費の明細では、上記①及び②の損金経理要件を充足しないと判断されたところ、受益者が、個人及び法人が混在している場合又は受益者の償却方法が異なる場合の減価償却費の計算のフォローが困難であることを勘案すると、受益者全体の目安程度になることが必至であり、各受益者の会計処理等に依存することもやむを得ないことであろう。

　なお、任意組合等の事業体は、最終的な利益が構成員に帰属するところ、税法に規定する減価償却制度の適用が構成員ごとに異なることを想定した場合、同様の論点が浮上していることも考えられる。そうすると、事業全体の財産債務管理及び損益結果の取りまとめは全体計算を前提として、構成員ごとの減価償却資産の償却費の配賦計算まで受入れられるかどうかは、信託又は組合契約のいずれのケースも同様のテーマが内在しているといえる。

第3章

寄附金等に関する
判断基準

第3章　寄附金等に関する判断基準

　法人税法第37条《寄附金の損金不算入》（以下「寄附金課税」とい
う。）の趣旨について、「法37条の寄附金とは、その名義にかかわらず、
金銭その他の資産又は経済的利益の贈与又は無償の供与のことであり
（同条6項）、法人の事業に関連するか否かを問わず、法人が行う対価性
のない支出であると解すべきである。すなわち、法人の行う対価性のな
い支出には、法人の事業に関連性を有し、その収益を生み出すのに必要
な経費といえるものと、そうでなく単なる利益処分の性質を有するにす
ぎないものとがあるが、具体的事例において、ある法人の行った対価性
のない支出のうちどれだけが費用の性質をもち、どれだけが利益処分の
性質をもつのかを客観的に判定することは困難であるため、法は、事業
活動の費用であることが明らかな同条6項の括弧書きの支出を例外とし
て寄附金から除くとともに、行政的便宜及び公平の維持の観点から一種
の擬制として統一的な損金算入限度額を設け、その範囲内の金額には当
然に費用性があるものとして損金算入を認め、それを超える部分につい
ては、仮に何らかの事業関連性があるとしても、損金算入を認めないも
のとしていると解すべきである（同条2項）。したがって、対価性のな
い支出であれば、法37条6項の括弧書きのものに該当しない限り、法人
の事業に関連するか否かを問わず、寄附金性を有するものと解すべきで
ある[1]。」旨判示されている。

　本章では、この寄附金課税を中心として、その周辺に潜む租税特別措
置法第第61条の4《交際費等の損金不算入》（以下「交際費課税」とい

1　熊本地判平成14年4月26日【税務訴訟資料　第252号順号9117】

う。）に派生させる等、寄附金等の認定をめぐる法人税の判断基準につ
いて、考察する。

第 1 節　　寄附金等の範囲

　法人税法第37条に規定する寄附金の額は、寄附金、拠出金、見舞金その他いずれの名義をもってするかを問わず、内国法人が金銭その他の資産又は経済的な利益の贈与又は無償の供与をした場合における当該金銭の額若しくは金銭以外の資産のその贈与の時における価額又は当該経済的な利益のその供与の時における価額によるものとする旨規定している（法法37⑦）。この定義規定において、特に論点となるのは、経済的利益の供与があったか否かという争点に集約できるだろう。

　近年では、各企業の CSR（Corporate Social Responsibility＝企業の社会的責任）、SDGs（Sustainable Development Goals＝持続可能な開発目標）の取組みが進んでおり、非営利組織等との連携により、企業の事業計画に資金的支援が盛り込まれる内容が見られるようになってきている。このような企業の取組みは、寄附金の根本的な意味合いが変貌していることの象徴ともいえ、社会的要請による対価関係を見出すことができることから、寄附金税制のあり方（損金性）を再検討すべきものとして、社会環境が先行し構築されようとしている。

　その一方で、企業の運営における税務調査や争訟の場面では、取引の多様化による社会環境が変化しているにもかかわらず、経済的利益の供与の認定が普遍的なテーマとして顕在化しており、取引の経済的合理性の有無をめぐり、その事実関係に焦点が当てられている。これは、資本関係が密接な関係会社間の取引によるもの、及び同一地域に存する団体等との連携を配慮した取引による経済的成果に潜む懸念事項であり、CSR や SDGs への取組みとは異なる領域であることから、同じ寄附金の範囲であるとはいっても、課税問題を回避する観点において、一層監視の目を強めるべき取引が内在していると考えるべきだろう。

第1款　寄附金と交際費等の範囲の比較

　第1款では、寄附金に近接する費用として交際費等に着目し、寄附金と交際費等の範囲について、検討を行うこととする。

　次の〔1〕昭和61年11月29日の裁決では、寄附金と交際費等の範囲について、「一般的に寄付金とは金銭その他の資産の贈与、又は経済的な利益の供与のうち、事業の遂行に直接関係あるもの以外のもの、すなわち事業の遂行に直接関係のないもの及び事業の遂行との関係が明らかでないものと解される。（中略）事業に関係ある者等に対する金銭の贈与は交際費等に該当するが、事業に関係のない者等に対する金銭の贈与は、交際費等に含まれず、原則として寄付金に該当すると解される。」旨の法令解釈が示されている。これによると、寄附金と交際費等との区分は、法人の事業遂行との関係性が重要な判断基準であると考えられ、事業に関係ある者に対する贈与等であるか否かが考慮すべき一つの要素となろう。この点、租税特別措置法関係通達61の4⑴-2では、「事業に直接関係のない者に対して金銭、物品等の贈与をした場合において、それが寄附金であるか交際費等であるかは個々の実態により判定すべきである」とし、事業に直接関係のない者等に対する贈与等であっても交際費等の範疇にあると定めていることからしても、事業の遂行との関係性を明らかにすることが最も重要な要素であるといえる。なお、同通達では、「金銭でした贈与は原則として寄附金とする」旨定めているところ、金銭贈与の最終的な受益者の捕捉が困難であることから、事業遂行との関係性が曖昧になることを考慮していると解すべきだろう。

　この寄附金と交際費等の範囲の区分は、租税行政庁との間において、高い頻度で争点に派生している要素であり、法令解釈等を基礎にして事実関係の本質に向き合うことが必要である。

《裁決事例の考察》

> 〔1〕　特定の政治団体の中傷行為等を排除するためにやむなく支出
> した金員は寄付金に該当するとした事例（裁決事例集 No.32-
> 245頁：昭和61年11月29日裁決）

1　事案の概要

　本件は、土木建築工事業を営む同族会社である請求人が、昭和58年 6
月30日に政治団体Ａの役員Ｂに対し5,000,000円（以下「本件支出金」
という。）を支払い、雑費勘定で経理処理を行い、全額損金の額に算入
して法人税の申告をしたところ、原処分庁が、本件支出金は寄付金に該
当するとして法人税法第37条《寄付金の損金不算入額》により、損金不
算入額を4,105,161円とする更正処分を行ったことに対し、請求人が、
本件支出金は交際費等・寄付金に該当しないことから、その全額を法人
税法第22条《各事業年度の所得の金額の計算》第 3 項第 2 号又は同条同
項第 3 号に規定する費用とすべきであるとして、更正処分の全部の取消
しを求めた事案である。

2　主要事実と法令解釈等への適合（請求棄却）

　本件支出金は、請求人と政治団体Ａの役員Ｂとの間には何ら事業上の
関係がないところ、請求人の代表取締役Ｅ個人の行為に端を発し、役員
Ｂを通じて請求人に対するいやがらせが行われ、放置しておくと請求人
の事業に支障を来たすおそれがあったことから、やむを得ず支払うこと
になったもので、その金額の算出根拠も明らかでない。

　審判所は、「金銭の贈与についての寄付金と交際費等との区別は、金

銭の贈与が事業の遂行に直接関係あるか否か、若しくは贈与の相手先が事業に関係ある者に当たるか否かによってなされることになる。そして、通常金銭の贈与については、寄付金・交際費等以外の経費は考えられないところである。」ことを前提として、本件支出金が、任意の反対給付を伴わない金銭の贈与に当たることは明らかであり、請求人の事業の遂行に直接関係のあるものとは到底認め難いことから「寄付金とするのが相当である」として、審査請求を棄却している。

なお、本件支出金は、「金銭の贈与」と認定されたことで、全額法人税法第22条第3項第2号又は同条同項第3号に規定する費用とする請求人の主張が排斥されたため、交際費等又は寄付金のいずれかの該当性の判断となっている。

3 事実認定等による考察

審判所は、本件支出金が、請求人の代表取締役E個人の行為により、請求人の事業に支障を来たすおそれを払拭するため、政治団体Aの役員Bらと話し合いを持ち、その結果、請求人が同団体の役員Bに5,000,000円を支払うことを決定したもので、その金額の算出根拠も明らかでないことから、「金銭の贈与」として認定したと考えられる。

請求人の主張どおり、交際費等及び寄付金に該当しない費用とするためには、本件支出金が、請求人の代表取締役Eとしての立場において不躾な行為に端を発して支出したものであること、また、当該行為に対する和解成立のため請求人が負担すべき金員であるとして本件支出金の算定根拠を明らかにすること等により、単なる金銭の贈与としての認定を払拭し事業遂行のための対価性のある事実を明らかにする必要があろう。

他方、本件は、代表取締役E個人としての行為に端を発しており、請求人の事業との関連性を遮断されたことから、その責任の根源と本質的

な負担者との関係が明らかになれば、立替金等として給与の支給時点で
相殺することも考えられるのではなかろうか。

第2款　交際費課税の趣旨と交際費等の範囲

　交際費課税の趣旨は、「本来の必要経費の範囲を超えた冗費、濫費を生ずる弊害を防止し、資本充実、蓄積等の促進を図るとともに、交際費等を徒に支出するならば、公正な取引を阻害し、公正な価格形成を歪めることにもなるため、これを防止する趣旨であると解される[2]。」旨判示されている。租税行政庁との間において、交際費等に該当するか否かの意見の相違があった場合には、交際費課税の目的論を基礎にして、支出内容から必要経費としての範疇にあることを訴えかけることが肝要といえる。

　一方、交際費等とは、交際費、接待費、機密費その他の費用で、法人が、その得意先、仕入先その他事業に関係のある者等に対する接待、供応、慰安、贈答その他これらに類する行為（接待等）のために支出するものをいう（措法61の4④）。この交際費等の定義のみでは、交際費等の該当性について、解釈の相違が多々生じてしまっている。しかし、萬有製薬事件[3]による交際費等の法令解釈について、「交際費等に該当するというためには、①『支出の相手方』が事業に関係ある者等であり、②『支出の目的』が事業関係者等との間の親睦の度を密にして取引関係の円滑な進行を図ることであるとともに、③『行為の形態』が接待、供

2　福岡地判平成29年4月25日・税務訴訟資料第267号66—順号13015
　　本件は、福利厚生費と交際費等の区分について争われた事案であり、第3款で考察する。
3　東京高判平成15年9月9日・税務訴訟資料第253号—順号9426
　　本件は、主として医薬品の製造業を営んでいる控訴人Xが、大学病院の医師等から医学論文の英文添削の依頼を受けたため、米国の添削業者2社に外注し、医師等から国内業者の平均的な英文添削料金を徴収していたが、その徴収額を超えて外注先に負担していたことが明らかとなり、その後徴収する英文添削料金を同程度に改定しているところ、被控訴人Yが、当該外注費と徴収額との差額は交際費に該当し損金の額に算入されないとして更正処分をしたことに対して、Xがその差額は寄附金であるとしてYの更正処分の取消しを求めて提訴した事案である（納税者勝訴）。

応、慰安、贈答その他これらに類する行為であること、の三要件を満たすことが必要であると解される。」旨判示されたことにより、交際費等に該当するか否かの判断基準が相当程度具体的になったと考えるべきである。また、この法令解釈には、三要件のうち取り分け『行為の形態』に踏み込み、「交際費等に該当するためには、行為の形態として、接待、供応、慰安、贈答その他これらに類する行為であることが必要であることからすれば、接待等に該当する行為すなわち交際行為とは、一般的に見て、相手方の快楽追求欲、金銭や物品の所有欲などを満足させる行為をいうものと解される。」とし、事業遂行目的に潜む交際行為による相手方の欲求を満たすものであることが明示された意義は大きいと考えられる。

　したがって、萬有製薬事件の法令解釈は、高等裁判所の判断により交際費等に該当する三要素を明らかにしたものであるところ、判例としての拘束力にやや劣るとしても、争点となった費用の内容に拘泥すべきことなく、交際費課税の対象か否かの判断の柱として、大いに実務事例に当てはめ射程を広げて欲しいものである。

第3款　福利厚生費と交際費等の区分

　交際費課税の対象となる交際費等の範囲は第2款で考察したところであるが、交際費等には、その定義規定の中で福利厚生費の範疇に捉えられる「専ら従業員の慰安のために行われる運動会、演芸会、旅行等のために通常要する費用」が除外されている。これらレクレーション費用は、給与としての課税問題に派生する費用であることも考えられるが、交際費等の支出の相手方には役員や従業員が含まれる（措通61の4(1)－22）ことから、法人内で開催される行事に係る交際費等の該当性について、第2款の交際費課税の趣旨として引用した実際の事例[2]を基礎に整理をしておきたいと思う。

1　事案の概要等

　本件は、原告である法人が、平成20年3月期ないし平成24年3月期（本件各事業年度）の法人税に関して、従業員等に対する「感謝の集い」と名付けられた行事に係る費用の一部等を損金の額に算入した上で確定申告をしたところ、処分行政庁が、当該各費用につき、いずれも租税特別措置法第61条の4第3項に規定する「交際費等」に当たり、損金の額に算入することはできないとの判断に基づき、本件各事業年度の法人税の更正処分等を行ったことから、原告が各更正処分等の取消しを求めた事案である。

　原告は、次に掲げる別表1（感謝の集いの状況）記載のとおり、本件各事業年度の最終月（3月）に、宮崎市所在のB（本件ホテル）において、「感謝の集い」行事（本件行事）を開催した。本件行事には、原告の役員及び従業員並びに下請先である各法人事業主及び個人事業主（協力会社等）の役員及び従業員合計1,000人程度が参加し、参加者にはコース料理が提供され、プロの歌手や演奏家のコンサート等が開催されて

いる。

【別表 1】　感謝の集いの状況

平成20年 3月期	開　催　日	平成20年 3 月18日				
	開 催 場 所	※マスキングにより不開示				
	対 象 人 員	1,312人	参加人員	954人	参加率	72.7%
	開閉会時間	11時開会 15時閉会	食事及び 演奏時間	11時20分～ 13時	コンサート 時間	13時10分～ 14時50分
	支 出 額	28,706,635円				
※平成21年 3 月期～平成23年 3 月期省略						
平成24年 3月期	開　催　日	平成24年 3 月13日				
	開 催 場 所	※マスキングにより不開示				
	対 象 人 員	1,360人	参加人員	1,022人	参加率	75.1%
	開閉会時間	11時開会 15時50分閉会	食事及び 演奏時間	11時20分～ 13時20分	コンサート 時間	13時30分～ 15時40分
	支 出 額	23,364,707円				

(注)　平成20年 3 月期ないし平成24年 3 月期に係る各事業年度の参加率（参加者数
の参加資格者数に対する割合）は、最低71.4%、最高75.1%である。

2　法令解釈の考察

　レクレーション費用を交際費等の範囲から除外していることについ
て、裁判所が示した法令解釈は、次の(1)及び(2)のとおりである。

(1)　措置法第61条の 4 第 3 項が、「専ら従業員の慰安のために行われ
　る運動会、演芸会、旅行等のために通常要する費用」について、損
　金不算入の取扱いを受ける「交際費等」から除外したのは（同項括
　弧書、 1 号）、従業員も「事業に関係のある者等」に含まれ、交際
　費の支出の相手方となるものの、専ら従業員の慰労のために行われ

る諸活動のために「通常要する費用」は、従業員の福利厚生費とし
て法人が負担するのが相当であり、その全額につき損金算入を認め
ても法人の冗費・濫費抑制等の目的に反しないからであると解され
る。したがって、専ら従業員の慰安のために行われる行事に係る費
用について、当該行事が、法人が費用を負担して行う福利厚生事業
として社会通念上一般的に行われている範囲を超えており、当該行
事に係る費用が社会通念上福利厚生費として認められる程度を超え
ている場合には、交際費等に当たり、損金算入が否定されることに
なると解するのが相当である。

(2)　そして、当該行事が福利厚生事業として社会通念上一般的に行わ
れる範囲を超え、当該行事に係る費用が社会通念上福利厚生費とし
て認められる程度を超えているか否かについては、交際費等の損金
不算入制度の趣旨及び目的に鑑み、当該法人の規模や事業状況等を
踏まえた上で、当該行事の目的、参加者の構成（すなわち、従業員
の全員参加を予定したものか否か）、開催頻度、規模及び内容、効
果、参加者一人当たりの費用額等を総合して判断するのが相当であ
る。

　レクレーション費用が福利厚生費とされるのは、社会通念上一般的に
行われている範囲内であることを要するとし、まずは不確定概念による
判断を求めている。そして、当該判断基準は、交際費課税の趣旨及び目
的論的解釈に照らし合わせ、法人の規模や事業状況等を踏まえ、①行事
の目的、②参加者の構成、③開催頻度、④規模及び内容、⑤効果、⑥参
加者一人当たりの費用額等の各要素に実際の事実関係を当てはめること
を要請している。「社会通念上一般的」という不確定概念とはいえ、法
令解釈がここまで具体的に判断要素を明示していることからすれば、実
体に即した課税要件への適合（交際費等の認定を回避する等）のために

は、汎用性のあるエビデンス作成のためのメルクマールとして大いに活用するべきであろう。

3　主な認定事実と裁判所の判断

「感謝の集い」行事の実施について、裁判所が認定した役員の思考と従業員の受け止め方は、交際費課税の趣旨及び目的論的解釈に対して、その課税要件の適合有無の判断上大きな作用を与えている。

裁判所が認定した本件行事の事実は、「原告の従業員によって、原告代表者が日々鶏肉の解体等の処理・加工・販売業務等に携わる（中略）従業員や同じ環境で働く下請協力会社の専属従業員に対し、厳しい労働環境の中での忍耐、働きづめの努力に感謝し、その労働意欲のモチベーションを向上して、誇りと自信をもって働き続けてほしいという思いを込めて（中略）開催してくれている行事であって、従業員にとって年に1度のかけがい〔ママ〕のない楽しみであり、会社が一体となって組織としての結束力を高め、社長の感謝の心を感じ、それに対し全従業員が感謝の心で応え明日の勤労意欲の向上に向かう唯一の機会であると理解されている」ことである。

そして、各工場の従業員からは、次の(1)ないし(3)の指摘がなされている。

(1)　本件行事は全従業員同士が集まる唯一の機会であり、原告代表者の思いに毎年感謝しながら参加し、1年の思い出等を同僚と語り合い、飲食・鑑賞を共にして、これからもA（グループ）で働くぞと労働意欲を盛り上げ、「新たな事業年度のスタートを切る」という気持ちになることができている。

(2)　普段は大型のリゾートホテルの宴会場で食事をしたり、歌手の生の歌唱を鑑賞したりする機会がないことから、本件行事の開催場所、食事の内容、コンサート鑑賞等によって、大いに盛り上がり、

　大いに慰労され、「また一年この会社のために頑張りたい」という
　思いに駆り立てられてきた。(以下省略)

(3)　「感謝の集い」があるからこそ年に一回心身ともに充実し、当社
　で働けることに誇りや生きがいを感じるきっかけとなり、全従業員
　が益々一丸となって会社に貢献しようという気持ちが高まってい
　る。

　このような「感謝の集い」に対する原告と従業員との思考の連携は、
交際費課税の趣旨及び目的に適合する要素をはねのけており、裁判所の
判断における認定事実とされていることからしても、従業員との意思疎
通が重要な判断要素になっていると考察することができる。

　そして、裁判所は、上記2の各判断要素について、次の別表2のとお
り、事実関係に当てはめ、「交際費等に該当しない」旨の判断をしてい
る。当初、調査担当職員の目には、毎年決算月に2千万円を超えるパー
ティー費用をコスト化している現状を捉え、利益調整の意図を予見した
ことから、交際費等の認定に至ったものと推定される。本事案における
裁判所の判断では、経常的な開催を肯定的に捉え、開催費用総額ではな
く一人当たりの費用額からしん酌すべきであること、また、「社会通念
上一般的に行われている範囲内」の要素として、特に、①本件行事の目
的が原告代表者と従業員の意識から認定すること、②本件行事の内容が
本件行事に参加するための従業員が要する時間を考慮することにより必
要性や相当性の有無に派生することが明らかになっていることについ
て、非常に参考になるといえる。

【別表2】　社会通念上一般的に行われている範囲内と認定すべき各要素
の適合

本件行事の目的	原告が原告代表者のリーダーシップの下、（中略）原告代表者が、その原動力となった従業員に感謝の気持ちを伝えて労苦に報いるとともに、従業員の労働意欲を更に向上させ、従業員同士の一体感や会社に対する忠誠心を醸成することにあった。そして、このように従業員の一体感や会社に対する忠誠心を醸成して、更なる労働意欲の向上を図るためには、従業員全員において非日常的な体験を共有してもらうことが有効、必要であると考えられる。
本件行事の開催場所	本件行事の目的から、原告の従業員全員（1000人程）が一堂に会することが必要であったといえ、同程度の人員を収容できる会場であって、原告の本社に近い会場としては、本件ホテル（大型リゾートホテル）のみであったことから、本件行事の開催場所を本件ホテルとしたことは、やむを得ないことであったものと認められる。
本件行事の内容	本件行事の目的、開催頻度、会場の性質、従業員の女性比率の高さ、日程の制約等に加えて、本件行事に参加するための従業員の移動時間は往復3時間ないし6時間に及ぶことなどを考慮すれば、（中略）必要性、相当性があったものと認められ、原告のような事業規模を有する優良企業が年1回の頻度で行う福利厚生事業として社会通念上一般的に行われている範囲を超えるものであると認めるのは困難である。
本件行事に係る参加者一人当たりの費用等	本件行事に係る参加者一人当たりの費用は2万1,972円ないし2万8,726円であるところ、本件行事は、年1回、従業員の移動時間を含めると約8時間から約11時間を掛けて行われる行事であることに照らせば、通常要する費用額を超えるものとは認め難い。

第4款　寄附金と認定された裁決事例の考察

　ここでは、寄附金と認定された複数の裁決事例を基礎にして、審判所の判断過程を検討することにより、事実認定等に係る考察を行うこととする。

《裁決事例の考察》

> 〔2〕　本件土地の譲渡価額と時価との差額が生ずることについて合
> 　　　理的な理由があるとは認められないから、その差額は寄付金に
> 　　　該当するとした事例（裁決事例集 No.41-229頁：平成 3 年 5 月
> 　　　29日裁決）

1　事案の概要

　本件は、不動産賃貸業を営む同族会社である請求人が、昭和61年 9 月
29日 A 社に P 市 R 町58番 外16筆43,890.25㎡（公簿面積）の工場跡地
（以下「本件土地」という。）を1,400,000,000円で譲渡し、これに係る
譲渡利益を当期の益金の額に算入して法人税の確定申告をしたところ、
原処分庁が、本件土地の譲渡時の価額は3,893,723,528円であるから、
請求人は時価に比し著しく低い価額で譲渡していることになり、その差
額は寄付金に該当するとして法人税法第37条《寄付金の損金不算入》第
6 項の規定により、寄付金の損金不算入額2,434,649,867円とする更正
処分を行ったことに対し、請求人が、原処分庁は本件土地の時価を過大
に算定しており、また、A 社に対して実質的に贈与した金額もないか
ら、法人税法第37条第 6 項の規定の適用はないとして、更正処分の全部
の取消しを求めた事案である。

2 主要事実と法令解釈等への適合（請求棄却）

> **法令解釈**　法人税法第37条に規定する寄付金は、同条第5項に規定するように、金銭その他の資産の贈与及び経済的利益の無償の供与であるが、**これらに共通するのは給付の無償性**であって、同条第6項に規定するいわゆる低額譲渡の場合における「実質的に贈与又は無償の供与をしたと認められる金額」とは、**譲渡の対価の額と時価とに差額が生ずること（無償性）について合理的な理由が認められない場合のその差額をいう**ものと解されている。

※アンダーライン等筆者加筆

　請求人が主張する本件土地の時価は、請求人とA社で合意した価額の1,400,000,000円ではなく、造成区画割をして一戸建住宅の敷地に供することが最も有効な利用方法であるとして、A社の依頼により不動産鑑定士D男が本件土地の譲渡後の平成元年12月7日付で作成し、評価時点を昭和61年8月1日として算定されたD男鑑定評価書の評価額1,714,000,000円である。この時価について、審判所は、本件土地の所在地の区画整理事業が行われつつあり、すでに商業地域としての価格が形成されつつあったと認定したため、不動産鑑定評価の前提となる土地の最有効利用方法との間に乖離が生じていること、また、本件土地の昭和62年度の固定資産税の評価額の約18億円に満たないことを理由にして、請求人の本件土地の時価の算定を排斥している。

　そして、審判所の判断では、「土地の時価を算定するに当たっては、近隣の土地の取引事例中適正価額によったと認められるものがあれば、この価額を基に時点修正を行った上、当該対象土地の位置形状等の特殊性を勘案して算定するのが合理的な方法であると解されている」ことから、原処分庁が取引事例を基にして本件土地の時価を算定したことについて合理的であるとしている。さらに、審判所は、原処分庁が採用した本件土地の時価の算定方法を肯定しながら、当該方法により算定された価額について、本件土地が採用した取引事例に街路条件及び交通・接近

条件で優れていることを加味していない等を指摘し、少なくとも本件土地の時価が原処分庁の算定額3,893,723,528円を上回ると推認している。

　審判所は、本件土地の時価を認定していないが、少なくとも原処分庁が算定した評価額3,893,723,528円と請求人とA社で合意した価額1,400,000,000円との間には差額が生じており、当該差額が生ずることについて合理的な理由があるとは認められないから、これらの差額は「実質的に贈与又は無償の供与をしたと認められる金額」とするのが相当であるとして、審査請求を棄却している。このように、審査請求による判断は、原処分庁の行った更正処分を超える不利益を請求人に与えることをしないことから、必然的に明確な判断を避けることがある。本事案では、本件土地の時価を審判所は認定せずに判断をしている。

3　事実認定等による考察

　本件のような事例は、寄付金認定のための「実質的に贈与又は無償の供与をしたと認められる金額」が、譲渡対価と時価との間に差額が生じていることを捉え、当該差額が生じた理由の合理性の有無をどのように判断しているかが重要となる。

　請求人は、「本件土地は、大規模地で全体の単一利用は不可能に近いことなどその売却には相当の困難があり、現にその買受人は全くないに等しく、早期に換価するためには、請求人が譲渡価額を下げる以外に方法がなかったものである」旨主張している。しかし、審判所は、本件土地の時価の算定について、「本件土地の所在地の区画整理事業が行われつつあり、すでに商業地域としての価格が形成されつつあった」ことを踏まえ、原処分庁が本件土地の時価の算定において取引事例比較法を採用するに当たり取引事例が適正価額によっていると認めていることを考慮すると、請求人が「買受人は全くないに等しく（中略）譲渡価額を下げる以外に方法がなかった」旨の主張をしたことにより、事実とかみ合

っていないことが顕在化したため合理性を見出すことができなかったといえる。

　ところで、請求人は、Ａ社との間における本件土地の合意価額を1,400,000,000円として譲渡を行っていながら、本件土地の譲渡後にＡ社が依頼したＤ男鑑定評価書の評価額1,714,000,000円を入手している。この行為は、請求人とＡ社との間において、本件土地の売買価額が著しく時価を下回っていることを認識した上で譲渡したことから、事後的に合意価額の裏付けを備える目的から行ったものと推定される。そして、請求人は、譲渡対価と時価との間に差額が生じる要因である「土地の売買価額は、売主側の事情、買主側の事情、売主と買主との関係等種々の要素が働いて決定される」旨の当該事情等の説明が、「請求人の関係する医療法人の事実上の倒産に伴い、同法人に係る融資元利金の返済債務の負担にもあえぎ、資金繰りが極度にひっ迫していた」ことを理由にしたことにより、むしろ租税負担を回避してＡ社に利益を与える目的で本件土地の処分を行ったのではないかという思考を牽引したと考えられる。そのため、このような懸念を払拭させる当該差額が生じた理由の合理性は、本件土地の売買価額の決定が、譲渡先であるＡ社及び請求人の債権者との協議により、請求人の再建計画の一環として急務であったこと等の事情・背景が必要となろう。

　なお、原処分庁の更正処分に至る税務調査は、請求人が高額な不動産を譲渡したことを端緒として、適正な譲渡利益の計上となっているかを確認する目的であったのかどうかは不明であるが、請求人とＡ社との何らかの関係及び本件土地の譲渡の伏線となった事業活動の経緯を捉えて実施されたこと等も想定できる。いずれにしても、経常外における高額な損益の発生は、経営上の大きな判断の結果によるものと考えられることから、客観的に課税問題が内在している余地を予見させることになろう。

《裁決事例の考察》

> 〔3〕　請求人が非上場株式を関係会社の代表者に対して額面金額で
> 譲渡した価額は、通常取引価額に比べ低額であるから、その価
> 額と譲渡価額との差額は寄付金であると認定した事例（裁決事
> 例集 No.57-342頁：平成11年2月8日裁決）

1　事案の概要

　本件は、△△業を営む請求人が、平成5年11月4日に請求人の保有す
る非上場株式であるG社株式3,000株（以下「本件株式」という。）をG
社の代表取締役Jに1,500,000円（一株当たり500円、額面金額）で譲渡
し法人税の確定申告等をしたところ、原処分庁が、本件株式の通常取引
価額を30,264,000円（一株当たり10,088円、純資産価額方式）と算定
し、その差額28,764,000円は請求人がJに寄付をしたものと認められ、
法人税法第37条《寄付金の損金不算入》第2項の規定により、寄付金の
損金不算入額25,991,441円とする更正処分を行ったことに対し、請求人
が、本件株式の評価額は配当還元方式と純資産価額方式を併用するのが
合理的な算出方法（一株当たり3,219円）であるから、寄付金の損金不
算入額は5,641,999円となるとして、更正処分の一部の取消しを求めた
事案である。

2　主要事実と法令解釈等への適合（請求棄却）

　審判所は、本件株式について、①本件譲渡の日前6か月間に本件譲渡
と同様の条件の下での適正と認められる売買実例がないこと、②G社と
事業の種類、規模、収益の状況等が類似すると認められる他の法人の株

250

式の価額が見当たらないこと、③本件譲渡により譲渡後のG社の発行済株式の持株割合は、請求人が42.5パーセント、Jが40.0パーセントとなり、それぞれが、評価通達上の「同族株主」となること、④原処分庁は本件株式の通常取引価額について旧法人税基本通達9-1-15を援用し純資産価額方式により算定したことを認定している。

<table>
<tr><td rowspan="2">法令解釈</td><td>取引相場のない株式の評価として、評価通達の定めるところは、会社の規模等の実態に即した評価とするため、①会社資産の割合的持分という株式の性質に応じた純資産価額方式を基本として、②会社の規模により、事業内容が類似する業種目の上場株価に比準して株式の価値を評価する方法（類似業種比準方式）による評価を加味し、さらに、③株式取得者の会社経営への影響力等による株式取得利益の大小を考慮して、一定割合以下の株式取得者に対しては、配当還元方式という簡便な評価方式を採用し得ることを定めたものであり、法人税基本通達においてもこれを援用することとしたものであるから、かかる基準そのものは一般的な合理性を有するものということができる。</td></tr>
</table>

※アンダーライン等筆者加筆

　本件株式の通常取引価額は、上述の認定によれば、市場性がなく時価が明らかでないところ、法令解釈により法人税基本通達の定めが一般的に合理性を有すると認められることから、原処分庁が旧法人税基本通達9-1-15の評価方式を援用して本件株式の通常取引価額を純資産価額方式により算定した金額を不相当とする理由はない旨の判断に導かれている。

　これにより、「取引相場のない株式の価額を定める評価通達は、当該株式の価額を合理的、かつ、その実態に即して評価し得るものと認められ、実務上定着しているので一般的に妥当性と合理性を有するものであるから、当該通達により算定された通常取引価額と譲渡価額との差額は寄付金に当たる」としている。

3　事実認定等による考察

　請求人は、①G社の経営の実権は請求人の代表者が握っておりJの発言権は皆無に近いこと、②本件譲渡によりJのG社の持株割合は40パーセントに増加したが、請求人はG社に対する支配権を依然留保していること、③Jの持株割合の増加は配当金の受領権の増加にすぎないことを理由にして、企業清算的な正味分配価値である純資産価額方式のみを基礎とするよりも、将来の配当期待権の価値を資本還元した価額により評価する配当還元方式を併用すべきとしている。しかし、いずれの理由も事実を検証するものがなく、仮に当該事実が認められたとしても通常取引価額の算定方法が配当還元方式と併用することとなる根拠を示すことができないことから、請求人の本件株式の評価方法は、会社の規模等の実態に即した評価額とは認められず、単に独自の見解であると判断されるであろう。

　旧法人税基本通達9-1-15は、財産評価基本通達による非上場株式の評価方法の定めを援用することとしたものであり、議決権等の割合により同族株主と少数株主に区分して評価額を算定することとしている。つまり、同族株主の間における非上場株式の譲渡は、純資産価額方式又は純資産価額方式と類似業種比準方式との併用方式によることとし、それが法令解釈により一般的に合理的を有する算定方法であると認定されてしまうのであれば、同通達に定められている算定方法以外の方法を受入れる余地がないと解される。

　このような一般的な判断に対して、請求人の評価方法がより合理的であると主張するのであれば、Jの持株割合の増加は配当金の受領権の増加にすぎない等、請求人の主張する各事実を実証することが必要であるため、本件株式の評価方法として少なくとも配当還元方式を併用する割合に応じて本件株式を配当優先無議決権株式へ変更するなど、事実と理由の平仄をとるべきであろう。法人税基本通達に依らない通常取引価額

の合理的な算定方法は、会社の実態に即した事実を適合させて得られた評価方法により、「時価」とすることについて妨げる理由はないと主張を導くべきである。

　とはいえ同族関係者間の取引相場のない株式の取引価額は、基本的に通達評価に依拠することになろう。

　なお、令和2年3月24日付最高裁判決により、財産評価基本通達188の(1)に定める「同族株主」に該当するかどうかは、株式を譲渡した者の譲渡直前の議決権の数によることとしたことから、個人が取引相場のない株式の譲渡の時における価額の判断時期が明らかになったといえる。しかし、現行法人税基本通達9-1-14《市場有価証券等以外の株式の価額の特例》は、上述の「同族株主」に該当するかどうかの判定時期を定めていないところ、私見ではあるが法人の譲渡場面において、譲渡時又は取得時の議決権の数の変動状況等を勘案し、取引当事者の関係から価額の算定の合理性を導く必要があろう。

《裁決事例の考察》

> 〔4〕　請求人が財団法人に対して支出した本件出捐金は基本財産と
> することを指定して支出したものであるから、寄付金に該当す
> るとした原処分が適法とされた事例（裁決事例集 No.58-180
> 頁：平成11年12月22日裁決）

1　事案の概要

　本件は、Ｌ漁業協同組合である請求人が、合併による消滅前のＧ漁業
協同組合（以下「消滅法人」という。）として平成 8 年 5 月16日に財団
法人Ｈ灘漁業振興協会（以下「振興協会」という。）にきょ出した本件
出捐金8,438,235円を繰延資産として償却費の額を損金の額に算入して
法人税の確定申告をしたところ、原処分庁が、本件出捐金は振興協会の
基本財産に充てられるものとしてきょ出されたことは明らかであるとし
て旧法人税法第37条《寄付金の損金不算入》第 6 項に規定する寄付金に
該当し、寄付金の損金不算入額1,077,298円とする更正処分を行ったこ
とに対し、請求人が、振興協会の事業のすべてについて請求人らが便益
を受けるものであるから繰延資産に該当するとして、更正処分の全部の
取消しを求めた事案である。

2　主要事実と法令解釈等への適合（請求棄却）

　本件出捐金は、消滅法人が旧民法第34条の規定により設立された財団
法人である振興法人に対して基本財産[4]とすることを指定してきょ出し
たものであり、振興協会が平成 9 年 3 月31日に基本財産に組み入れてい
る。この「基本財産の管理運用は、安全、確実な方法、すなわち元本が

確実に回収できるほか、固定資産としての常識的な運用益が得られ、又は利用価値を生ずる方法で行う必要があり[5]」、利子又は利用価値を生じない現金などは原則基本財産として適当でないとされている。

また、消滅法人の代表理事組合長Mは、本件出捐金を支出した経緯について、「漁場を同じくする漁業者によって、資源の維持増大、漁場環境の整備、漁業秩序の確立、教育情報活動等を積極的に推進し、H灘漁業者の生活向上を図るという振興協会設立の趣旨にのっとって、将来にわたって振興協会の事業を行うために本件出捐金をきょ出することを、平成8年6月20日の臨時総会の決議を経て決定した」旨審判所に答述している。

請求人は、法人税基本通達8-1-11《同業者団体等の加入金》を根拠に、「振興協会に対する本件出捐金の目的、その効果及び便益の寄与等は、当該同業者団体等の加入金と同じである。」として、自己が便益を受けるために支出する費用であることから、繰延資産に該当する旨主張している。この請求人の主張は、原則基本財産に馴染まない本件出捐金を、あえて公益法人の基本財産とすることを指定してきょ出し、消滅法人の代表理事組合長Mの答述によると、自己の便益のためではなく漁業者の利益の増進に寄与することを目的として振興協会にきょ出したことが認められることから、対価性を見いだすことができず繰延資産に該当する旨の理由に適合するものではない。

これにより、審判所は、請求人がきょ出した本件出捐金を振興協会に対してなされた金銭の贈与と認定し、旧法人税法第37条第6項に規定す

4　旧民法第34条の規定により設立された「公益法人が所有する財産は、通常は基本財産と運用財産とに分類される。運用財産は基本財産以外の財産であり、主にその法人が事業を遂行する上において必要なものであるが、一般に短期的に消滅する財産である。これに対して基本財産は、法人が所有する財産のうち特に重要視されるもので、法人の事業達成の基盤となる財産である。また、その法人の維持・存続に重大な係わり合いを持つものである。」、守永誠治『公益法人会計精説〔新訂版〕』178-179頁（全国公益法人協会、2000）
5　「公益法人の設立許可及び指導監督基準の運用指針」について（基準）(4)（運用指針）

る寄付金に該当するとして、審査請求を棄却している。

3　事実認定等による考察

　請求人は、主務官庁の指導監督下にある旧公益法人が基本財産の厳し
い処分制限等を受けることを十分に認識していなかった（現行では、内
閣府公益認定等委員会の監視下にある）と考えられ、本件出捐金を消滅
法人が基本財産とすることを指定してきょ出したことにより、繰延資産
とする主張に対して公益法人の運営実態との整合性を欠いてしまってい
る。

　請求人の主張と整合させるためには、振興協会がH灘漁業者の生活向
上を図る具体的な事業を立ち上げ、その趣旨に賛同する会員がきょ出す
る会費を財源として事業運営をするところ、消滅法人が当該事業に係る
会員の地位を得るための加入金として本件出捐金をきょ出するなど、消
滅法人ら漁業者と同業者団体である振興協会との間で入念な計画に基づ
く事業の形態を構築し、その対価とすべきであったと考える。

256

《裁決事例の考察》

〔5〕 請求人が支払手数料名目で支払った金員は受注先が紛争を回
避するための支出であって請求人が負担すべき費用ではないか
ら、受注先への経済的利益の供与であり、寄付金に該当すると
した事例（裁決事例集 No.71-429頁：平成18年6月23日裁決）

1 事案の概要

　本件は、請求人が本件支払額を支払手数料として損金の額に算入した
ことについて、原処分庁が、請求人が負担する合理的な理由がないこと
から、本件支払額は、本来負担すべきG社に対する経済的利益の供与に
当たり寄附金に該当するとして法人税の各更正処分を、また、課税仕入
れに係る支払対価の額に該当しないとして消費税及び地方消費税（消費
税等）の各更正処分等を行ったのに対し、請求人が本件支払額はK社か
ら受託した本件近隣対策業務に係る費用又は当該業務に係る収入金額か
ら減額されるもの等であるとして各処分の全部の取消しを求めた事案で
ある。

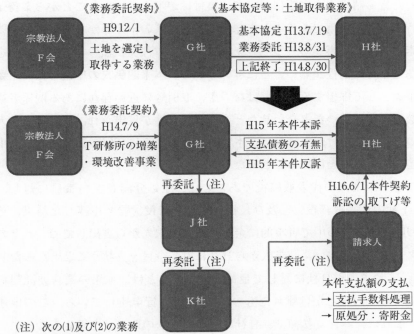

(注)　次の(1)及び(2)の業務
(1)　T研修所における宗教施設の増築可能性についての調査及び検証
(2)　当該事業の遂行上必要な近隣住民対策等の業務（本件近隣対策等業務）

2　主要事実と法令解釈等への適合（請求棄却）

> **法令解釈**
>
> 　法人が他の者の費用を当該他の者に代わって支払った場合には、たとえその費用が当該他の者にとって業務の遂行上必要な費用であったとしても、支払った法人にとって自らの事業の遂行に何ら関係のないものである限りは、その支払により<u>他の者の支払債務を肩代わりした</u>にすぎないのであり、<u>これを特別な事情もなく当該他の者に対して請求しない</u>というのであれば、当該支払は、当該他の者に対する経済的な利益の供与に当たり、<u>当該支払の金額は寄附金の額である</u>と解される。

※アンダーライン等筆者加筆

　審判所は、近隣対策等業務に対するH社の妨害を排除するために支払

258

った旨の請求人の主張について、裏付けが不十分であることから業務遂行上必要な費用であることを認めず、関係人の申述等から取引実態の要素となる間接事実の一つ一つを積み上げ、本件支払額の本質的な性格を認定して対価性が無いことに導いている。本来関係人の申述等は、主要事実として採用するものではないが、取引等に近い存在にある関係者複数の申述等をつなぎ合わせたところに整合性が見出され、反して請求人の主張に裏付けがなければ、本判断過程のように真実の追究に当たり申述等の信憑性を認めることになろう。

まず請求人の代表取締役であるＬは、原処分調査担当職員に対し、「Ｊ社の代表取締役○○及びＫ社の代表取締役○○と相談した結果、その時点で３社の中で資金的に余裕のある請求人から支出しておこうとのアドバイスに従い、請求人からＨ社に対し金員を支払うこととなった」旨、「請求人がＨ社に対して金員を支払うことは、本来の業務委託契約にうたう内容とかけ離れたものであ（る）」旨申述している。この申述によれば、本件支払額は、Ｈ社に対する訴訟の取下げを求めることについて、資金提供者がたまたま資金的余裕を持つ請求人となったこと、また、請求人の行う本件近隣対策等業務との直接的な関係を自ら遮断していることになろう。

次に、請求人の代理人である○○税理士は、審判所に対して、「本件近隣対策等業務に対して妨害が行われたことを証する書類等はない」旨答述し、Ｌも原処分調査担当職員及び異議申立てに係る調査担当職員に対し、「請求人には、上記の（妨害が行われたことを証する）書類等は一切ない」旨申述している。これにより、本件支払額の性格について、請求人が、本件近隣対策等業務に係る収益と対応関係を持つ費用である旨の主張をしながらも、何ら根拠を示すことができないことから、請求人の主張には「理由がない」と導かれてしまう。主張は、自身の解釈等を展開する理由を述べるものであり、その理由が事実による裏付けの上

になければ、判断権者に届くものとはいえない。

　そして、H社の代表取締役であるNは、原処分調査担当職員に対して、「H社のr町の土地の取得活動に係る補償問題については、（中略）G社が本件本訴を提起し、それに対し、H社が本件反訴を提起した。そして、裁判の過程でr町の土地問題に係る双方の訴えについてお互いが取り下げるという、いわば和解の条件が話し合われ、H社が和解金として○○○○円を受け取ることとなった。」旨、「請求人が、本件訴訟を取り下げる協議に参加すること及び取下げに係る和解金の支払者になることは、H社から要求したものではない。何度か協議を重ねる中で、請求人は、H社がG社から得る和解金の支払者となるので、その内容を承知しておきたいということで協議に参加するようになった。」旨申述している。つまり、H社の本件支払額の認識は、G社とH社の訴訟に係る和解条件の話し合いの結果、請求人から和解金として支払を受けたものと認められる。そうすると、上記請求人の代表取締役であるLの申述と符合することになり、本件支払額の性格が和解金であると導かれたことに対して、近隣対策等業務に対するH社の妨害を排除するために支払ったとする根拠のない請求人の主張は、もはや対抗する説得力を喪失していることになる。

　したがって、審判所は、本件支払額の性格について、①何らかの役務の提供又は業務妨害の排除のための対価として支払ったものと認めることはできないこと、②G社とH社とのF会の宗教施設の建設に関する紛争を回避するために支出された金員であること、③H社及びその関係者がF会及びその関係者に対する一切の訴訟を取り下げ、今後一切の訴訟を行わないことへの対価として支出された金員であると認定している。そして、審判所は、本件支払額について、G社が負担すべきものをその負担すべき理由のない請求人が支出したことになるから、請求人からG社に対する法人税法第37条第7項に規定する寄附金の額に該当するとし

て、審査請求を棄却している。

3　事実認定等による考察

　本件支払額の性格について、対価性を有する支払として取引の相手方であるＨ社の申述等とかみ合わず裏付けがないところ、Ｇ社とＨ社とのＦ会の宗教施設の建設に関する紛争を回避する目的の下に支出された金員であることを覆すことができない場合には、Ｇ社が負担すべきものをその負担すべき理由のない請求人が支出したと認定する流れを止めることができなかったということになろう。ただ、法令解釈にあるとおり、「他の者の支払債務を肩代わりしたにすぎない」ことは事実であろうが、「これを特別な事情もなく当該他の者に対して請求しない」ことについて、審判所は「当審判所の調査したところ、請求人とＧ社との間で精算された事実も認められないこと」のみをもって、寄附金の認定に導いている。つまり、Ｇ社の支払債務を請求人が肩代わりをした事実は認められても、請求人が当該支払による求償権を放棄したかどうかは、請求人が精算の意思を持っていなかったことを決定付けることができなかったところで「精算された事実が認められなかった」と認定されたものと考えられる。請求人は、主位的主張を近隣対策等業務に対する費用としているところ、予備的主張としてＧ社に対する立替金等とする前提や意思が全く無かったことにより、審判所の淡泊な認定を誘引したともいえよう。

　一方、請求人がＧ社の支払を肩代わりした理由は明らかではないが、少なくともＪ社とＫ社の三社協議で請求人の資金力から和解金を負担するに至っていることからすれば、Ｇ社からの業務委託契約（再委託）により、請求人が当事者の中で相応の利益を享受していたことが推察される。そうすると、Ｇ社とＨ社との紛争が勃発した際、Ｆ社からの業務委託に係る当事者の間において、再委託に係る対価の見直しを図り、Ｇ社

の和解金負担の資金力を高めることができれば、課税問題への派生を回避できる余地があったのではないかと頭をよぎる。

　いずれも仮定の域を超えるものではないが、取引に潜むトラブルは、税務リスクを踏まえて取引事態を抜本的に見直すなど、根源から問題を回避する思考を持つことが重要であると考えさせられる。

　なお、対価性を有しているとする主張が覆ると、法人税法において寄附金と認定されることに派生して、消費税法では課税仕入れに係る支払対価の額に該当しないこととされるため、仕入税額控除が否認され消費税等の課税問題に派生することとなる。この場合において、本来対価として収受した者は課税売上として消費税等の申告をしていると考えられ、対価の支払者は消費税等相当の返還請求を行うことになるが、本事案のようにG社とH社が対立関係にあったこと、また、H社は和解金と捉えていることからすれば、請求人からの消費税等の返還請求もスムーズな解決に到達できないかもしれない。したがって、消費税目線における取引の成立過程では、課税取引か否かについて、対価を収受する者と支払をする者との間で、課税区分の平仄を取っておくことが肝要である。

第2節　金銭、経済的利益の無償供与

　第2節では、第1節第4款と同様の趣旨で寄附金のうち、金銭、経済的利益の無償供与と認定された複数の裁決事例を基礎にして、審判所の判断過程を検討することにより、事実認定等に係る考察を行うこととする。

第 1 款　寄附金と認定された利益供与

《裁決事例の考察》

〔6〕　同業数社間で締結している拠出金還元金規約に基づく拠出金
について寄付金と認定した事例（裁決事例集 No.14-27頁：昭
和52年 8 月 9 日裁決）

1　事案の概要

　本件は、自動車用のラジオチューナーの製造販売業を営む同族会社で
ある請求人が、規約に基づく拠出金を雑損失勘定に仕入拡張費として計
上し、第 6 期分3,822,000円及び第 7 期分12,059,000円を損金の額に算
入して法人税の確定申告をしたところ、原処分庁が、当該規約は、金銭
の贈与を意図するものと認められるから、寄附金と認定して旧法人税法
第37条《寄付金の損金不算入》の規定を適用して法人税の各更正処分等
を行ったのに対し、請求人が、拠出金は契約に基づいてグループ各社が
規約で規定する事由があるときに支出すべき課徴金であって、単なる金
銭の贈与ではない等として、各更正処分等の全部の取消しを求めた事案
である。

2　主要事実と法令解釈等への適合（一部取消し）

　審判所は、請求人の属するグループ法人との間において締結した規約
により負担した拠出金が、寄付金に該当するか否かの判断を争点とする
事案であることから、要旨、次に掲げるとおり、当該規約に関する事実
を認定している。

264

区　　分	審判所の認定事実
(1)　規約の締結	本件規約は、昭和48年2月1日グループ各社（ただし、Eチューナーを除く。）により締結され、同年4月から実施されていたが、同年10月1日その一部改正が行われ、新たにEチューナーがこれに参加した。
(2)　目的と内容	イ　この規約は、グループ各社の部品組立品の複数社購買の促進を目的とする。 ロ　グループ各社は、指定仕入先よりの購買金額が解除金額を超えるときは、その購買金額に指定係数を乗じた金額を拠出金として拠出する。 ハ　拠出金は、グループ各社ごとの転換購買金額の合計額の比に按分して、それぞれグループ各社に還元する。
(3)　拠出金の算定	イ　規約第2条によれば拠出金の計算は指定仕入先よりの各月度購買金額が一定の解除金額を超えるときは、その購買金額に一定の指定係数を乗じた金額とされている。 ロ　指定係数は、最低で10％、最高25％と定められている。 ハ　請求人の場合、規約第2条のただし書により、その指定係数を2分の1とされているが、かなり高額な拠出金が算出される。
(4)　管理事務等	拠出金の預りないし還元金の支払の事務等は、すべてAチューナー商事が取りしきっている。

　上記(2)ロ及びハについて、請求人は、「グループ各社が指定仕入先以外より部品組立品を購入したときは規約第8条に定める還元金を取得する反面、指定仕入先より規約第2条に規定する各仕入先別購買金額を超えて仕入れをなしたときは、同条の規定に基づく拠出金を負担すべきことを約定したものであってこの還元金は新仕入先市場を開発したことに対して支払われる報償金であり、反面拠出金は新仕入先市場を開発しなかったことに対して支払を義務づけられる課徴金である。」旨主張している（アンダーライン等筆者加筆）。

　審判所は、上記(1)ないし(4)の認定事実により、「本件規約はAチュー

ナー商事を中心とするグループ各社が規約の定めるところにより拠出金を支出し、還元金を取得することを定めたものであり、一事業年度における前者が後者を超えるときは、その超える金額を他のグループ各社に贈与するものとし、また、後者が前者を超えるときは、その超える金額を受贈することを相互に約したものと認めるのが相当である」から、請求人が規約に基づいて負担した拠出金について、旧法人税法第37条第5項に規定する寄附金に該当するとして、審査請求を棄却している。

　なお、裁決は、請求人の審査請求を棄却しているが、原処分庁の寄附金の損金不算入額の計算に誤りが認められ、これを正当に計算することにより、更正処分が一部取り消されるという結果になっている。つまり、審査請求は、審判所の判断として請求人又は原処分庁のいずれかの主張に対して軍配を下すも、原処分庁の更正処分の内容に誤りがあり、結果として税額が過大となっているのであれば、争点外事項であっても当該処分の是正が行われる。もちろん、このような争点外事項は、原処分庁の更正処分に誤りがあっても、その逆の結果となる請求人に不利益な（更正処分以上の）是正は行われない。

3　事実認定等による考察

　本規約は、請求人を含めたグループ6社との間で締結したものであり、グループ6社の部品組立品の購入先について指定仕入先以外の仕入先を共同で開発することにより、この開発された新仕入先をグループ各社の指定仕入先に付加することによって、より広い仕入市場を形成するとともに、部品組立品をより低廉な価格により、かつ安定的に購入することを目的とするものである。この目的は、請求人が属するグループ6社の事業の効率化とグループ全体の発展に寄与するものであり、グループ法人の事業戦略の根幹にある共通のスローガンとして掲げられるものであろう。

　ところが、本規約から支払を受ける還元金の原資となる拠出金は、上記目的との直接的な対応関係から離反し、グループ各社が受け取る還元金は新仕入先市場を開発したことに対して支払われる報償金であるのに対し、負担をする拠出金が新仕入先市場を開発しなかったことに対して支払を義務づけられる課徴金であることからすれば、同一法人格内の各営業所間の競争から生まれる新仕入先市場の拡大戦略のための取り決めと同質のものであり、独立した各法人格のうち新仕入先市場を開発できずに課徴金の負担を強いられる当該法人にとって、対価性を有する事実を見出すことができない。

　この対価性について、請求人は、拠出金を支出したグループ各社は他のグループ各社の開発した新仕入市場を利用できると主張するのに対して、審判所の判断は、そのような拠出金支出の効果は間接的ないし反射的なものであると認定している。そうすると、請求人は、当該効果に対する拠出金の対価関係を主張するのであれば、たとえば新仕入市場を開発したグループ法人が元請けとなり、当該開発した市場を利用する他のグループ法人が開発したグループ法人に拠出金の負担をする旨の取決めにする等、グループ各社が各々の利益を追求する仕組みを構築し、還元金の受け取りと拠出金の負担の直接的対価関係を構築すべきであろう。もっとも、現行税制の観点では、請求人のようにグループ各法人の連携によるグループ全体の発展を求めた事業戦略を行う経営志向からすると、単体納税よりグループ通算制度の選択が合致するという考え方もあろう。

《裁決事例の考察》

〔7〕　経営状態が悪化したことを理由とする子会社に対する経済的
　　利益の供与は寄付金に当たると認定した事例（裁決事例集
　　No.18-80頁：昭和54年6月28日裁決）

1　事案の概要

　本件は、電気機械器具の製造業を営む非同族会社である請求人が、請
求人の子会社であるA社及びB社から受け取るべき経営指導料、技術指
導料及び貸付金の受取利息を免除して法人税の確定申告をしたところ、
原処分庁が、A社らに対して、経営指導料等を免除したのは両社が多額
の欠損金額を計上するに至ったのでこれを救済しようというだけの理由
によるものである等として、寄附金と認定して旧法人税法第37条《寄付
金の損金不算入》の規定を適用して法人税の各更正処分等を行ったのに
対し、請求人が、本件各免除は、親会社としての責任、対外的信用の失
墜、A社らが倒産に至った場合に予想される経済的損害等を考慮して、
請求人の利益を守るために行ったものであるから、寄附金に該当しない
として、各更正処分等の全部の取消しを求めた事案である。

2　主要事実と法令解釈等への適合（請求棄却）

　審判所は、請求人が、A社ら及び他の子会社に対し、あらかじめ経営
指導料としての額をそれぞれ負担させるべき旨を当事者間で取決め、ま
た、子会社に対して行う運転資金、設備資金等のための貸付金につい
て、貸付金利息を負担すべきものとして当事者間で取決めていることか
らすれば、収益の額及び債権の額として既に確定的に発生していたA社

らの請求人に対する経営指導料及び技術指導料並びに支払利息の額を免
除又は取り消すため、請求人の経理上、当該金額を本件各期の収益の額
から減額する処理を行うことが、結果的に当該金額を債務免除額として
損金の額に算入したものと同様であると認められ、当該各債務を免除す
ることにより、A社らに対し無償により役務を提供し、一方的に経済的
利益を供与したと認定している。

　次に、審判所は、経済的利益の供与であっても、その経済的利益の供
与が合理的な理由に基づくものである場合には寄付金には該当しないと
考えることを明らかにした上で、A社らについて、債務超過の状態が相
当の期間継続し、とうてい再起の見込みがなくてその事業を閉鎖あるい
は廃止して休業するに至ったとか、会社整理、破産、和議、強制執行、
会社更正などの法的手続によっても債権の支払を受けられなかったな
ど、債権の回収ができないことが客観的に確認できる場合に該当しない
ことから、回収不能と認めるに足る資料がないと指摘している。それに
加え、A社らに対して債務免除を行ったのは、一般債権者のうちでは請
求人のみであり、請求人が、本件各免除の行為の代償として、A社から
何らかの役務の提供を受け、又は請求人が履行すべき取引上の義務を免
れるといったなんらかの具体的な反対給付を得るに至った事実を認める
に足る証拠もないことから、各債務を免除することについて、合理的な
経済目的があるとまでは判断することはできないとして、請求人の主張
を排斥している。

3　事実認定等による考察

　本件の審判所の判断過程は、法人税法第37条《寄附金の損金不算入》
の規定の適用について、まず請求人が経済的利益を供与したか否かを認
定し、当該供与の事実が認められた場合、次にその経済的利益の供与
が、法人税基本通達9-6-1《金銭債権の全部又は一部の切捨てをした場

合の貸倒れ》等[6]の定めにより貸倒損失に該当するか、同通達9-4-2《子会社等を再建する場合の無利息貸付け等》等に定める支援損として合理的な理由に基づくものであるかを検討し、損金の額に算入すべきものと認めることができなければ、経済的利益の供与が寄附金として認定されるという流れである。ただし、請求人の主張が、経済的利益の供与の有無に特化していた場合、すなわち当該利益の供与について経済合理性がある旨の理由を掲げて反論しておかなければ、これらの通達の適用有無が争点に対する判断として取り上げられることがないだろう。

　このような点において、請求人の主張には、経済合理性を認めさせる事実にまで至らなかったものの、グループ法人間における取引を行う上での独自の理念を感じさせるところはあったといえる。そうすると、寄附金の認定課税は、仮に経済的利益の供与の事実が認められる場合であっても、上記通達の適用があれば寄附金の認定を回避することができるのであるから、取引段階において経済的合理性を有していることの検討を十分に行っておくべきであり、それでも審査請求等に至るようなときは当該検討内容を下にして予備的主張を行っていくことも有効であると考える。

　なお、グループ法人間の取引の考え方について、審判所は、「法人税法上、親子会社間の取引については、当該各会社が全体として統一した経営意志により経営されているいわゆる**利害関係を共にする運命共同体的関係にあるという理由だけをもって、親子会社個々の所得金額の計算について特別な観点から取扱うことは許されていない**のであり、これらの場合、一般に法人が**合理的経済人、独立した第三者として特別な関係にない取引先であったならば当然にとったであろう取引形態を前提とし**

6　法人税基本通達9-6-2《回収不能の金銭債権の貸倒れ》等は、貸倒損失として損金経理をすることが要件となっていることから、本件のように収益からの減額処理を行っている場合には適用の余地がない。

てその取引の実質的効果を認定すべきものであって、それと著しく異なる取引は、不自然、不合理なものであり、特段の事情のない限り経済的合理性を欠くものとして税法の適用上はその効果を評価されるべきものと解すべきである（アンダーライン等筆者加筆）。」と示している。グループ法人の間ゆえに行われる独自の取引であるかの判断は、第三者における類似取引の実態を把握してまで検討するものでもないが、少なくとも利益を与える立場において、第三者であっても同様の取引行為を行うかどうかについて、最優先に考えていくべきだろう。

第2款　子会社等を再建する場合の損失負担等

　法人の持続的な発展には、子会社等の資本提携のある法人間との事業連携、人事交流や金融取引による盤石な経営基盤の構築に注力をする経営の意思決定により、法人の事業基盤構築の原点となるが、有無相通ずる関係であるゆえ倒産等のリスクまでをも共有することとなり、大きな経営判断の中で事業関係性を遮断するタイミングがとても重要となってくる。これは、普遍的に生ずる再建支援等事案が、経済環境の変化に呼応するかのように突然招来するため、経営危機に陥った系列会社や取引先等の倒産等を防止するため又は整理するための損失負担、債権放棄及び無利息貸付け等（以下「損失負担等」という。）を行う場面に直面することが増加傾向であることに基因している。

　これらの事案にあっては、子会社等の支援のために損失負担等を行う法人にとって支援する金額が高額になるため、特に寄附金に該当するようなことになれば、損失負担等を行う法人の所得金額の計算に多大な影響を及ぼすことになる。そのための対応として、法人税基本通達9-4-1《子会社等を整理する場合の損失負担等》[7]及び同通達9-4-2《子会社等を再建する場合の無利息貸付け等[8]》の適用は、十分に練り上げられた整理計画又は再建計画等の下で活用されるものである。

---

　[7]　法人税基本通達9-4-1は、「法人がその子会社等の解散、経営権の譲渡等に伴い当該子会社等のために債務の引受けその他の損失負担又は債権放棄等（損失負担等）をした場合において、その損失負担等をしなければ今後より大きな損失を蒙ることになることが社会通念上明らかであると認められるためやむを得ずその損失負担等をするに至った等そのことについて相当な理由があると認められるときは、その損失負担等により供与する経済的利益の額は、寄附金の額に該当しないものとする。」旨定めている。
　[8]　法人税基本通達9-4-2は、「法人がその子会社等に対して金銭の無償若しくは通常の利率よりも低い利率での貸付け又は債権放棄等をした場合において、その無利息貸付け等が例えば業績不振の子会社等の倒産を防止するためにやむを得ず行われるもので合理的な再建計画に基づくものである等その無利息貸付け等をしたことについて相当な理由があると認められるときは、その無利息貸付け等により供与する経済的利益の額は、寄附金の額に該当しないものとする。」旨定めている。

　しかし、これらの取扱いは、一般的に活用されているとはいえず対応手順が不明瞭であるからといって、損失負担等を行う法人の事業継続を担保することが前提にあるとはいえないことから、安易に通達の文言のみに依拠しているのであっては救済されるとは限らない。そのため、再建支援等事案に係る税務上の取扱いは、通達の適用を検討している法人があらかじめ租税行政庁に対して事前照会を求めているケースが多く見られる。もちろん、事前照会をしなくとも通達の適用は可能であるが、損失負担等が高額になれば税務調査のフィルターを必ず通すことになるため、事前照会か税務調査かの手続等の違いこそあれ、遅かれ早かれ精査を受けることに変わりない。

　これらの通達の適用に対して重要なことは、合理的な整理計画又は再建計画の策定に基づき、法人が損失負担等を実施することで、今後より大きな損失の発生を回避できる蓋然性を伝達することである。この合理的な再建計画の策定は、次の要素を備えるように意識することが肝要である。

(1)　損失負担等を受ける者は、「子会社等（資本関係、取引関係、人的関係、資金関係等の事業関連性を有する者）」に該当するか。

(2)　子会社等は経営危機に陥っているか（倒産の危機にあるか）。

(3)　損失負担等を行うことは相当か（支援者にとって相当な理由はあるか）。

(4)　損失負担等の額（支援額）は合理的であるか（過剰支援になっていないか）。

(5)　整理・再建管理はなされているか（その後の子会社等の立ち直り状況に応じて支援額を見直すこととされているか）。

(6)　損失負担等をする支援者の範囲は相当であるか（特定の債権者等が意図的に加わっていないなど恣意性がないか）。

(7)　損失負担等の額の割合は合理的であるか（特定の債権者だけ不当

に負担を重くし又は免れていないか)。

　上記(7)は、たとえば、親会社と子会社との関係がある再建支援等事案において、他の債権者に比して親会社の支援が大きく偏ることが考えられ、それを合理的とするのであれば、債権者間で策定された計画に相応の理由を盛り込むことが必要である。一般的には、支援者の出資状況、経営参加、融資状況等の事業関連性や支援体力からみて合理的に決定されているか否かを検討するとしている。また、具体的な損失負担等の額の割合について、①融資残高比率に応じた割合(プロラタ方式)による場合、②損失負担(支援)総額を、出資状況、融資残高比率及び役員派遣割合等の事業関連性を総合的に勘案し、各支援者に配分する場合、③メインとなる支援者(出資責任、融資責任、経営責任等のある者)がその責任に応じたできる限りの支援を行い、他の支援者については、融資残高等の事業関連性を総合的に勘案し、責任を求めるといった場合、④親会社としては、優先的に大部分の損失負担をし、経営責任を果たさなければ一般の取引先の同意が得られず、再建計画が成立しないため、やむを得ず損失負担をして、再建を果たそうとする場合、その他の各再建支援等を実施する目的や態様に応じて検討されたものが合理的に決定されるものと考えられる[9]。

　第2款では、主に法人税基本通達9-4-1及び9-4-2に関する事案を抽出して、再建支援等事案に係る審判所の判断過程を考察する。

9　国税庁ホームページ:「No.5280 子会社等を整理・再建する場合の損失負担等に係る質疑応答事例等」の内容を参照し記載したものである。なお、同質疑応答事例等には、チェックリストが掲載されており、実務処理において活用したい。

《裁決事例の考察》

> 〔8〕 いわゆる兄弟会社に対する貸付債権の放棄について寄付金と
> して認定した原処分は相当でないとした事例（裁決事例集
> No.24-110頁：昭和57年6月22日裁決）

1 事案の概要

　本件は、不動産賃貸業を営む同族会社である請求人が、関連会社であるＡ社に対する貸付金188,807,161円について債権の放棄をし、これを貸倒損失として損金の額に算入して法人税の確定申告をしたところ、原処分庁が、本件貸付債権の放棄は、請求人及びＡ社のいずれもが、Ｆを中心株主とし、代表者とする同族会社であるがゆえに行われたものであり、贈与の意思があったものと認められる等として、寄附金と認定して旧法人税法第37条《寄付金の損金不算入》の規定を適用して法人税の更正処分等を行ったのに対し、請求人が、本件貸付債権の放棄は、経済的、社会的必要に従って行った合理的なものであり、贈与の意思は全くないのであるから、寄附金の額に該当するものではないとして、更正処分等の全部の取消しを求めた事案である。

2 主要事実と法令解釈等への適合（該当部分の全部取消し）

　審判所は、経済的利益の供与が寄附金の額に該当するか否かについて、「法人が、その有する債権を放棄し、又は他人の債務を負担し、これにより損失の額が生じた場合において、その放棄又は負担したことが、明らかに贈与又は無償の供与に当たると認められる場合には、その損失の額は寄付金の額に該当するというべきであり、他方、相当な理由

があると認められる場合には、その損失の額は寄附金の額に該当しないというべきである。」とし、法人税基本通達9-4-1《子会社等を整理する場合の損失負担等》[10] の適用は、「上記のような行為をした場合において、相当な理由があると認めて取り扱う場合を例示的に定めたものであり、『相当な理由』の判断に当たっては、当該通達の制定された趣旨を解して行わなければならないものと認められる。」旨の法令解釈等を大前提としている。

　しかしながら、当該大前提としている法令解釈等は、「通達の制定された趣旨を解して行わなければならない」としているのみで、事実関係を当てはめる指針として明白なものといえるものではない。法人税基本通達9-4-1の適用は、請求人が本件貸付債権の放棄をしなければ、今後より大きな損失を蒙ることになることが社会通念上明らかであると認められる事実が必要となることから、請求人がA社に対する本件貸付債権の放棄をするまでの経緯が通達の趣旨に適合していると認定されなければならない。

　具体的な考察は次項で触れることとするが、審判所は、請求人が本件貸付債権を放棄したことについて、同通達に定める「相当な理由」があると解すべきであると認められるから、更正処分は違法であり、取り消すべきである旨の判断をしている。このように「相当な理由」があると認めた事例は、通達の適用場面を考察する上において、貴重な前例の一つとなろう。

10　法人税基本通達9-4-1《子会社等を整理する場合の損失負担等》は、法人がその子会社等の解散、経営権の譲渡等に伴い当該子会社等のために債務の引受けその他の損失負担又は債権放棄等（以下9-4-1において「損失負担等」という。）をした場合において、その損失負担等をしなければ今後より大きな損失を蒙ることになることが社会通念上明らかであると認められるためやむを得ずその損失負担等をするに至った等そのことについて相当な理由があると認められるときは、その損失負担等により供与する経済的利益の額は、寄附金の額に該当しないものとする旨定めている。
（注）　子会社等には、当該法人と資本関係を有する者のほか、取引関係、人的関係、資金関係等において事業関連性を有する者が含まれる。

3 事実認定等による考察

　本件は、次の【審判所の認定プロセス】に掲げる審判所による認定事実のプロセスのとおり、(1)から(3)までの請求人とＡ社及びＦの前提となる事実関係等が前提にあり、(4)及び(5)によりＡ社の経営危機に際し、請求人及びＦがＤビルを譲渡してＡ社に対する資金援助を行ったのであるが、当該援助によってもＦのＡ社に対する経営再建のための判断によれば、請求人及びＦがＡ社の事業再生のために本件貸付債権等を放棄することが必要であったと認められたものである。

　審判所は、この経緯に対する法的評価として、「Ａ社が倒産した場合には社会的責任が生ずるのみならず、結局、請求人も共倒れになるという関係会社間におけるより大きな損失を避けるためのものと認められ、かつ、資金援助をする方法として最後に残された唯一の手段であったこと」、また、「Ａ社の実質的な経営の引継ぎをするに当たり、請求人は本件貸付債権を放棄したが、これは、同社の再建に自信のないＦが経営をＪに引き受けてもらうために、同社の財政状態を改善する必要に迫られてやむを得ず行ったものであると認められ、このことは、Ｆにとって重要な財産である同社に対する貸付債権を放棄したことからもうかがわれるところである。」旨の認定をし、法人税基本通達9-4-1に定める「相当な理由」があると解すべきとしている。

【審判所の認定プロセス】

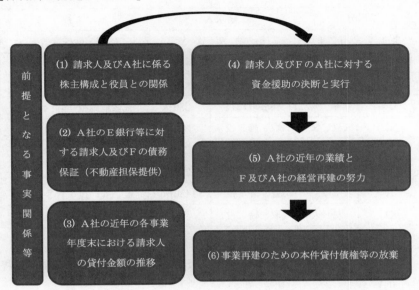

　法人税基本通達9-4-1に定める「相当な理由」の有無は、①子会社等との資本関係及び取引の状況を踏まえ、②子会社等への資金援助等の合理的な理由、③子会社等の再建計画等に基づいて債権放棄等に至る経緯から認定されている。そのため、同通達の適用場面では、この認定プロセスを踏まえ、エビデンスの整理をしておく必要があると考えておくべきであろう。なお、上記【審判所の認定プロセス】の要旨は、次頁に記載する。

278

(1) 請求人及びA社に係る株主構成と役員との関係

区分		請求人		A社	
事　業　目　的		不　動　産　賃　貸		砂利・砂採取販売	
資本金／発行済株式数		125万円／2500株		400万円／8000株	
氏名	続柄	役員	株式数	役員	株式数
F	本　人	代表取締役	230株	代表取締役	4800株
K	叔　父	取　締　役	200株	取　締　役	1200株
L	従叔父	取　締　役	200株	取　締　役	800株
M	叔　父	―	200株	―	800株
N	母	監　査　役	1450株	監　査　役	400株
O	友　人	取　締　役	―	取　締　役	―

(2) A社のE銀行等に対する請求人及びFの債務保証（不動産担保提供）

設定年月日	設定内容	元本極度額又は債権額	根抵当権者・抵当権者	抹消年月日
昭46年8月11日又は昭48年1月12日	根抵当権	50,000千円	E　銀　行	昭和53年11月24日
昭50年4月15日	抵当権	25,000千円	P　銀　行	同上
昭51年1月28日	抵当権	30,000千円	Q　銀　行	同上
昭51年6月10日	根抵当権	30,000千円	R　銀　行	同上
昭51年10月21日	抵当権	20,000千円	P　銀　行	同上
昭52年10月3日	根抵当権	18,000千円	R　銀　行	同上
昭53年6月15日	抵当権	20,000千円	P　銀　行	同上

(3)　Ａ社の近年の各事業年度末現在における請求人の貸付金額の推移

年　月　日	左の日現在の貸付金額
昭和50年 8 月31日	1,000,000円
昭和51年 8 月31日	500,000円
昭和52年 8 月31日	27,653,867円
昭和53年 8 月31日	35,299,609円

(4)　Ａ社の業績とＦ及びＡ社の経営再建の努力

【Ａ社の業績】

事　業　年　度	売　上　金　額	所　得　金　額
自49. 9. 1至50. 8.31	944,291,387円	△239,614円
自50. 9. 1至51. 8.31	822,799,084円	△38,112,700円
自51. 9. 1至52. 8.31	743,153,838円	△137,127,250円
自52. 9. 1至53. 8.31	701,428,971円	△52,989,072円

【Ｆ及びＡ社の経営再建の努力】

イ　Ｆは、経営者としての責任上Ａ′（昭和51年10月26日死亡、Ａ社の元代表取締役）から相続した資産等を処分して、Ａ社に対し31,432,196円の資金援助（貸付金）を行った。

ロ　Ａ社は、昭和52年 9 月 1 日から昭和53年 8 月31日までの事業年度中に不採算部門であるＳ砂利・砂採取場の売却及びＧ等採取場の賃貸を行った。

　Ａ社は、昭和53年 8 月31日現在で199,967,325円という多額な債務超過の状態に陥り、債務のうちには支払手形の額142,160,000円が含まれるなど、この時点で資金繰りは、極度にひっ迫し、倒産寸前の状態に追い込まれた。

280

(5) 請求人及びFのA社に対する資金援助の決断と実行

【資金援助の決断】　A社を倒産させることを選択した場合には、退職
　　者の処遇、取引先に与える損害の発生等の面で、より大きな経済
　　的、社会的な損失が生ずると判断した。

【資金援助の実行】

イ　請求人は、昭和53年9月にDビルを譲渡し、A社に対する資金援助として、当該譲渡代金の手取金総額146,191,711円、Dビルに係る火災保険解約返戻金6,000,000円及び手持資金1,315,841円を提供した。
ロ　Fは、請求人のDビルの譲渡に伴って、同人の所有する唯一の不動産である当該ビルの敷地（底地の部分）を譲渡し、その譲渡代金40,000,000円のうち、同人の未納の相続税の納付に充てた金額等を差し引いた残額の30,653,000円を昭和53年9月から同年11月にかけてA社に貸し付けた。

(6) 事業再建のための本件貸付債権等の放棄

イ　A社は、請求人及びFの【資金援助の実行】により、一応の経営危機を脱したものの、依然として多額な債務超過の状態にあり、同社の本格的な再建策についてFを中心に引き続き検討したところ、経営を第三者に引き受けてもらうほかないと考えた。
ロ　A社が、多額の債務を抱えていたままでは、銀行取引もままならず、同社の経営の引受者を見付けるのは困難であることが明らかであることから、Fは、本件貸付債権等を放棄して同社の財政状態を改善することを考えた。

> 　Fは、昭和53年11月ころからJに対してA社の経営の引受けについて相談し、同年12月の両者間の協議において、昭和54年春を目途に同社の経営をJに委ねることを決めるとともに、その前提として、同社に対するF個人の貸付金額62,085,196円は昭和53年12月29日に、請求人の本件貸付債権額188,807,161円は翌年2月28日にそれぞれ放棄を実行した。

　この審判所の認定プロセスは、法人税基本通達9-4-1の適用の際、会社内部で取りまとめる項目のサンプルとして参考にしたい。

《裁決事例の考察》

---

〔9〕 寄付金と認定されたいわゆる姉妹会社の清算に伴う支出金額
についてその一部は寄付金に該当しないとした事例（裁決事例
集 No.31-147頁：昭和61年 4 月30日裁決）

---

1 事案の概要

　本件は、不動産賃貸を主たる事業とする協同組合であった請求人が、清算期間中において、販売会社に対し債務保証損失等として支出した本件支出金額339,747,853円を清算費用として経理処理し、残余財産が確定したことから法人税の確定申告をしたところ、原処分庁が、本件支出金額のうち販売会社の債務に対して担保を提供したことにより負担すべきものとして計算される金額86,557,115円を控除した金額253,190,738円は、販売会社に対し、債権放棄を前提として支出した寄附金と認定して法人税の更正処分等を行ったのに対し、請求人が、本件支出金額は、①保証債務の履行に伴う損失が249,312,968円であり、②残余の90,434,885円が販売会社の解散に伴う損失負担金であるから、寄附金の額に該当するものではないとして、更正処分等の全部の取消しを求めた事案である。

2　主要事実と法令解釈等への適合（一部取消し）

(1)　保証債務の履行に伴う支出金について

保証債務を履行したと認められる否か
イ　販売会社の解散整理に伴い、金融機関その他の債権者は、担保処分により債権を回収することとし、担保物件である請求人所有の甲土地を売却させ、その売却代金をもって、債務の弁済に充てている事実が認められる。
ロ　株式会社K商店に対する販売会社の債務の代位弁済額10,000,000円は、請求人が販売会社の債務に物上保証していたことによるが、その物上保証は支払期日未到来の約束手形12件の支払猶予の方法としてされたものであり、また、その保証時点においてあらかじめ販売会社から債務を回収することが全く不能であったことを明らかにするものはなく、保証をもって直ちに販売会社に対する債権放棄を前提としたものと認めることは困難である。
ハ　請求人が販売会社のL社に対する手形債務に保証したのは、①販売会社の経営状態が悪化したので、L社に支援を求め、請求人に対する出資参加を要請するとともに、販売会社にテコ入れ融資を仰いで販売会社の再建を図り、②更には、最悪の状態に至った場合は、販売会社の経営権又は営業権をL社に譲渡するために必要であったものと認められるから、その保証をもって直ちに販売会社に対する債権放棄を前提としたものと認めることは困難である。

《審判所の認定》　本件支出金額のうち 249,312,968 円は保証債務を履行したものと認めるべきである。

請求人は保証債務を履行したことに伴い、その求償債権が回収可能か否か
イ　請求人は、共同保証人間において、請求人が保証債務の全部を負担し、他の共同保証人の負担を零とする特約があったと主張するが、肝心の請求人の理事会議事録等で明らかにされたものは一切なく、特約が存在したことを認めることができない。

ロ　請求人は、販売会社の昭和54年12月20日付取締役会議事録によって、請求人以外の共同保証人の負担を零とする特約があったと主張するが、このように重要な事項を保証する側の請求人の正当な機関で定めず、保証を受ける側の販売会社の取締役会における一取締役の発言記録をもって直ちに特約があったとは到底解されない。

ハ　請求人の清算人Dは、昭和59年10月2日当審判所の調査に対して、次のように答述し、特約の存在は主張していないことを明らかにしている。

(イ)　自分は、販売会社の代表者であったので、金融機関の要請で、個人として連帯保証人になったこと。

(ロ)　自分は、連帯保証人として借入契約書の約定のとおり保証した債務について履行するつもりでいたこと。

(ハ)　請求人が保証債務を履行した場合、他の共同保証人に求償権があることは承知していたこと。

(ニ)　求償権の行使を求められたことはなかったこと。

《審判所の認定》　共同保証人であるD、M及びHに対しては、求償権を行使することができる状態にあったことが認められる。

《審判所の認定》　他の共同保証人に求償権を行使することができる金額の合計額112,278,158円は、それぞれの共同保証人に対して求償権を行使すべきであったものを行使しなかったものであるから、贈与したものと認めることが相当である。

　審判所は、保証債務の履行に伴う支出金について、請求人が、①保証債務を履行したと認められることを認定した後、②保証債務を履行したことにより求償権のうち回収可能な部分112,278,158円を評価し、「主たる債務者である販売会社の債務の弁済額249,312,968円のうち、請求人が保証債務の履行により負担しなければならない金額は137,034,810円であるから、これを超えて負担した112,278,158円は他

の共同保証人に対しそれぞれ贈与したものと認め、法人税法第37条
《寄附金の損金不算入》第5項に規定する寄附金の額に該当するもの
と認めることが相当である。」旨判断をしている。

　なお、審判所の判断の基礎となっている、他の共同保証人が求償権
を行使することができる金額の合計額112,278,158円は、その計算根
拠を次項において考察する。

(2)　販売会社の解散に伴う損失負担金について

　請求人が主張する販売会社の解散に伴う損失負担金の性格は、関係
法令等として、法人税基本通達9-4-1《子会社等を整理する場合の損
失負担等》の「やむを得ずその負担又は放棄をするに至った等そのこ
とについて相当の理由があると認められるとき」に該当するか否かに
より判断されるものである。

　上記〔8〕の事案において、法人税基本通達9-4-1に定める「相当な
理由」の有無は、①子会社等との資本関係及び取引の状況を踏まえ、
②子会社等への資金援助等の合理的な理由、③子会社等の再建計画等
に基づいて債権放棄等に至る経緯から認定されていると考察したとこ
ろである。

　そこで、本件に当てはめると、①について、請求人と販売会社との
資本関係は姉妹関係にあるところ、販売会社の運営は役員が共通で、
請求人の資産を一体として運用し、資金の調達も一体として行われて
いることから、社会的、経済的には両者が一体として運営されていた
ことが認められる。また、②及び③について、請求人は、販売会社の
解散整理に伴い、同社の債務を担保提供物件の譲渡代金をもって代位
弁済し、保証債務を履行しているところ、販売会社を廃業解散するた
めにはその従業員を整理しなければならないことから、退職金の支給
は必要不可欠であったが、販売会社にはその原資がなく、姉妹会社と

しての社会的責任を背景として、請求人がやむを得ずその一部を負担することになった事情が認められる。この当てはめにより、審判所は、請求人が販売会社の従業員の退職金の一部を負担した33,666,885円について、法人税基本通達9-4-1の「相当の理由」に該当するものと認め、寄付金の額には該当しない旨判断したものである。

しかしながら、審判所は、販売会社の従業員退職金の一部負担額以外の負担金56,768,000円について、請求人がその損失を負担したことについて、相当とする理由がなく、また、やむを得ず負担したことの事情も認めることはできないから、販売会社に対する資金の援助であるとして、寄付金の額に該当する旨の判断をしている。

次項では、法人税基本通達9-4-1の「相当の理由」に該当する旨の認定プロセス、及び販売会社の従業員退職金の一部負担額以外の負担金が寄附金の額と認定された理由について考察をする。

(3)　(1)及び(2)の総括

審判所は、寄附金の額と認定した金額が、原処分庁が認定した253,190,738円のうち、上記(1)の112,278,158円及び上記(2)の56,768,000円の合計額169,046,158円となったことから、更正処分の一部を取り消すのが相当である旨の判断となっている。

3　事実認定等による考察

(1)　保証債務の履行に伴う支出金について

請求人以外の販売会社の債務に係る共同保証人は、請求人の清算人D、請求人の監事M及び請求人の経理責任者Hである。

請求人は、販売会社の債務を全額負担したことについて、「共同保証人間において、請求人が保証債務の全部を負担し、他の共同保証人の負担を零とする特約があった」旨主張しているが、審判所は、「重

要な事項を保証する側の請求人の正当な機関で定めず、保証を受ける側の販売会社の取締役会における一取締役の発言記録をもって直ちに特約があったとは到底解されない」旨判断をしている。この審判所の判断は、現行会社法第362条《取締役会の権限等》第4項に規定する「重要な業務執行の決定」の解釈により、取締役会の決議がないことをもって、特約の存在を否定しているものといえるが、請求人以外の共同保証人が請求人の役員及び幹部使用人であることからしても、やや淡泊な事実認定により結論に至っているという印象が残る。他方、仮に、審判所が特約の存否を明らかにしないで判断をする場合、請求人に対して共同保証人の債務相当を負担すべき合理的な理由を裏付けに基づいて釈明を求めることになるから、結果として寄附金の額の認定は避けられなかったとも考えられる。これは、審判所が特約の存在を否定した後、共同保証人に対する請求人の求償権を行使できるか否かの判断に移行し、その結果共同保証人に対する求償権の行使が可能であると認定していることから、特約の存在だけでは判断に影響を与える事実として不十分であると考えるからである。

　ただし、審判所は、請求人が共同保証人に対する求償権の行使可否について、共同保証人の債務保証が高額であるにもかかわらず、「前記3名はその所得の状況、固定資産保有の状況から、当時において弁済の資力を十分有していたものと認められる」として、全額が求償権を行使することができると判断するのであれば、共同保証人各々の行使可能額の算定過程を明らかにする必要があろう。

　なお、審判所は、各共同保証人の負担割合により算定した負担金額及び請求人が共同保証人であるD、M及びHに対し求償権を行使することができる金額について、次に掲げる表のとおり算定している。

【請求人の求償権：審判所算定額】

債権者	債務弁済額	請求人	D	M	H
		負担金額等	共同保証人に対する求償権行使可能額等		
I 製粉株式会社	26,032,835円	1/1 26,032,835円	―	―	―
J 商事株式会社	10,306,756円	1/1 10,306,756円	―	―	―
A 銀 行	21,105,277円	1/3 7,035,093円	1/3 7,035,092円	1/3 7,035,092円	―
○○金融公庫	14,020,000円	1/2 7,010,000円	1/2 7,010,000円	―	―
〃	40,000,000円	1/4 10,000,000円	1/4 10,000,000円	1/4 10,000,000円	1/4 10,000,000円
○○中央金庫	43,300,000円	1/3 14,433,334円	1/3 14,433,333円	1/3 14,433,333円	―
〃	15,990,115円	1/1 15,990,115円	―	―	―
A 相 互 銀 行	24,957,985円	1/4 6,239,497円	1/4 6,239,496円	1/4 6,239,496円	1/4 6,239,496円
株式会社K商店	10,000,000円	1/1 10,000,000円	―	―	―
A 信 用 金 庫	8,200,000円	1/3 2,733,334円	1/3 2,733,333円	1/3 2,733,333円	―
〃	6,400,000円	1/4 1,600,000円	1/4 1,600,000円	1/4 1,600,000円	1/4 1,600,000円
L 社	6,692,308円	1/2 3,346,154円	1/2 3,346,154円	―	―
〃	12,826,923円	1/1 12,826,923円	―	―	―
〃	9,480,769円	1/1 9,480,769円	―	―	―
合　　　計	249,312,968円	137,034,810円	52,397,408円	42,041,254円	17,839,496円
			請求人の求償権：112,278,158円		

(2)　販売会社の解散に伴う損失負担金について

イ　販売会社の従業員の退職金の一部負担額

　　審判所は、請求人が販売会社の従業員の退職金の一部を負担したことについて、「販売会社を廃業解散するためには、その従業員を整理しなければならず、そのためには、退職金の支給は必要不可欠であったが、販売会社にはその原資がなく、姉妹会社としての社会的責任を背景として、請求人がやむを得ずその一部を負担することになった。」ことを認め、法人税基本通達9-4-1の「相当の理由」に該当する旨の判断をしている。そして、【審判所の認定プロセス】の記載のとおり、審判所の認定事実は、請求人と販売会社の一体的な運営状況が認められるから、請求人が販売会社の従業員の退職金の一部を負担することが、「その負担をしなければ今後より大きな損失を蒙ることになることが社会通念上明らかであると認められる」としたものであり、退職金の負担という支援金の目的により「相当の理由」の認定が当然のように判断されていることから、一定の資本関係等において通常背負うこととなる損失負担の内容として尊重されたものと考えられる。この点について、一般的に認知されている支援金の使途目的に適合しないのであれば、次項の退職金以外の負担が寄附金と認定されている判断要素を検討し、当該負担をすることが将来のより大きな損失の発生を回避するためには避けることのできない、やむ得ない支出であることの蓋然性を明らかにする意味において、内部機関における適正手続きを踏まえ、負担金を支出するまでの決定過程を通じて「相当の理由」があることの整備をしておく必要があろう。

　　なお、法人税基本通達9-4-1の適用は、「子会社等」の損失負担等を前提としており、当該子会社等の範囲として、親子会社関係に特定されているものではないが、支援をする側と受ける側との関係に

より、負担すべき支援対象の範囲及び負担金の評価に対して影響があると考えられる。本件は、請求人と販売会社との関係が、姉妹会社であるということから、販売会社の責任が請求人の負担として派生する実情を考慮したところで、損失負担金の必要性を考えるべきであろう。

【審判所の認定プロセス】

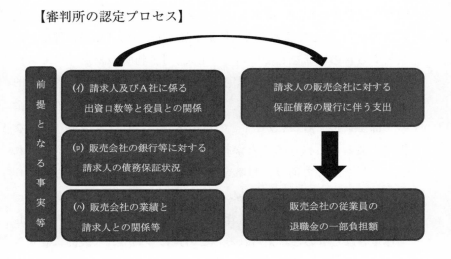

(イ)　請求人と販売会社に係る出資口数等と役員との関係

区　　分		請　求　人		販　売　会　社	
氏　　名	続柄	役　員	出資口数	役　員	株式数
○　○	本人　1	代　表　理　事	1200口	取　　締　　役	7706株
○　○	1の長男	—	—	—	100株
M	本人　2	監　　　　事	1200口	取　　締　　役	10286株
D	本人　3	(清算人)理事	1200口	代表取締役	10274株
○　○	3の長男	—	—	—	60株

○　○	本人　4	理　　　事	1200口	監　査　役	300株
○　○	4の長男	—	—	取　締　役	5510株
○　○	本人　5	監　　　事	1200口	取　締　役	2060株
H	—	—	—	—	720株
I 製粉株式会社	—	—	—	—	2000株
J 商事株式会社	—	—	—	—	1600株
○　○	—	—	—	—	3574株
請　　求　　人	—	—	—	—	100株
その他の株主	—	—	—	—	2240株
L　　　　社	—	—	1200口	—	—
合　　　計	—	—	7200口	—	46530株

㈹　販売会社の銀行等に対する請求人の債務保証状況

　　上記(1)【請求人の求償権：審判所算定額】債務弁済額欄のとおり、請求人保証額は137,034,810円であるが、実際の請求人負担額は249,312,968円である。

㈻　販売会社の業績と請求人との関係等

【販売会社の業績】

事　業　年　度	売上金額	所得金額	債務超過額
自50. 4. 1至51. 3. 31	558,251,087円	6,811,051円	—
自51. 4. 1至52. 3. 31	658,071,171円	3,510,470円	—
自52. 4. 1至53. 3. 31	740,201,045円	△ 6,575,126円	—
自53. 4. 1至54. 3. 31	762,634,560円	△64,504,857円	53,587,223円
自54. 4. 1至55. 3. 31	599,052,308円	△87,405,928円	143,154,477円

【請求人との関係】

A	請求人は、販売会社に対し主要設備資産である工場敷地、建物を賃貸し、役員を推薦し、資金調達には共同債務者になり担保提供をする等全面的協力体制がとられている。
B	請求人と販売会社との資本関係は、姉妹関係にあり、販売会社の運営は、役員が共通であり、請求人の資産を一体として運用し、資金の調達も一体として行われ、その限りにおいて社会的、経済的には両者が一体として運営されていた。

ロ　販売会社の従業員の退職金の一部負担額以外の負担金

　審判所は、請求人が販売会社の従業員退職金の一部負担額以外の負担金を支出したことについて、次に掲げる区分に応じて、それぞれの支出の必要性等をしん酌して、請求人がその損失を負担する「相当の理由」の有無を判断しているところ、いずれの支出もやむを得ず負担したことの事情を認めることはできないとして、寄付金の額に該当する旨の判断を行っている。

　(イ)　G商事株式会社に対するリース契約の解除に伴うリース解約損害負担金

　　審判所は、リース解約損害負担金を販売会社が支払えない場合には、保証人Dが負担すべき当該負担金を、請求人が経済的一体論を背景に負担したものと認定している。このように経済的一体論を根拠に主張するのであれば、まず請求人は保証人Dの資力がない等の事実を示す必要があろう。そして、審判所は、リース解約損害負担金を請求人が負担したことについて、販売会社に対する資金の援助であると認めているが、保証人Dが負担すべきものを請求人が負担したことを寄附金の額の認定理由とするのであれば、上記(1)の考察と同様に、保証人Dに対する求償権の全額を行

使することができると認定した算定過程を明らかにするべきであろう。

　ところで、主観的には、本来の負担すべき保証人に代わって請求人がリース解約損害負担金を負担したのであれば、保証人に対する求償権の行使可能か否かの事実認定により課税関係を整理するべきであると考えられるが、審判所は、販売会社に対する資金の援助である旨の判断に着地している。つまり、審判所は、保証人に対する求償権の行使不能を認定したところで、販売会社に対する寄附金課税を適用するという結論に一気に到達させている感が否めず、請求人と保証人との課税関係を飛び越えた判断になっているように思料する。これは、請求人が清算の伏線にあったことが認定理由の根底にあると考えられること、また、保証人Dが、請求人の清算人及び販売会社の代表取締役を兼任していることから、自らの保証人としての債務履行に先行して販売会社の損失負担を行ったことにより、個人課税を回避するための意思決定が功を奏したとも考えられる。このような観点において、審判所の一部取消しの判断は、一概に請求人の販売会社の清算計画を否定的に捉えていると考えるべきではないだろう。

㈹　株式会社Cリースに対するリース物件の買取代金の支払額
　審判所は、リース契約解除に伴う規程損害金について、販売会社又は連帯保証人が負担すべきである当該損害金を、請求人が事業の用に供する目的もなく、リース解約物件を買取ったものであるから、販売会社に対する明らかな資金援助である旨認定している。

　この判断の重要な認定要素は、連帯保証人が存在するにもかかわらず、請求人がリース物件を買い取る目的で規程損害金を支払

っていることの正当性の実証として、当該リース物件を事業の用に供している等の実態が必要となる。審判所の判断には、「リース物件については、株式会社Ｃリースから販売会社に対し、当該物件を廃棄処分するように依頼書が送付されている。」旨の記載はあるが、廃棄の依頼を受けていることのみをもって、「請求人が事業の用に供する目的」がなかったことの確定的な事実として認定するには十分とはいえるものではない。とはいえ、清算を伏線としている請求人について、客観的にリース物件を買い取って事業の用に供する目的があるとは考えられず、転売目的である等の他の事業目的が必要となることから、売却した事実等を認めることができないのであれば、当該物件を廃棄したと考えることが妥当であろう。

そのため、法人税基本通達9-4-1の適用は、販売会社のリース契約解除に伴う規程損害金の負担義務が請求人の負担に派生する理由が必要であり、何にも増して連帯保証人を差し置いてまで、請求人が損失負担を行う必要性を示すことができなければ難しいだろう。

㈧　Ａ県近代化設備資金の繰上償還額の負担額

Ａ県近代化設備資金の繰上償還は、販売会社の廃業に伴い債権者であるＡ県から繰上償還の命令に基づき、販売会社が繰上償還した資金を請求人が負担したものである。審判所は、当該設備資金を調達するにあたり、Ａ県と締結した金銭消費貸借契約書において請求人及び販売会社の役員であるＤ及びＭが連帯保証人となっており、公正証書でも明らかにされているところ、これら連帯保証人に何らの負担を求めないで、請求人がその全額を負担したことについて相当とする理由はないことから、販売会社に対する

資金援助である旨認定している。

これにより、法人税基本通達9-4-1は、連帯保証人を差し置いてまで、請求人が損失負担を行う必要性を示すことできないのであれば、到底適用することはできないだろう。

㈡　Ａ県菓子工業組合、Ａ市Ｅ町農業協同組合、Ａ銀行Ｅ支店、Ａ相互銀行Ｅ支店、Ｆ及び請求人等の役員であるＤからの借入金に対する返済額の負担額

審判所は、「債権者から特に弁済の催告を受けたかどうか明らかではなく、役員等からの借入金に対しても何ら辞退を求めることなく、更には、連帯保証人があるにもかかわらず連帯保証人にも何らの負担を求めないで、請求人がその全額を負担したことは、その負担したことについて相当とする理由はなく販売会社に対する資金の援助」である旨認定している。

上記㈠ないし㈧及び㈡に共通していることは、姉妹会社である販売会社の解散に伴う損失負担について、請求人が、保証人等の負担義務に先駆け、支払いを行ったことを正当化するだけの裏付けが欠落していることである。請求人と姉妹会社である販売会社との一体的な事業運営は、一義的に販売会社の責任を請求人が引き継ぐ必要性を見出すことができたとしても、保証人等の存在を超えて損失負担を行う場合には、法人税基本通達9-4-1の適用において、その責務を実証することが求められる。

《裁決事例の考察》

---

〔10〕 債務保証契約に基づく保証債務の履行に伴う損失が寄付金に
当たるとした事例（裁決事例集 No.33-94頁：昭和62年3月30
日裁決）

---

1 事案の概要

　本件は、水産加工業を営む同族会社である請求人が、Ａ社のＢ銀行か
らの借入金について、昭和59年5月までにＢ銀行に保証債務の履行とし
て111,838,307円を返済し、最終的に37,898,561円が回収不能となった
ので、昭和59年7月期にこの金額を貸倒損失として損金の額に算入し法
人税の確定申告をしたところ、原処分庁が、Ａ社の倒産によって履行し
た保証債務のうち、回収不能となった金額があったとしても、その金額
が直ちに貸倒損失として損金の額に算入されるものではなく、また、本
件債務保証契約が請求人の事業に直接関係するものとは認められないの
で、当該貸倒損失相当額は、Ａ社に対する経済的利益の供与に当たるか
ら寄付金の額として法人税の更正処分等を行ったのに対し、請求人が、
本件の貸倒損失は、寄付金の額に該当するものではないとして、更正処
分等の一部の取消しを求めた事案である。

2 主要事実と法令解釈等への適合（請求棄却）

　審判所は、次に掲げる事実に基づいてそれぞれ法的評価をしている。

(1)　請求人は、**A社の経営状態については、請求人の専務取締役E**（請求人の代表取締役Dの長男）**を通して十分承知していた**ものと認められ、そのため、**昭和59年3月24日のA社の手形の不渡り発生の直前である昭和59年1月30日に保証人加入脱退契約などの一連の行為を行った**ものと推認される。

(2)　**請求人とA社との間には、ほとんど取引関係がなかった**ものであるが、そのような状況にあってなされた**本件債務保証契約は、請求人の事業とは直接関連がない**ものと認めるのが相当である。

(3)　これら一連の行為は、**請求人が同族会社であったこと及び請求人の代表取締役DとA社の代表取締役Cが親子関係にあったためになされた**ものと判断される。

　審判所は、上記(1)により本件債務保証契約締結当時のA社の業況及び財務状態からみれば、A社には弁済能力がなく請求人が保証債務を履行したとしても、回収不能となるであろうことは請求人も予測することが可能であるところ、上記(2)のとおり請求人の事業と直接関連のない本件債務保証契約を締結し、当該契約に基づいて保証債務を履行した結果、回収不能となった額が生じたものであり、上記(3)においてこれら一連の行為が同族会社及び親子関係によりなされたものと認定し、A社の債務を負担することにより生じた損失の額について、無償の供与と認められることから、その損失の額は寄付金の額に該当するというべきである旨の判断をしている。

3　事実認定等による考察

【請求人の債務保証の変遷】

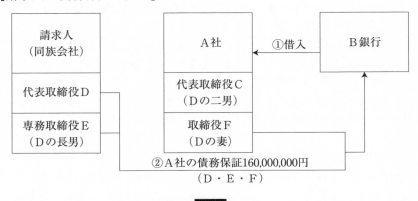

《昭和58年12月1日》
　請求人は、取締役会を開催し、A社のB銀行からの借入金について、160,000,000円を限度として請求人が保証する旨の決議をし、保証を行っている。

《昭和58年12月3日》
　A社は、請求人に対し、昭和59年2月28日期日の約束手形（額面110,000,000円及び50,000,000円の2通、計160,000,000円）を振り出している。

《昭和59年1月30日》
　請求人及びA社が連名でB銀行に提出した保証人加入脱退契約証書では、本保証人加入脱退契約証書に基づいて新たに請求人が保証人となり、請求人の代表取締役D、同専務取締役E及びA社の取締役Fの3名は、保証債務を解除された。

《昭和59年3月4日》
　請求人とA社の間で債権譲渡債務引受等契約が締結され、請求人は160,000,000円の債務保証額のうち、67,000,000円の債務を引き受け、その対価として製品原材料43,311,845円及び売掛金26,785,340円計70,097,185円の債権等を譲り受けている。

《昭和59年3月5日》
　請求人は、67,000,000円の保証債務を履行した。

《昭和59年3月10日》
　G株式会社は、A社の代表取締役Cからの仲買人契約の解約申出に基づいて、A社との取引を同日で精算し、取引停止とした。

《昭和59年3月17日》
　A社は、債権者集会を開くとともに従業員全員を解雇し、事実上倒産した。

《昭和59年3月24日》
　A社は、手形の不渡を出した。なお、請求人、A社の代表取締役C及びB銀行の三者は、A社が手形の不渡を出した日以前にA社の債務の弁済方法について協議している。

《昭和59年4月27日》
　請求人は、32,000,000円の保証債務を履行した。

《昭和59年5月15日》
　請求人は、12,838,307円の保証債務を履行した（返済金額合計111,838,307円）。

《昭和59年7月期決算》
　請求人は、A社に対する保証債務を履行することによって、最終的に回収不能となった37,898,561円を貸倒損失として、損金の額に算入した。

　請求人のA社の借入金に対するB銀行への債務保証160,000,000円は、当初請求人の代表取締役D、同専務取締役E及びA社の取締役Fの3名によるものであったところ、昭和59年1月30日付で請求人に引き継がれたものであり、その1か月後から2か月半の間で保証債務の履行が111,838,307円に及び、その期間内でA社が事実上の倒産に至っている。このような短期間において、債務保証の履行から貸倒れに至るまでの事実は、請求人がそれ以上の損失を被る客観的な事情を回避する目的が示されなければ、経済取引として通常考えることのできないものである。

　本件は、債務保証を個人から法人に切り替え、債務保証の履行に伴う求償権の行使不能に至った経緯からすると、個人の家事費とされる流れを断ち切るため、法人の貸倒損失を損金の額に算入することを企図した

一連の取引行為であると認定されたといえるだろう。Ａ社のＢ銀行の借入金に対して債務保証が必要となった場合、関係法人の財政状況を勘案し、個人保証から法人保証への切替え時期について、早期にＢ銀行との協議を進めておく必要性を感じるところである。

　他方、審判所はＡ社が「請求人の事業と直接関連のない」と判断をしているが、請求人とＡ社との関係は、昭和58年８月から昭和59年１月までの売上金額4,324,370円等が計上され、間接的とはいえ資本関係があれば（明確な株主構成は不明）、請求人とＡ社との資本関係及び取引の状況を踏まえて、支援損としての資金援助等の合理的な理由を構築する余地も考えられよう。もちろん本件のようにＡ社が逼迫した状況からの検討は困難であろうが、新会社による事業の拡大は、リスクが伴うことを十分に想定し、個人の連携から関係会社間の連携に、早期にシフトしておくことの重要性に気付かされた事案である。

第3節　国外関連者に対する寄附金と認定された
裁決事例の考察

　近年では、中小企業も含めて市場の拡大を海外に求めるケースが多く見られるようになり、子会社等を通じて日本の親会社が国際的な取引を視野に入れて事業展開を行っている。複数の関係会社間による事業運営は、国内外の取引に制限されることなく、常に寄附金認定に対する牽制を余儀なくされ、課税問題に派生しないよう注視している状況にある。ところが、その牽制は、経営成績の振るわない法人の存在が浮き上がってくると、財務的な支援の必要性が先行し、やや拙速な取引行為に派生して、寄附金課税の問題に繋がることが多いと感じられる。そして、「法は、個々の法人を課税主体として、それぞれの担税力に応じて課税を行うこととしており、たとえ親子会社のような同一企業グループを構成している場合であっても、グループ内の各法人の損益を合算して課税するような方式を採用していないことに照らせば、寄附金に該当するか否かの判断についても、独立した経済主体である各法人ごとにその経済的実質に基づいて行われるべきものであると解される。[11]」ことから、その些細な隙間に入り込むものほど招かれざるものである。

　次に掲げる裁決事例は、国外関連者に対する寄附金課税の問題を取り上げたものであるが、内国法人間の取引においても通ずる事実関係であると感じられる。内国法人で完全支配関係にある法人間の取引であれば、仮に寄附金課税により全額損金不算入と認定されても、利益を受けた法人の受贈益が益金不算入（法法25の2）となることから、課税のインパクトを和らげるという印象も受けるだろう。しかし、国外関連者と

11　熊本地判平成14年4月26日【税務訴訟資料　第252号順号9117】

の間の取引において、寄附金認定が行われる場合、移転価格税制（措法66の4③）の適用となることから、全額損金不算入という課税問題に派生することになる。

　税務調査による移転価格税制の適用は、国外関連者との取引に係る独立企業間価格の算定に対して争点となるイメージがあり、身近な話題として感じられないテーマであるが、関係会社間等の取引において、寄附金の認定問題がポピュラーであることからすれば、全額損金不算入となる規定を根拠に否認のターゲットにされることの方が身近な話題になり得ると考えるべきだろう。

　このような観点において、次の〔11〕の裁決事例は非常に参考となるものである。

《裁決事例の考察》

〔11〕　請求人が業務委託費の精算されていない費用として国外関連
　　　者に支払った金員は、国外関連者の欠損を補てんするための寄
　　　附金であるとした事例（裁決事例集 No.73–405頁：平成19年 4
　　　月10日裁決）

1　事案の概要

　本件は、ＯＡ機器及び部品などを製造し国内外に販売している請求人
が、請求人とＫ社との間で精算されていない費用について、Ｋ社との間
で本件新契約書を作成して本件サービス業務の未精算費用を支払い法人
税の確定申告をしたところ、原処分庁が、租税特別措置法第66条の 4
《国外関連者との取引に係る課税の特例》に規定する国外関連者に該当
するＫ社に対して支払った金員は、同条第 3 項の規定に適合する欠損を
補てんするために贈与されたものであるにもかかわらず、業務委託費で
あるかのごとく仮装したとして、当該業務委託費の損金算入を否認する
などの法人税の更正処分及び重加算税の賦課決定処分等を行ったのに対
し、請求人が、当該金員は、未精算となっていた業務委託費を支払った
もので仮装の事実はないとして、更正処分の一部及び重加算税の賦課決
定処分の全部の各取消しを求めた事案である。

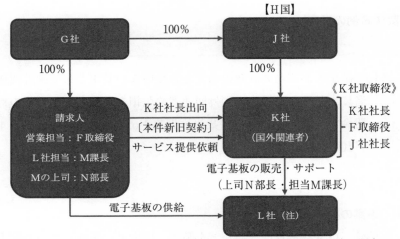

【別表】 請求人とK社の契約

	本件旧契約	本件新契約
(1) K社が提供 するサービス	K社が、保証期間内に、請求人の取引先に対して、瑕疵製品の補修、全面改修、修正、アップグレード及びその他のサービス（**本件補修サービス業務**）を提供する。	K社は、請求人に対し、「**取引先の製品購入要求と金額を見積もり、生産計画に関し請求人に助言する**」サービスを提供する（このほか、**13項目**が記載されている。）。

		K社に毎月支払う報酬金額は、**見積金額**であり、そのときに提供される**サービスの工数及び種類並びに関連費用に応じて変動する**ことがある。
(2)　K社のサービスに対する報酬	サービス料及び支払条件は、**その都度、両当事者間で検討及び合意される**ものとする。	本件新契約期間終了ごろに、契約期間中に**請求されていない金額を調整**するため、K社は、請求書を発行することを許可されるものとし、当該請求書の金額は、**契約期間中に請求された総額の20％を超えない**ものとする。
(3)　期間	本件旧契約は、平成12年4月1日から有効とする。本件旧契約の有効期間は1年間とし、その後も自動的に契約期間を延長する。	本件新契約の有効期間は平成12年4月1日から平成15年3月31日間の3年間とする。

　なお、請求人は、要旨、「K社との移転価格税制上の問題を回避するに当たり、両当事者間の取引価格につき妥当な価格設定とするための見直しを行った。その結果、本件サービス業務の未精算費用があるとの結論に達したことから、請求人は、K社との間で本件新契約書を作成して、本件サービス業務の未精算費用に10％のマージンを加算した額である本件金員を支払ったものである。」旨主張している。

2　主要事実と法令解釈等への適合（請求棄却）

　K社の業績等は、平成12年12月期から3期連続欠損の状況にあり、平成15年3月期である本件事業年度において黒字転換を果たしている。その黒字転換をした本件事業年度の平成14年5月において、K社が作成した「K社2001　REVIEW」と題する書面には、①H国のコンサルタントから移転価格税制に抵触するリスクが高いとの指摘があり、②平成15年

３月期の決算で利益を生み出せる体質を作り上げ単年度黒字転換等の立案が課題である旨の記載がある。

　他方、業務委託費の支払等について、Ｋ社から請求人に送付された平成15年２月26日付の請求書には、平成14年４月から平成15年３月までの１年間に対する「調整金○○○○ドル」が記載され、請求人は、平成15年３月25日、Ｋ社に対して当該請求書に基づき○○○○円を支払い本件業務委託費として本件事業年度の損金の額に算入している。そして、この本件業務委託費の支払の背景には、次に掲げるとおり、Ｌ社を担当するＭ課長のメールがそれぞれの者に送信されている。

日付	相手先	件名
本件各メールの内容		

日付	相手先	件名
平成14年８月22日	Ｎ部長あて	Ｋ社の挽回策＋請求人の損失

　Ｋ社平成15年３月期の決算が○○○○ドルの欠損の見込みであること
添付ファイル「Ｋ社移転価格税制回避策082202.ppt」

日付	相手先	件名
平成14年９月４日	Ｔ部長あて	Ｋ社問題の Update 版

　平成14年10月から平成15年３月の間で、Ｋ社の欠損を解消させるためには、請求人から○○○○円の支援が必要であること

日付	相手先	件名
平成14年９月27日	Ｋ社社長あて	Re：Ｋ社問題対応

　請求人は、Ｋ社の行っている本件サービス業務に対して、マークアップ（本件業務委託費に相当するもの）を支払うこととする。なお、これまで支払っていないマークアップを支払うことの理由について、日本の国税当局から指摘を受けると予測されるので対応が必要であること

平成15年2月24日	F取締役あて	K社の業務委託費
請求人が、予算額○○○○円にあといくら支払うことができるかを決めることで、K社との契約書が完成すること		

平成15年2月24日	K社社長あて	K社の業務委託費
F取締役とT部長との議論の結果、本件事業年度のK社に対する業務委託費の支払金額は、○○○○円となったこと。これにより、K社の単年度黒字化は可能なはずであること		

　また、M課長は、当審判所に対して「私は、平成14年5月ころ、K社が作成した本件業績レビューの内容を、N部長を通じて、F取締役に報告した。その結果、F取締役から本件見直しを行うよう指示があった。」旨答述している。

　上記の各事実により、審判所は、「本件各メールの記載内容に加えて、K社の各事業年度の決算状況、本件業績レビューの記載内容及びM課長の答述からすれば、①K社は、設立以来3期連続欠損の状況にあり、K社平成15年3月期の決算も○○○○ドルの欠損が見込まれたため、これを解消し単年度でいわゆる黒字化にするための方策として、請求人が本件サービス業務に対して業務委託費を支払うことで支援をすることとし、②F取締役とT部長との話合いで、本件事業年度のK社に対する当該業務委託費の額を○○○○円とすることに決まり、本件新契約書が作成され、請求人が本件金員をK社に支払ったもの」と認定した。これにより、請求人がK社に対して本件金員を支払った行為は、対価なくしてK社に支払われたものであり、その支払原因は、K社の欠損を補てんするために援助としてされた金銭の贈与であるから、本件業務委託費は法人税法第37条第7項に規定する寄附金に該当するとして、審査請求を棄却している。

《認定事実》

本件調査担当職員	・本件金員の計算根拠が不明であったことから、M課長に対して説明を求めたが、その具体的な計算根拠の説明及び資料の提出はなかった。
M課長の答述	・「私は、平成14年5月ころ、K社が作成した本件業績レビューの内容をN部長を通じて、F取締役に報告した。その結果、F取締役から本件見直しを行うよう指示があった。」
T部長の答述	・「本件サービス業務は、本件旧契約書に規定されていない業務であるが当該業務の料金及び支払条件については、本件旧契約に準じて、その都度、検討及び合意されてきた。」 ・「本件業務委託費として計上した本件サービス業務の未精算費用は、積み上げて計算したものではなく、具体的に計算した資料はない。」

《審判所の判断過程》

本件サービス業務の未精算費用の有無について	本件旧契約書で規定されている請求人からK社に対する業務委託は、本件補修サービス業務だけであ（る）。 　そして、K社は、請求人に対し本件補修サービス業務だけでなく本件サービス業務を行っているところ、本件サービス業務に関する料金及び支払条件は、本件旧契約書に準じて、その都度、両当事者間で検討及び合意されていたと認められ（る）。
	一般の取引通念に照らせば、取引上、未精算費用があった場合には、会社間で当該未精算費用の額、支払方法等についての検討や話合いがされてしかるべきであり、その結果を両社ともに文書で記録しておくのが通常であるところ、···両社間で当該未精算費用の額、支払方法等について具体的に検討などをした事実は認められない。

3　事実認定等による考察

　本件の審判所の判断過程は、事実関係から「本件サービス業務の未精算費用」の有無と「本件金員の支払原因」を認定することにより、請求人の主張する業務委託費か、原処分庁の主張する国外関連者に対する寄附金か、対価性の有無を認定しているものである。

　本件サービス業務の未精算費用の有無について、審判所は、「一般の取引通念に照らせば、取引上、未精算費用があった場合には、会社間で当該未精算費用の額、支払方法等についての検討や話合いがされてしかるべきであり、その結果を両社ともに文書で記録しておくのが通常である」とし、請求人とK社との間で当該未精算費用の額、支払方法等について具体的に検討などをした事実が認められず、本件サービス業務の未精算費用の存在を否定している。一般の取引通念を基礎に認定することは、組織運営上の体制整備として要求すべきものであるとしても、判断基準として参考とするべきものではないと考える。しかし、本件金員に計算根拠がないことは、一般の取引通念を持ち出さなくとも、請求人の主張が未精算費用の額である以上、裏付けが伴っていなかったことを顕在化することになるから主張として不十分と言わざるを得ない。本来、争点の軸足にするべきことは、請求人がK社から提供を受けるサービス役務について、当該提供を受けた請求人がそのサービス役務に関する業務委託費を損金の額に算入するため、請求人が現実に便益を享受していることが必要であることから、当初予定されていた以上のサービス提供があったことを証明することにより、未精算費用の存在を訴えるべきことだろう。

　ところで、請求人は、K社本件業績レビューの記載内容から、K社との移転価格税制上の問題を回避するに当たり、両当事者間の取引価格につき妥当な価格設定とするための見直しの必要性があったことを主張している。請求人とK社との間における取引の対価を見直した結果、独立

企業間価格に満たなかったことから、本件新契約の締結に至ったという主張があった場合、移転価格税制の本則（措法66の4①）の規定の適用となるか又は国外関連者に対する寄付金の額（措法66の4③）の規定の適用となるかの争点にもなり得たことが考えられる。当該本則の規定が適用される場合には、独立企業間価格としての取引価格を巡る争点へ転換すること、及び相互協議[12]による相手国の二重課税排除を要求することが可能となる。反して、寄付金の額の認定は、全額損金の額に算入されないことで完結してしまうから、納税者サイドとして救いの道が閉ざされる処分となるのである。

　本件の判断は、本件各メールの記載内容、K社の各事業年度の決算状況、本件業績レビューの記載内容及びM課長の答述をつなぎ合わせたところ、K社の欠損を補てんするために援助としてされた寄付金の額として着地することも否定し得ないところであろう。他方、K社との移転価格税制上の問題を回避するのであれば、本件サービス業務の未精算費用としての整備を推し進めたことは、論点としての本質から離反しているように感じられ、上記証拠として採用された各事実からすれば、問題提起と解決への道筋に矛盾を生じさせたように思われる。

　この展開の顛末として、本件サービス業務の未精算費用がないにもかかわらず、K社の欠損を補てんするため、本件新契約を締結して業務委託費の名目で本件金員を支出し、その額を本件業務委託費として本件事業年度の損金の額に計上した上で申告したことは、国税の課税標準又は

税額等の計算となるべき事実を仮装し、仮装したところに基づき納税申告書を提出していたときに該当することになり、国税通則法第68条《重加算税》第 1 項の適用に派生することになる。

　事業対応へのアプローチとして、事実関係との相違及び解決への道筋の誤りは、些細な綻びであっても、課税問題を押し広げることを知らしめた事案といえよう。

312

《裁決事例の考察》

> 〔12〕 請求人の国外関連者に当たる子会社に対してされた米ドルの
> 各貸付けにつき、その利息額の独立企業間価格の算定において
> は、各米国債の利率による方法が相当とした事例（公表裁決事
> 例：平成29年9月26日裁決）

1 事案の概要

本件は、請求人が、国外関連者に該当する子会社に対する米ドルの貸付けに係る利息について、金銭消費貸借契約上の利率に基づき算出した額を収益に計上して申告したところ、原処分庁が、当該利息の額は、租税特別措置法第66条の4《国外関連者との取引に係る課税の特例》第1項に規定する独立企業間価格に満たないとして、法人税及び復興特別法人税の更正処分等を行ったのに対し、請求人が、同条は請求人のような中小企業に適用されるべきでないなどとして、原処分の全部の取消しを求めた事案である。

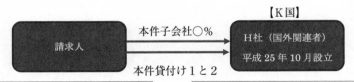

【K国】

請求人 ──本件子会社○%──→ H社（国外関連者）
平成25年10月設立

本件貸付け1と2

| 請求人は、本件主要取引銀行から長期借入れを行っていたが、本件各貸付けに係る資金は、借入れにより調達したものではなかった。 | ⇔ | 本件子会社は、本件各貸付けにより調達した資金を、土地購入、設備投資及び運転資金等の事業用資金として利用し、他者への再貸付けを行っていなかった。 |
| 請求人は、本件子会社以外の者に金銭の貸付けを行っていなかった。 | ⇔ | 本件子会社は、請求人以外の者からは、借入れを行っていなかった。 |

【原処分庁】独立企業間価格の算定

独立価格比準法に準ずる方法と同等の方法 **貸手の銀行調達利率による方法**	**米ドルのスワップレート**（国際金融市場において示された短期金利と交換可能な長期金利の水準を示すもの。）**にスプレッド**（金融機関等が得るべき利益に相当する金利であり金融機関等の事務経費に相当する部分や借り手の信用リスクに相当する部分を含む。）**を加えた利率を用いて算定**

【請求人】主張の抜粋

(1)	移転価格税制は、政府が推進する中小企業の海外展開を阻害するものであるから、請求人のような中小企業に対して適用されるべきではない。
(2)	本件各貸付けは本件子会社に対する支援のために行われたものであり、**法基通9-4-2の子会社等を再建する場合の無利息貸付け等に該当する**。そうすると、本件各貸付けは、移転価格事務運営指針2-6(1)の定めの適用があり、移転価格税制の適用上も適正な取引として取り扱われるべきである。
(3)	請求人が本件各貸付けに適用している**2.00％の貸付利率**は、既に売却したK国の子会社（J社）がK国課税当局の税務調査を受けた際の指摘に基づくものであり、適正な利率である。

2　主要事実と法令解釈等への適合（一部取消し）

【認定事実】

(1)	請求人は、**本件主要取引銀行から、本件各貸付けと通貨、貸借時期、貸借期間等が同様の借入れを行ったことはなかった。**
(2)	原処分庁は、独立企業間価格の算定方法として、独立価格比準法に準ずる方法と同等の方法である貸手の銀行調達利率による方法、すなわち、**米ドルのスワップレートにスプレッドを加えた利率を用いて算定するに当たり、請求人の関与税理士法人を通じて本件主要取引銀行の担当者に問合せを行い、担当者が回答したスプレッドを採用した。上記回答は、本件主要取引銀行においてこれに関する記録が残されておらず、本件主要取引銀行による正式回答ではない。**

(3) **本件主要取引銀行においては、外貨建てによる取引を行っていない。**また、本件主要取引銀行における貸出金利は、行内の最低基準にスプレッド相当率を上乗せする方法により定められており、**スプレッド相当率は、**融資金額、融資期間や融資先の信用状況、融資先の取引状況、資金使途の妥当性、返済原資の確実性、担保の条件など様々な状況を踏まえ、**最終的には、取引先と相対で話し合って決定されている。**このため、**本件各貸付け当時に本件主要取引銀行が請求人に融資した場合のスプレッド相当率を遡って算出することは、不可能である。**

(4) 当審判所の調査においては、**請求人が本件各貸付けと同様の状況で銀行等から借り入れた場合のスプレッドは判明しなかった。**

旧移転価格事務運営指針2-7[13] は、国外関連者との間で行う金銭の貸付け又は借入れについて、次に掲げる利率を独立企業間の利率として用いる独立価格比準法に準ずる方法と同等の方法の適用について、採用を検討する旨定めている。

　イ　国外関連取引の借手が、非関連者である銀行等から当該国外関連取引と通貨、貸借時期、貸借期間等が同様の状況の下で借り入れたとした場合に付されるであろう利率

　ロ　国外関連取引の貸手が、非関連者である銀行等から当該国外関連取引と通貨、貸借時期、貸借期間等が同様の状況の下で借り入れたとした場合に付されるであろう利率

　ハ　国外関連取引に係る資金を、当該国外関連取引と通貨、取引時期、期間等が同様の状況の下で国債等により運用するとした場合に得られるであろう利率

旧移転価格事務運営指針2-7は、上記イがK国のH社が請求人以外の者から借入れを行っていなかったこと、及び上記ロが【認定事実】に掲げられた「本件主要取引銀行から、本件各貸付けと通貨、貸借時期、貸

13　現行では、移転価格事務運営要領の制定について（事務運営指針）3-8《独立価格比準法に準ずる方法と同等の方法による金銭の貸借取引の検討》の取扱いと同様である。

借期間等が同様の借入れを行ったことはなかった」ことにより、いずれも採用できないことに対して、上記ハの本件貸付け1及び本件貸付け2に係る資金を通貨、取引時期、期間等が同様の状況の下で国債により運用した場合に得られるであろう利率を算定することが可能であった。そこで、審判所は、国債等の運用利率による方法を採用するとし、その算定の結果原処分の一部取消しを行ったものである。

3　事実認定等による考察

　本裁決は、国外関連者であるH社に金銭の貸付けを行う際の採用すべき貸付利率について、請求人がK国の元子会社（J社）がK国課税当局の税務調査を受けた際に指摘を受けた経験から2.0％を準用して採用しているのに対し、原処分庁が米ドルのスワップレートにスプレッドを加えた利率を用いて算定したことから、移転価格税制の本流である独立企業間価格に適合するか否かを争点とするものとなっている。仮に、類似事案を想定した場合、内国法人が外国子会社等に低利率貸付け等を行ったことによる、経済的利益の供与の認定をめぐる問題であれば、国外関連者に対する寄附金課税の適用に派生することになっていたと考えられる。そうすると、本章の寄附金課税等の判断基準としては、直結しているテーマとはいえないところ、寄附金課税が懸念される取引に係る論点であること、内国法人の海外進出の際に多く直面する課題でもあることから、国外関連者に対して資金提供を行うに当たり貸付金利率の取決めの際に参考とすべき事例といえる。

　審判所は、請求人が国外関連者であるH社との間で行った本件貸付け1及び本件貸付け2の利率について、次に掲げるとおり、それぞれ通貨、貸借時期、貸借期間等が近似している米国債を選定し当該米国債の利率を基礎にして、独立企業間価格を算定している。

316

(1)　本件貸付け1

　本件貸付け1は、米ドルで行われ貸付期間が平成25年10月24日から平成36年4月30日までの約10年6か月間であることから、当審判所において、貸付開始日である平成25年10月24日に取引があった米国債について調査したところ、発行日が平成25年8月15日であり、満期償還日が平成35年8月15日である10年債（以下「本件米国債1」という。）が存在したことが認められた。そして、本件米国債1を本件貸付け1と比較すると、本件米国債1の発行日が本件貸付け1の貸付開始日と近接し、発行日から満期償還日までの期間（10年）は本件貸付け1の貸付期間に近似していることから、本件米国債1の利率をもって、本件貸付け1に係る利率を算定することは、相当というべきである。

(2)　本件貸付け2

　本件貸付け2は、米ドルで行われ貸付期間が平成26年3月14日から平成40年10月31日までの約14年7か月間であることから、当審判所において、貸付開始日である平成26年3月14日に取引があった米国債について調査したところ、発行日が平成26年2月15日であり、満期償還日が平成36年2月15日である10年債（以下「本件米国債2」という。）が存在したことが認められた。そして、本件米国債2を本件貸付け2と比較すると、本件米国債2の発行日が本件貸付け2の貸付開始日と近接し、発行日から満期償還日までの期間（10年）は本件貸付け2の貸付期間に近似していることから、本件米国債2の利率をもって、本件貸付け2に係る利率を算定することは、相当というべきである。

この判断によると、審判所は、請求人が国外関連者であるH社に対す

る貸付けに対して、①貸付開始日前が発行日となっている米国債、及び、②貸付期間に比して償還期間の方が短い米国債を選定したものと考えられる。これは、①が貸付開始日において発行されていない米国債を採用することを不合理であると捉え、②が金利の変動を償還期間内に包含させようとする選択の意図と考えられるが、貸付期間に近接していることを最優先させたと考えるべきであろう。審判所は、複数の米国債から通貨、貸借時期、貸借期間等が近似しているものを選定したことはうかがわれるところ、その抽出基準は明確になっていない。そのため、類似事例に対する貸付金利率に流用する場合には、審判所の抽出した状況を把握して参考とすべきである。

　なお、本裁決は、原処分庁が米ドルのスワップレートにスプレッドを加えた利率を用いて更正処分をしているところ、スプレッド相当率が様々な状況を踏まえて取引先と相対で話し合って決定され、「本件各貸付け当時に本件主要取引銀行が請求人に融資した場合のスプレッド相当率を遡って算出することは、不可能である。」旨認定していることからすると、請求人が採用する余地はあっても、原処分庁の採用が事実上困難であることが明らかになったといえる。とはいえ、類似事例では、旧移転価格事務運営指針2-7に定める貸付利率について、優先して採用を検討すべきであろう。

終　章

裁決事例の
活用について

終章　裁決事例の活用について

　本書の初動時では、国税不服審判所のホームページには、これまでに
公表した裁決事例集の裁決要旨を関係税法ごとに分類して紹介してお
り、普遍的な租税実務の論点となる「役員給与」、「減価償却」及び「寄
付金等」に関する事案を抽出したところ、驚くほど多くの件数がヒット
したことから、請求人と原処分庁の意見の食い違いの多さに、あらため
て衝撃を覚えたものである。

　また、同ホームページでは、裁決事例集の裁決事例全文（公表裁決事
例）について、平成4年以降平成21年までに発行した裁決事例集及び平
成22年1月から令和2年9月分まで（本書の刊行時の掲載状況であり、
3か月毎に追加されている。）を紹介しており、実務上の便宜に供して
いる。この公表裁決事例は、平成4年以降発行の裁決事例集に掲載され
た裁決事例の全文について、法令の改廃、判決結果等を勘案していると
ころ、全ての審査請求事案を網羅しているものではないが、主に取消し
事例及びそれまでにない判断を示す事例等で構成されており、裁決書が
行政部内の最終判断であることから、租税実務に携る者にとって極めて
重要な情報源と考えるべきだろう。

　もちろん、裁決事例を参考にする場合、裁決の前提となった税制、税
法等が変更となっていることをしん酌し、かつ、その後の訴訟の経過も
注視しなければならないが、裁決書に表現されている審判所の判断過程
は、租税実務に係る根拠法令に基づく判断思考を培う身近な材料とな
り、審判所の事実認定を考察することによりエビデンスの整備や主張の
仕方を示唆している側面からも活用することができる。何より、曖昧で
あった税法規定に係る法令解釈等の行政部内の方向性を知ることは、租
税実務に最も重要な判断要素となり、「知らなかった」ことによる争い

を未然に回避するための特効薬にもなる。個々の取引事例の税務判断
は、微妙な事実の相違により考え方が変わるため、その判断に苦慮する
ところであり、法令解釈等の態勢を知った上で結論に導くことこそ、租
税実務に携る者に求められる思想ともいえよう。

　残る課題は、効率良く類似事例をリサーチすることであり、その手段
として、国税不服審判所のホームページ、一般社団法人日税連税法デー
タベースが提供するTAINSその他のデータベースを用いて、裁決書の
結論のみにとらわれることなく、判断過程を考察することだろう。本書
は、その思考を具体化したものであり、未知なる完成形に到達するた
め、読者の方々からブラッシュアップが求められたら本望である。

【著者紹介】

苅米　裕（かりごめ　ゆたか）

税理士事務所に勤務し、関東信越国税不服審判所（国税審判官）等を経て、現在、苅米裕税理士事務所所長及び企業の社外監査役。

税理士会において、東京税理士会芝支部副支部長、東京税理士会理事等を経て、現在、東京税理士会会員相談室相談委員、東京税理士会支部会員研修講師、東京税理士会調査研究部委員、東京税理士会芝支部相談役。

主な著書等として『中小企業のための事業承継戦略と税実務』財経詳報社、『公益法人をめぐる新しい会計・制度・税務』財経詳報社、「法人税法上の非営利型法人の留保所得に対する収益事業課税の一考察」公益財団法人租税資料館第27回租税資料館賞（論文の部）、「税理士実務Ｑ＆Ａ　セカンドオピニオン」税務研究会・週刊税務通信連載中。

本書の内容に関するご質問は、ファクシミリ・メール等、文書で編集部宛にお願いいたします。（FAX：03-6777-3483・E-mail：books@zeiken.co.jp）

なお、個別のご相談は受け付けておりません。

本書刊行後に追加・修正事項がある場合は、随時、当社のホームページにてお知らせいたします。

法人税の租税実務のための判断基準

令和3年6月5日　初版第一刷印刷	（著者承認検印省略）
令和3年6月10日　初版第一刷発行	

© 著　者　　苅　米　　　裕

発行所　　税 務 研 究 会 出 版 局

週刊「税務通信」発 行 所
　　「経営財務」

代表者　　山　根　　　毅

郵便番号100-0005
東京都千代田区丸の内1-8-2（鉄鋼ビルディング）

〈税研ホームページ〉　https://www.zeiken.co.jp

乱丁・落丁の場合は，お取替え致します。　　　印刷・製本　株式会社　朝陽会

ISBN 978-4-7931-2612-3